C·H·Beck
PAPERBACK

W0470832

Die russische Annexion der Krim und die darauf folgende Besetzung der Industrieregion im Südosten der Ukraine durch von Russland gesteuerte Milizen im Frühjahr 2014 haben einen militärischen Konflikt zwischen diesen Staaten ausgelöst, der bis heute andauert. Seit dem 18. Jahrhundert zeigte sich im Verhältnis dieser eng miteinander verbundenen Völker zunehmend eine Asymmetrie. Sie gipfelte darin, dass Russland im 19. Jahrhundert die «Kleinrussen», wie die Ukrainer damals offiziell hießen, nicht als eigenständige Nation mit einer von Russland getrennten Geschichte anerkannte. Diese Sicht hat sich in Russland bis heute erhalten und ist auch im Westen verbreitet. Dagegen setzt Andreas Kappeler die historische Perspektive einer histoire croisée und folgt dem Wechselspiel von Verflechtungen und Entflechtungen zwischen diesen beiden Völkern von den Anfängen bis zur Gegenwart.

Andreas Kappeler ist em. Professor für Osteuropäische Geschichte an der Universität Wien und Mitglied der Österreichischen und der Ukrainischen Akademie der Wissenschaften. Bei C.H.Beck sind von ihm erschienen: *Rußland als Vielvölkerreich* ($^{2}$2008), *Kleine Geschichte der Ukraine* ($^{4}$2014), *Die Kosaken* (2013) und *Russische Geschichte* ($^{7}$2016).

Andreas Kappeler

# UNGLEICHE BRÜDER

# **RUSSEN UND UKRAINER**

## VOM MITTELALTER BIS ZUR GEGENWART

C.H.Beck

1. Auflage. 2017
2. Auflage. 2022
3. Auflage. 2022

4. Auflage. 2022

Originalausgabe
© Verlag C.H.Beck oHG, München 2017
www.chbeck.de
Satz, Druck und Bindung: Druckerei C.H.Beck, Nördlingen
Umschlagentwurf: Kunst oder Reklame
Umschlagabbildung: Lenin-Statue auf dem Gelände des ehemaligen Militärkrankenhauses Gurzuf, Jalta, 1995 © Martin Parr / Magnum Photos / Agentur Focus
Printed in Germany
ISBN 978 3 406 79006 5

myclimate

klimaneutral produziert
www.chbeck.de/nachhaltig

# Inhalt

Vorwort . . . . . . . . . . . . . . . . . . . . . . . . . . . . . . 9

1. Eintracht und Streit in der Familie . . . . . . . . . . . 17

Der große und der kleine Bruder . . . . . . . . . . . . . 17
Die Großrussen und die Kleinrussen . . . . . . . . . . 23

2. Die gemeinsame Wiege der Kiewer Rus' . . . . . 26

Der Erbstreit der Historiker . . . . . . . . . . . . . . . . . 27
Der Erbstreit der Politiker . . . . . . . . . . . . . . . . . . 33

3. Mongolen und Polen – Asien und Europa: Die Geschwister gehen getrennte Wege (14. bis 17. Jahrhundert) . . . . . . . . . . . . . . . . . 35

Danylo von Galizien-Wolhynien und Alexander Nevskij . . . . . . . . . . . . . . . . . . . . . . . . 36
Der Aufstieg Moskaus und die Herausbildung des Zarenreichs . . . . . . . . . . . . . . . . . . . . . . . . . . 41
Die Ukraine unter litauischer und polnischer Herrschaft . . . . . . . . . . . . . . . . . . . . . . . . . . . . . . . 44
Die ukrainischen Kosaken und die Revolution von 1648 . . . . . . . . . . . . . . . . . . . . . . . . . . . . . . . 49
Starker Staat – libertäre Gesellschaft, belagerte Festung – Orientierung nach Europa . . . 51

4. Die Annäherung der Ukraine an Russland und die Integration der «Kleinrussen» in das Imperium der Zaren (17. bis frühes 19. Jahrhundert) . . . . . . . . . . . . . . . . . . . 54

Die Vereinbarung von Perejaslav und der Beginn der Herrschaft Russlands über die Ukraine . . . . . . 57
Peter der Große, Mazepa und das Ende des ukrainischen Kosakentums . . . . . . . . . . . . . . . . . . . 63
Die Ukrainisierung der russischen Kultur . . . . . . . 70
Feofan Prokopovyč . . . . . . . . . . . . . . . . . . . . . . . . . 72
Die Expansion Russlands ans Schwarze Meer und in die rechtsufrige Ukraine . . . . . . . . . . . . . 75
Die Entdeckung Kleinrusslands durch die Russen um 1800 . . . . . . . . . . . . . . . . . . . . . . . . . . . . . . 79

5. Zwei verspätete Nationen . . . . . . . . . . . . . . . . 83

Prozesse der Nationsbildung in der Vormoderne . . 85
Varianten eines russischen Nationalbewusstseins in der ersten Hälfte des 19. Jahrhunderts . . . . . . . . 91
Die ukrainische Herausforderung und die russische Antwort . . . . . . . . . . . . . . . . . . . . . . . . . . . . . . . . 94
Der russische imperiale Nationalismus und die Krise der ukrainischen Nationsbildung . . . . . . . . . 101

6. Ein asymmetrisches Verhältnis: Russen und Ukrainer im Russländischen Reich im 19. und frühen 20. Jahrhundert . . . . . . . . . . . . . . . . . . . . . . . . . . . . . . 111

Russische Stadt – ukrainisches Dorf . . . . . . . . . . . 112
Hierarchie der Kulturen . . . . . . . . . . . . . . . . . . . . 115
Wechselseitige Perzeptionen . . . . . . . . . . . . . . . . . 119
Akkulturation und doppelte Identität . . . . . . . . . 122
War die Ukraine eine Kolonie Russlands? . . . . . . . 128

7. Die Russische und die Ukrainische Revolution ........ 130

Die Russische Revolution (Februar 1917 bis März 1918) ........ 130
Die Ukrainische Zentralrada und ihr Verhältnis zu Petrograd ........ 134
Die Ukrainische Volksrepublik zwischen den «roten» und den «weißen» Russen ........ 139
Weshalb gelang es den Bolschewiki, den Bürgerkrieg zu gewinnen und die Herrschaft über den größten Teil der Ukraine zu erringen? ...... 144

8. Russen und Ukrainer in der sowjetischen «Völkerfamilie» ........ 148

Die Gründung der Ukrainischen und der Russländischen Sowjetrepublik ........ 149
*Korenizacija* und Ukrainisierung ........ 153
Der ukrainische Nationalkommunismus ....... 160
Industrialisierung, Zwangskollektivierung und Hungersnot ........ 163
Sowjetpatriotismus, Völkerfreundschaft und die Rückkehr des «Großen Bruders» ........ 169
Großer Vaterländischer Krieg oder antisowjetischer Befreiungskampf ........ 173
Von der Völkerfamilie zum Sowjetvolk ........ 181
Russland und die Ukraine als Totengräber der Sowjetunion ........ 190

9. Feindliche Brüder? Die Konfrontation der beiden postsowjetischen Staaten ........ 197

Die Unabhängigkeit der Ukraine und die Reaktion Russlands ........ 197

Kontroversen und Kompromisse . . . . . . . . . . . . . 201
Die Orange Revolution von 2004: Juščenko, Janukovyč und Putin . . . . . . . . . . . . . . . . . . . 210
Die Revolution des Euro-Majdan . . . . . . . . . . . . 217
Das militärische Eingreifen Russlands – Versuch einer Deutung . . . . . . . . . . . . . . . . . . . . . . 220
Putins Begründungen zur Rechtfertigung des Anschlusses der Krim . . . . . . . . . . . . . . . . . . . . 224

10. Russland, die Ukraine und Europa . . . . . . . . . . 230

Anmerkungen . . . . . . . . . . . . . . . . . . . . . . . . 236
Literaturverzeichnis . . . . . . . . . . . . . . . . . . . 249
Abbildungsnachweis . . . . . . . . . . . . . . . . . . . 258
Personenregister . . . . . . . . . . . . . . . . . . . . . 259
Karten . . . . . . . . . . . . . . . . . . . . . . . . . . . . 264

## Vorwort

Am 27. Februar 2014 tauchten auf der Halbinsel Krim überraschend russische bewaffnete Einheiten auf, die an ihren Uniformen keine Hoheits- und Rangabzeichen trugen. Sie besetzten das Parlament und das Regierungsgebäude der zur Ukraine gehörenden Autonomen Republik und installierten eine neue Regierung. Am 18. März sprachen sich in einem fragwürdigen Referendum 96,8 Prozent der Abstimmenden für eine «Wiedervereinigung der Krim mit Russland» aus. Zwei Tage später wurde die Krim in die Russländische[1] Föderation aufgenommen. Erstmals seit dem Zweiten Weltkrieg annektierte damit ein europäischer Staat das Territorium eines Nachbarstaats. Dies war ein eklatanter Bruch des Völkerrechts und mehrerer bilateraler und internationaler Abkommen, in denen Russland die territoriale Integrität der Ukraine garantiert hatte.

Im März und April 2014 besetzten bewaffnete Milizen, die von Russland gesteuert und massiv mit Waffen und Soldaten unterstützt wurden, Teile des Donec'k-Beckens (Donbass), des Industriegebiets im Südosten der Ukraine, und riefen die «Volksrepubliken» Donec'k und Luhans'k aus. Die ukrainische Armee griff ein, um die innere und äußere Souveränität des Staates wiederherzustellen und den Verlust weiterer Territorien zu verhindern. Internationales Aufsehen erregte der irrtümliche Abschuss eines Flugzeugs der Malaysian Airlines mit 298 Passagieren an Bord durch die separatistischen Milizen. Als diese in Bedrängnis gerieten, griffen im August 2014 schwerbewaffnete russische Einheiten direkt ein. Spätestens jetzt nahm die Auseinandersetzung den Charakter eines unerklärten russisch-ukrainischen Krieges an. Ihm fielen bis Ende 2016 fast 10000 Menschen zum Opfer, mehr als 2,5 Millionen wurden in die Flucht getrieben, und weite Teile des Donbass wurden zerstört. Das neue Regime in Kiew stabilisierte sich infolge der Wahl von Petro Porošenko zum Präsidenten im Mai und eines prowestlich ausgerichteten Parlaments im Oktober 2014. Zwar konnte das Blutvergießen im Februar 2015 in einem Waffenstillstand eingedämmt werden, doch stehen sich in der Südostukraine weiter schwerbewaffnete Kräfte gegenüber, die sich Scharmützel liefern, denen immer wieder Menschen zum Opfer fallen. Der Krieg ist zu einem «gefrorenen Konflikt» erstarrt, in dem die ukrainische Regierung auf unbestimmte Dauer die Kontrolle über einen Teil ihres Staatsterritoriums verloren hat.[2]

Als ich vor mehr als zwanzig Jahren begann, mich mit der Geschichte der russisch-ukrainischen Beziehungen zu beschäftigen, hätte ich einen bewaffneten Konflikt zwischen Russen und Ukrainern für äußerst unwahrscheinlich gehalten. Dagegen sprachen ihre sprachliche, religiöse und kulturelle Verwandtschaft, ihre wirtschaftliche und demographische Verflechtung und das weitgehend konfliktfreie Zusammenleben von Russen und Ukrainern im Alltag.

Wenige Jahre zuvor war die Sowjetunion auseinandergebrochen, und auf der politischen Karte Europas erschienen plötzlich 15 unabhängige Staaten, deren Grenzen den 15 Sowjetrepubliken entsprachen. Die beiden bevölkerungsreichsten von ihnen waren die Russländische Föderation und die Ukraine. Die Sowjetunion war in der Öffentlichkeit gemeinhin mit Russland gleichgesetzt worden, und der neue russländische Staat schien deren Erbe anzutreten, obwohl er nur die Hälfte ihrer Bevölkerung umfasste. Die Ukrainer waren weitgehend unbekannt oder galten als Teil der russischen Nation. Der selbständige ukrainische Staat wurde zunächst kaum zur Kenntnis genommen, glaubte man doch, dass die Gemeinschaft unabhängiger Staaten (GUS) die Rolle der Sowjetunion als eurasischer Ordnungsmacht übernehmen würde und dass sich mindestens die drei eng verwandten ostslawischen Völker wieder zusammenschließen würden. Es zeigte sich jedoch schon bald, dass der ukrainische Staat auf seine Unabhängigkeit pochte, während Russland nicht bereit war, die Ukraine als gleichberechtigten Staat und als eigenständige Nation anzuerkennen.

Das unerwartete Auftauchen der beiden Staaten weckte mein Interesse an der Geschichte ihres Wechselverhältnisses. Das lag nahe, hatte ich mich doch schon länger mit der Geschichte Russlands und der Ukraine beschäftigt. Ich stellte mir die Frage nach den historischen Voraussetzungen des Verhältnisses und allgemein der verschränkten Geschichte (*histoire croisée*) der beiden Völker.

Der Dialog nicht nur der Politiker, sondern auch der Historiker beider Länder gestaltete sich als schwierig. Nachdem in der Sowjetunion die Geschichte des multinationalen Imperiums im Dogma der Völkerfreundschaft harmonisiert worden war, bildeten sich nun nationale historische Narrative heraus, die zum Teil auf die vorrevolutionäre Geschichtsschreibung zurückgriffen. Die russische und die ukrainische historische Erzählung waren über weite Strecken inkompatibel, und man nahm die Standpunkte der anderen Seite nicht zur Kenntnis. In Russland stand die Geschichte des von Russen dominierten Imperiums im Vordergrund und kaum jemand beschäftigte sich mit der ukrainischen Geschichte, in der Ukraine konzentrierte man sich nun ganz auf die Geschichte der eigenen Nation.

So kam als Aufgabe hinzu, zwischen den Historikern beider Länder zu vermitteln, wechselseitige Standpunkte offenzulegen und Missverständnisse zu klären. Dies war das Ziel eines transatlantischen Forschungsprojekts «The Russian-Ukrainian Encounter», das ich gemeinsam mit drei nordamerikanischen Kollegen Mitte der 1990er Jahre durchführte. In je zwei Konferenzen in Köln und New York diskutierten Historikerinnen und Historiker aus Russland, der Ukraine, den USA, Kanada und Deutschland über Fragen der ukrainisch-russischen Beziehungen vom Mittelalter bis zur Gegenwart.[3] Der schon damals nicht einfache Dialog zwischen russischen und ukrainischen Historikern ist mit dem bewaffneten Konflikt fast ganz abgebrochen.

Das Thema erhielt nun plötzlich eine unerwartete Aktualität. Seither haben sich die Fragestellungen verändert und richten sich auf die historischen Voraussetzungen des russisch-ukrainischen Konflikts. Dies bringt die Gefahr mit sich, die aktuelle Auseinandersetzung in die Vergangenheit zurückzuprojizieren, Ursachen zu konstruieren, die zwangsläufig auf den Krieg hinausliefen. Eine solche direkte Kausalität lässt sich indessen nicht nachweisen. Zwar gab es seit 1992 immer wieder Probleme in den bilateralen wirtschaftlichen und politischen Beziehungen und auf diskursiver Ebene. Der bewaffnete Konflikt lässt sich jedoch nicht aus den längerfristigen Voraussetzungen herleiten, sondern nur aus den Ereignissen seit Beginn der ukrainischen Revolution des Euro-Majdan vom Winter 2013/14.

Dennoch kann, so meine ich, eine Geschichte der russisch-ukrainischen Wechselbeziehungen zum Verständnis des aktuellen Konflikts beitragen. Das weitgehende Fehlen von Kenntnissen über die Geschichte der Ukraine hat zu Fehlurteilen und Missverständnissen in Öffentlichkeit und Politik geführt. Dazu gehört, dass viele den unabhängigen ukrainischen Staat nicht ernst nehmen, die Ukraine noch immer als Teil der russischen Nation wahrnehmen, den Ukrainern eine eigene Sprache, Kultur und Geschichte absprechen. Damit übernimmt man unbesehen die russische Sichtweise, die seit zwei Jahrhunderten die Deutungshoheit hat.

Seit dem 18. Jahrhundert zeigte sich im russisch-ukrainischen Verhältnis eine Asymmetrie, die darin gipfelte, dass Russland im 19. Jahrhundert die «Kleinrussen», wie die Ukrainer damals offiziell hießen, als Teil eines «all-russischen» Volkes betrachtete und ihnen eine eigenständige Geschichte absprach. Fortan schienen die Ukrainer in den Augen russischer wie westlicher Zeitgenossen im Russentum aufzugehen. Es ist deshalb wichtig, auch die früheren Epochen in den Blick zu nehmen, in denen die Geschichte Russlands und der Ukraine in getrennten Bahnen verlief und die Ukraine einen festen Platz auf der mentalen Landkarte Europas hatte.

Die mittelalterliche und frühneuzeitliche Geschichte hat deshalb in der ukrainischen Erinnerungskultur einen hohen Stellenwert. Die Ukraine ist nicht erst 1991 entstanden, sondern hat eine lange Geschichte, die teils getrennt von der Geschichte der Russen, teils mit ihr verbunden verlief.

Dieses Buch folgt dem methodischen Ansatz der «verschränkten» oder «verflochtenen» Geschichte, der sich mit längerfristigen Wechselbeziehungen, Transfers, Begegnungen und Konflikten von Staaten, Gesellschaften, Nationen und Kulturen beschäftigt.[4] Besonderes Augenmerk richte ich auf die Verflechtungen von Ideen, Perzeptionen, historischen Erzählungen, Erinnerungskulturen und Geschichtspolitiken. Umgekehrt frage ich auch nach Prozessen der Entflechtung, Distanzierung und Auseinanderentwicklung. So kann die russisch-ukrainische *histoire croisée* als Wechselspiel von Verflechtungen und Entflechtungen erzählt werden. Dabei ist allerdings nicht immer klar, wer oder was sich mit wem verschränkt. Die Begriffe «russisch» und «ukrainisch» waren einem ständigen Wandel unterworfen, veränderten ihren Inhalt oder wurden durch andere Begriffe ersetzt, und eine Zuordnung ist nicht immer eindeutig. In Abgrenzung von essentialistischen Vorstellungen von einer linear fortschreitenden Formierung der Nation müssen hybride Erscheinungsformen, multiple und situative Identifikationen berücksichtigt werden. Nationale Kategorien standen in Konkurrenz oder verbanden sich mit imperialen, regionalen, religiösen und sozialen Faktoren. Um keine Verwirrung zu stiften, verwende ich im Folgenden durchgehend die modernen Begriffe «russisch»/«russländisch» und «ukrainisch», doch müssen die genannten Differenzierungen immer im Auge behalten werden.[5]

Das Buch ist chronologisch gegliedert. Vorausgeschickt wird eine Erläuterung des Titels: Russen und Ukrainer bezeichnen sich seit Jahrhunderten als Brudervölker, wobei die Russen meist die Rolle des großen Bruders spielten (1. Kapitel). Die Geschichte der beiden Brüder begann in der «gemeinsamen Wiege» der mittelalterlichen Kiewer Rus', um deren Erbe sie bis heute streiten (2. Kapitel). Es folgte eine lange Phase der Entflechtung und Auseinanderentwicklung, die mit dem Einfall der Mongolen im 13. Jahrhundert begann und bis ins 17. Jahrhundert andauerte (3. Kapitel). Daran schloss sich eine Epoche der Annäherung an, gefolgt von der Integration der Mehrheit der Ukrainer in das Russländische Reich und der zunehmenden Verschränkung der ukrainischen und russischen Gesellschaften und Kulturen (4. Kapitel). Das folgende Kapitel ist der Formierung der beiden «verspäteten Nationen» gewidmet, die sich in enger Interaktion vollzog, bis zum Ende des Zarenreichs nicht abgeschlossen war und bis heute andauert. Im 6. Kapitel werden das asymmetrische russisch-ukrainische Verhältnis im Russländischen Reich des 19. und frühen 20. Jahrhunderts in Politik, Gesellschaft und Kultur sowie die wechselseitigen Perzeptionen abgehandelt. In der Darstellung der Jahre 1917 bis 1921 ergänze ich die Geschichte der Russischen Revolution durch die Geschichte der Ukrainischen Revolution, die zur kurzfristigen Emanzipation des kleinen Bruders führte (7. Kapitel). Das wechselhafte russisch-ukrainische Verhältnis im Rahmen der Sowjetunion ist Gegenstand des folgenden Kapitels, in dem die umstrittenen Fragen der Ukrainisierung der Zwanzigerjahre, der Hungersnot von 1932/33 und der Kollaboration von Ukrainern und Russen mit dem nationalsozialistischen Deutschland im Zweiten Weltkrieg besondere Aufmerksamkeit finden. Das 9. Kapitel ist der Geschichte der beiden postsowjetischen Staaten bis hin zum russisch-ukrainischen Krieg gewidmet. In einem Nachwort spreche ich die westlichen Perzeptionen der Ukraine und Russlands in ihrem historischen Wandel an (10. Kapitel).

Eine Monographie zum Gesamtkomplex der russisch-ukrainischen Wechselbeziehungen gibt es bisher nicht. Ich selber habe zwei Vorarbeiten verfasst, eine 2003 erschienene Problemskizze und eine Monographie aus dem Jahr 2012, in der ich die russisch-ukrainischen Verflechtungen am Leben und Wirken eines russisch-ukrainischen Ehepaars und seinen wissenschaftlichen Werken exemplifiziere.[6] Ich greife im Folgenden auf diese beiden Publikationen zurück, wobei ich Selbstzitate in der Regel nicht kenntlich mache. Das Gleiche gilt für meine allgemeinen Arbeiten zur Geschichte Russlands und der Ukraine.

Von den Forschungsarbeiten, die ich mit Gewinn benutzt habe, sind mehrere Sammelbände in englischer, russischer und ukrainischer Sprache, die sich mit der Geschichte des russisch-ukrainischen Verhältnisses befassen, zu nennen.[7] Wichtige Studien zu einzelnen Perioden und Aspekten haben Zenon Kohut, Mirja Lecke, Aleksej Miller, Johannes Remy, Serhii Plokhy, David Saunders, Myroslav Shkandrij und Roman Szporluk vorgelegt.[8] Für die allgemeine Geschichte Russlands und der Ukraine verweise ich auf die einschlägigen Gesamtdarstellungen von Carsten Goehrke, Heiko Haumann, Manfred Hildermeier, Geoffrey Hosking, Dietmar Neutatz sowie die Cambridge History of Russia (zur Geschichte Russlands) bzw. von Kerstin S. Jobst, Andreas Kappeler, Paul R. Magocsi, Orest Subtelny, Serhii Plokhy, Andrew Wilson und Serhy Yekelchyk (zur Geschichte der Ukraine).[9] Ich führe die wichtigste allgemeine Literatur zu den einzelnen Kapiteln pauschal an, direkt belegt werden in der Regel nur Zitate. Die Titel werden nur bei der ersten Nennung vollständig angeführt, in der Folge in abgekürzter Form. Ich verweise mit wenigen Ausnahmen nur auf Literatur in deutscher und englischer Sprache und berücksichtige Forschungsarbeiten in russischer und ukrainischer Sprache nicht.

Die Transliteration folgt den wissenschaftlichen Regeln, gibt also russisch/ukrainisch ч mit č, ш mit š, ж mit ž und ц mit c, russisch ы bzw. ukrainisch и mit y wieder. Die im Deutschen eingebürgerten ukrainischen Namen Kiew (ukr. Kyïv), Lemberg (ukr. L'viv), Odessa (ukr. Odesa) und Dnjepr (ukr. Dnipro) stehen in dieser Form.

Ich danke einer ganzen Reihe von Kolleginnen und Kollegen, mit denen ich seit langem in Gedankenaustausch bin, für Anregungen, Kritik und Belehrung, in erster Linie Manfred Alexander, Christoph Augustynowicz, Viktor Brechunenko, Carsten Goehrke,

Mark von Hagen, Guido Hausmann, Yaroslav Hrytsak, Börries Kuzmany, Aleksandr Lavrov, Aleksej Miller, Michael Moser, Jurij Mycyk, Tanja Penter, Serhii Plokhy, Andreas Renner, Angela Rustemeyer, Gerhard Simon, Frank E. Sysyn, Ricarda Vulpius, Marija Wakounig, Veronika Wendland, Alois Woldan und postum Otto Dann und Hans-Joachim Torke. Ich danke auch Frau Teresa Löwe-Bahners und Frau Rosemarie Mayr vom Verlag C.H.Beck für die gute Zusammenarbeit.

# 1. Kapitel

# Eintracht und Streit in der Familie

## Der große und der kleine Bruder

«Denk' an uns, Deine jüngeren Brüder!», appellierte Iov Borec'kyj, der orthodoxe Metropolit von Kiew, im Jahr 1624 an den Moskauer Zaren Michail, um dessen Unterstützung zu erbitten.[10] Dies ist die erste mir bekannte Quelle, in der Ukrainer als jüngere Brüder der Russen bezeichnet werden. Dass es kein Russe, sondern ein Ukrainer war, der damit das asymmetrische Verhältnis zwischen der Ukraine und Russland kennzeichnete, erklärt sich aus der Situation des frühen 17. Jahrhunderts, als die Orthodoxen in Polen-Litauen unter dem Druck der Katholischen Kirche standen und den Zaren als Verbündeten zu gewinnen suchten.

Das Bild der beiden Brudervölker taucht seither in den Quellen immer wieder auf. Es wurde und wird vor allem von der russischen Seite ins Feld gebracht, um an die enge Verbundenheit des jüngeren mit dem älteren Bruder zu appellieren und dessen möglichen Ausbruch aus der orthodoxen «russischen» Familie zu verhindern. In der Sowjetunion pries die Propaganda die harmonische Familie der sowjetischen Völker, in der den Russen die Rolle des älteren Bruders der übrigen Nationalitäten zukam. Der ukrainische Bruder war dabei besonders eng mit Russland und den Russen verbunden. Repräsentativ ist der Titel eines im Jahr 1982 erschienenen historischen Werkes: «Freundschaft und Bruderschaft des russischen und des ukrainischen Volkes».[11] Umgekehrt diente das Bild des «großen Bruders» im Westen zur Kennzeichnung der Abhängigkeit der sowjetischen Nationalitäten und der sozialistischen Staaten von Moskau.

Im postsowjetischen Russland appellierten die Politiker immer wieder an das harmonische Zusammenleben der beiden slawischen Brüder. Der russische Außenminister Andrej Kozyrev grenzte sich von der sowjetischen Hierarchisierung ab, wenn er sagte, dass keine Seite der «ältere» oder «jüngere» Bruder sei, sondern dass sie Zwillingsbrüder seien. «Wir sind gemeinsam geboren und wir werden gemeinsam arbeiten.»[12] Als sich die Präsidenten Russlands, der Ukraine und von Belarus im Jahre 2000 zum 55. Jubiläum des Sieges im Zweiten Weltkrieg trafen und zusammen mit dem Moskauer Patriarchen eine «Kapelle der Einheit» einweihten, erklärte Vladimir Putin: «Wir sind eine Familie. Wir haben gesiegt, weil wir zusammenhielten ... Für Brudervölker gibt es keine Hindernisse, wenn sie ihre Kräfte vereinigen.»[13]

Nicht nur die meisten Russen betrachteten die Ukrainer als Brudervolk, sondern auch die Mehrheit der Ukrainer sah in den Russen enge Verwandte, mit denen man auf gutem Fuß stand. Dies zeigte sich schon im Zarenreich, als die Abgrenzung der beiden Völker fließend war und zahlreiche Ukrainer partiell oder vollständig russifiziert wurden. Dieser Akkulturationsprozess wiederholte sich in der Sowjetunion seit den 1930er Jahren. Die Massenmigrationen im Zuge der Industrialisierung führten zu einer ethnischen Vermischung und zu unzähligen Mischehen, die im Gegensatz zu den Verbindungen mit anderen Nationalitäten oft gar nicht als Mischehen wahrgenommen wurden. In der unabhängigen Ukraine verwendeten die ukrainischen Politiker das Bild der beiden Brüder allerdings seltener als die russischen.

Die Metapher der Familie ist ein Schlüssel zum Verständnis der russisch-ukrainischen Wechselbeziehungen. Der russische Politologe Dmitrij Furman hat dazu klarsichtige Überlegungen angestellt: «Das Spezifische an den russisch-ukrainischen Beziehungen besteht darin, dass sie auf der Ebene der zwischenmenschlichen Beziehungen gut sind, dass sie sich aber beim Übergang auf die

Ebene der Nationen und Staaten verschlechtern. Der scharfe Kontrast zwischen den persönlichen und den staatlichen Beziehungen weckt besondere Gereiztheit, Kummer und Befremden – darf es denn unter Brüdern Streit geben? … [Tatsächlich] ist das Verhältnis von Brüdern längst nicht immer einfach und leicht. Konflikte in der Familie sind bekanntlich oft erbitterter als zwischen Fremden.» Russen und Ukrainer streiten wie andere Brüder, «um ihre Vorfahren, um das Erstgeburtsrecht, um das Erbe, darum, dass der ältere den jüngeren als ebenbürtig anerkennt und aufhört, ihn zu bevormunden, und umgekehrt, dass der jüngere nicht vergisst, dass er der jüngere ist und sich nicht zu viel herausnimmt.»[14]

Es ist unbestreitbar, dass Russen und Ukrainer in vielerlei Hinsicht nahe Verwandte waren und sind. Dies betrifft ihre Sprachen, die man gemeinhin zusammen mit dem Weißrussischen zur Familie der ostslawischen Sprachen rechnet. Beide, Ukrainer und Russen, führen ihre Herkunft auf die mittelalterliche Kiewer Rus' zurück. Beide bekennen sich seit damals mehrheitlich zur Orthodoxie, und die orthodoxe Kultur mit der lange vorherrschenden kirchenslawischen Literatursprache war über Jahrhunderte hinweg ein einigendes Band. Im 19. und 20. Jahrhundert hatten die Russen und die Mehrheit der Ukrainer eine gemeinsame Geschichte im Rahmen des Zarenreichs und der Sowjetunion.

In dieser Familie gab es Halbbrüder, die lange in fremden Familien lebten. Die Mehrheit der Westukrainer gehörte seit dem 17. Jahrhundert zur Griechisch-Katholischen Kirche, und ihre Geschichte verlief seit dem späten 18. Jahrhundert in eigenen Bahnen, in der Habsburgermonarchie und nach 1920 in der Zweiten Polnischen Republik, in der Tschechoslowakei und in Rumänien. Erst im Zweiten Weltkrieg wurden sie mit den übrigen Ukrainern «wiedervereinigt», so die russisch-sowjetische Lesart. Auch die Weißrussen, deren Sprache, Religion und Geschichte viele Gemeinsamkeiten mit den Ukrainern aufweisen, können als Halbbrüder gelten, die lange in engen Wechselbeziehungen mit den Ukrainern standen. In der Frühen Neuzeit war sogar die Möglichkeit einer «ruthenischen» Nation, die Ukrainer und Weißrussen umfasste, angelegt.

Familien grenzen sich gegenüber Nachbarn ab und werden durch gemeinsame Feinde zusammengeschweißt. Im Fall der Russen und Ukrainer waren dies seit dem Schisma zwischen Ost- und Westkirche im 11. Jahrhundert die «Lateiner», die Römisch-Katholiken. In der Folge verkörperten die katholischen Polen, gegen die der Moskauer Staat zahlreiche Kriege führte, diesen Gegner. In Russland galten Polen, Jesuiten und Papisten als Speerspitzen westlicher Aggressoren, die Russland einkreisen wollten. Auch in der Sowjetunion wurde Polen wieder zum Feind, an den der junge Sowjetstaat nach einer militärischen Niederlage einige Territorien, unter ihnen Teile der Ukraine, verloren hatte. Beschuldigungen, die Polen hätten die Ukrainer gegen Russland aufgestachelt, gehörten zum propagandistischen Standardrepertoire.

Die westslawischen Polen waren gewissermaßen Cousins der Ukrainer und Russen. Die gemeinsame Gegnerschaft zu den katholischen Polen trug zum Zusammenhalt der Ukrainer und Russen bei. Denn auch die Beziehungen der Ukrainer zu Polen waren durch Konflikte geprägt. Fast alle Ukrainer befanden sich während Jahrhunderten unter der Herrschaft Polen-Litauens und unter dem Druck der römisch-katholischen Kirche und der polnischen Adligen. Die Mehrheit der reicheren ukrainischen Adligen trat im 17. Jahrhundert zum Katholizismus über und wurde allmählich polonisiert. Dabei glich das Verhältnis der Polen zu den Ukrainern demjenigen der Russen zu ihren kleinen Brüdern. Auch sie anerkannten den Cousin nicht als gleichwertig. Der kleine ukrainische Bruder musste sich also von zwei Verwandten emanzipieren.

Der zweite gemeinsame Feind waren die Reiternomaden, mit denen schon die Fürsten der Kiewer Rus' ständig Krieg führten. Im 13. Jahrhundert eroberten die Mongolen Russland und die Ukraine, und die Abwehr der Tataren einte die beiden Völker. Das setzte sich fort in den Kämpfen gegen die Krimtataren, die vom 15. bis 18. Jahrhundert die Steppen im Süden der heutigen Staaten

Russland und Ukraine kontrollierten und in die von sesshaften ukrainischen und russischen Bauern besiedelten Gebiete einfielen. An der Steppengrenze formierten sich die Gemeinschaften der vorwiegend aus Ukrainern und Russen bestehenden Kosaken, die die Tataren und Osmanen bekämpften und in der Volksüberlieferung als christliche Helden erschienen.

In der patriarchalischen Familie war der kleine dem großen Bruder untergeordnet. Wenn er sich gegen die Bevormundung wehrte, sich zu emanzipieren begann und auf seine Eigenständigkeit pochte, reagierte der große Bruder besonders heftig. Beispiele waren die rigorosen Strafmaßnahmen der zarischen wie der sowjetischen Regierung gegen die ukrainische Nationalbewegung. Noch heftiger reagierte man, wenn die Ukrainer von Russland abzufallen drohten. Der klassische Fall war das Bündnis, das der Kosaken-Hetman Mazepa im Jahr 1708 mit Schweden, einem weiteren Erbfeind Russlands, schloss. Er ging als Prototyp des Verräters in das russische kulturelle Gedächtnis ein, und die Bezeichnung «Mazepisten» (*mazepincy*) dient bis heute zur Brandmarkung der Ukrainer. Als die Ukraine mit dem Auseinanderbrechen der Sowjetunion die gemeinsame Familie verließ und besonders als sie sich im Euro-Majdan dem Westen zuwandte, wurden diese Stereotypen erneut aktiviert.

Es wäre allerdings ein Irrtum, das Verhältnis zwischen den beiden Geschwistern ausschließlich als antagonistisch zu bezeichnen. Zwar kam es immer wieder zu Konflikten auf staatlicher und politischer Ebene, in den persönlichen Beziehungen gab es jedoch, wie Furman richtig bemerkte, kaum Spannungen. Die meisten Russen und Ukrainer sahen sich über weite Strecken der Geschichte als eng verwandte Geschwister, die freundschaftlich zusammenlebten. Die subalterne Stellung wurde von nicht wenigen Ukrainern akzeptiert, unter denen ein «Großer-Bruder-Syndrom» und Minderwertigkeitskomplexe verbreitet waren.

In repräsentativen Umfragen aus den 1990er Jahren und aus den Jahren 2008 bis 2013 erklärte eine Mehrheit sowohl der Ukrainer als auch der Russen, dass ihnen das jeweils andere Volk (sowie die Weißrussen) näher stünde als alle anderen Völker. Im Jahr 2009 hatten über 96 Prozent der Ukrainer ein positives Verhältnis zu den Russen, im Februar 2014 waren es noch immer 86 Prozent, und erst nach der russischen bewaffneten Intervention sank der Wert auf 60 Prozent ab. Weniger hoch war der Prozentsatz der Russen, die ihr Verhältnis zu den Ukrainern positiv bewerteten. Er betrug im Jahr 2009 75 Prozent, im Januar 2014 66 Prozent, und nahm dann ebenfalls weiter ab.

Tiefer lagen die positiven Werte für das jeweilige Verhältnis zum anderen Staat, was die These von Furman bestätigt. Bei den Russen zeigten sich große Schwankungen, die der offiziellen Politik entsprachen und den Einfluss der Medienpropaganda widerspiegelten. Nachdem Anfang 2008 noch über 50 Prozent der Russen angaben, ein gutes Verhältnis zur Ukraine zu haben, sank diese Rate in den folgenden Monaten auf lediglich 30 bis 34 Prozent. Mit dem Amtsantritt von Viktor Janukovyč im Jahr 2010 stieg die Zustimmung wieder bis auf 72 Prozent an und hielt sich bis Februar 2014 auf 66 Prozent. Nach Ausbruch des von einer beispiellosen Propaganda begleiteten russisch-ukrainischen Krieges sanken die Werte rapide, und im Sommer 2014 gaben nur noch 32 Prozent der Russen an, ein gutes Verhältnis zur Ukraine zu haben, im Februar 2016 waren es noch 26 Prozent. Das traditionell gute Verhältnis der Ukrainer zu Russland litt dagegen zunächst kaum unter den politischen Spannungen und hielt sich in den Jahren 2008 bis 2011 auf einer Höhe von etwa 90 Prozent. Bis Februar 2014 waren es immer noch 78 Prozent Zustimmung, und erst die bewaffnete Intervention Russlands führte zu einem Einbruch auf 52 Prozent im Mai 2014 und auf 36 Prozent im Februar 2016. Es überrascht zunächst, dass erheblich mehr Ukrainer als Russen noch während des russisch-ukrainischen Kriegs an ihrer Zuneigung zum Nachbarland festhielten. Hier gilt es regionale Unterschiede zu beachten: Die Mehrheit der Freunde Russlands kam aus dem Osten und Süden der Ukraine.[15]

## Die Großrussen und die Kleinrussen

Dem «*großen* Bruder» und dem «*kleinen* Bruder» entsprachen mindestens vordergründig die Namen «Großrussen» und «Kleinrussen». Mit den Begriffen Kleinrussen/Kleinrussland (*malorossy/ Malorossija*) bezeichnete man im Zarenreich die Ukrainer bzw. die Ukraine (oder Teile der Ukraine).[16] Die Begriffe Großrussen und Kleinrussen bezogen sich aber nicht auf deren Größe, sondern hatten lange eine neutrale Bedeutung. Mit «klein» und «groß» war ursprünglich die Entfernung der beiden Teile der mittelalterlichen Rus' von Konstantinopel, dem Sitz des Patriarchen der Orthodoxen Kirche, gemeint. Die Kleine Rus', die heutige Ukraine, lag näher, die Große Rus', das heutige Russland, lag weiter entfernt. Die beiden Begriffe wurden im 16. Jahrhundert von Ukrainern in Polen-Litauen wiederbelebt, und der Begriff Kleinrussland wurde in den Titel des 1620 gewählten orthodoxen Metropoliten von Kiew aufgenommen. Als im Jahr 1654 ein Teil der Ukraine unter die Herrschaft Russlands kam, übernahm Zar Aleksej Michajlovič die «Große und Kleine Rus'» in seinen Titel, und Kleinrussland war fortan die offizielle Bezeichnung der Ukraine bis zum Ende des Zarenreichs. Im 19. Jahrhundert wurde die Gemeinschaft der Großrussen, Kleinrussen und Weißrussen zum Kern des Russländischen Imperiums und des «all-russischen» Volkes erklärt. Dieses orthodoxe «all-russische» oder «dreieinige» Volk wurde nicht nur als Familie, sondern als unauflösbares Ganzes und zunehmend als russische Nation imaginiert. Damit wurden die Ukrainer noch enger an Russland und die Russen gebunden: Eine Trennung der Geschwister hätte die Existenz der russischen Nation in Frage gestellt.

Zwar diente der Begriff «Kleinrussen» im Zarenreich auch als Selbstbezeichnung der Ukrainer, doch führte die offizielle Inklusion der «Kleinrussen» in das russische Volk dazu, dass er für national engagierte Ukrainer, die den Begriff «Ukrainer» durchsetzen wollten, zusehends eine negative Konnotation erhielt. Er bezeichnete fortan die Gruppe der Ukrainer, die die offizielle Doktrin von der all-russischen Nation übernahmen, statt sich zur ukrainischen Nation zu bekennen, die sich an die «großen» Russen anpassten und sich der russischen Sprache bedienten. Diese «kleinen» Russen ordneten sich als «kleine Brüder» dem «großen Bruder» unter. Während die offiziellen Bezeichnungen Kleinrussland und Kleinrussen mit dem Sturz des Zarenreichs verschwanden, lebten die ukrainischen Begriffe der Kleinrussen (*malorosy*) und des Kleinrussentums (*malorosijstvo*) in der eingeschränkten, herabsetzenden Bedeutung fort und wurden in der unabhängigen Ukraine wiederbelebt, um diejenigen Staatsbürger zu bezeichnen, denen man mangelnde Loyalität zum Staat, das Festhalten an der russischen Sprache und eine Orientierung auf den großen Bruder Russland vorwarf.

Für ein Verständnis der russischen Nation ist die Unterscheidung zwischen den Begriffen Russland (*Rossija*) und russisch/Russe (*russkij*) von zentraler Bedeutung. Während die Begriffe russisch/Russe direkt auf die mittelalterliche Rus' zurückgehen, tauchte der Terminus Russland (*Rossija*) erst im 16. Jahrhundert auf und wurde im 18. Jahrhundert in den offiziellen Namen des Russländischen Imperiums (*Rossijskaja imperija*) aufgenommen. Die russischen Begriffe Russland/russländisch umfassten nicht nur die ethnischen Russen, sondern auch die im Russländischen Imperium lebenden Nichtrussen. Das gilt auch wieder für die heutige Russländische Föderation (*Rossijskaja Federacija*), deren Bürger offiziell als Russländer (*rossijane*) und nicht als Russen (*russkie*) bezeichnet werden. In der Praxis vermischten sich allerdings die beiden Bedeutungen und die Projekte der imperialen supraethnischen und der ethnischen Nation, und während der Präsidentschaft Putins verdrängte der Begriff Russe zusehends den Begriff Russländer. Für die Formierung der russländischen/russischen Nation war der Bezug auf das Imperium in der Regel wichtiger als die Berufung auf das Volk. Dies unterschied sie von den Ukrainern, die über weite Strecken ihrer Geschichte keinen «eigenen» Staat hatten und für die deshalb das Volk, die ethnische Gruppe, der wichtigste nationale Bezugspunkt war. Im Ukrainischen gibt es wie im Deutschen keine eigene Bezeichnung für das Staatsvolk, das sich nicht nur aus ethnischen Ukrainern bzw. Deutschen, sondern aus unterschiedlichen ethnischen Gruppen zusammensetzt.

Ursprünglich wurden die Ukrainer wie die Russen und Weißrussen mit Namen bezeichnet, die sich vom Begriff *Rus'*, der Bezeichnung des mittelalterlichen Staatswesens und seiner Bevölkerung, herleitete. In der Westukraine bezeichneten sich die Ukrainer bis ins 20. Jahrhundert als *rusyny* oder *rusnaki* (deutsch Ruthenen). Der Begriff Ukraine, der schon im Mittelalter das südliche Grenzland (*ukraina*) der Rus' am Steppenrand bezeichnet hatte, erhielt im 17. Jahrhundert eine umfassendere Bedeutung, wurde aber in der Folge vom Begriff Kleinrussland weitgehend verdrängt. Das Ethnonym Ukrainer tauchte in den Quellen seltener auf. Die ukrainische Nationalbewegung, die sich im Lauf des 19. Jahrhunderts entfaltete, widersprach der Formel vom «all-russischen» Volk und ersetzte die Begriffe Kleinrussland/Kleinrussen durch Ukraine/Ukrainer, um sich von Russland und den Russen abzugrenzen. Die Zarenregierung behinderte diesen Prozess, und die Zensur verbot zeitweise sogar den Gebrauch der Begriffe Ukraine und ukrainisch. Offizielle Anerkennung erfuhr der Begriff Ukraine erst in der Ukrainischen bzw. der Westukrainischen Volksrepublik der Jahre 1917–1920 und anschließend in der Ukrainischen Sowjetrepublik.

## 2. Kapitel

## Die gemeinsame Wiege der Kiewer Rus'

Im 9. Jahrhundert entstand am Handelsweg von der Ostsee zum Schwarzen Meer ein Herrschaftsverband, der die zentralen Teile des heutigen Siedlungsgebietes der Russen, Ukrainer und Weißrussen umfasste. Mit der Heirat des Fürsten Vladimir (ukrainisch Volodymyr) mit Anna, der Schwester des oströmischen Kaisers, und der Annahme des orthodoxen Christentums am Ende des 10. Jahrhunderts wurde die Rus', die seit dem 19. Jahrhundert als Kiewer Rus' bezeichnet wird, zu einem geachteten Mitglied der europäischen «Familie der Könige». Davon legten Heiratsverbindungen mit mehreren Herrscherhäusern in Nord-, Mittel- und Westeuropa Zeugnis ab. Fürst Vladimir wird in der Russischen und der Ukrainischen Orthodoxen Kirche als Heiliger verehrt. Die Rus' war eine lockere Föderation von Fürstentümern, die von einzelnen Zweigen der Dynastie der Rjurikiden regiert wurden; der Fürst (seit dem 12. Jahrhundert Großfürst) von Kiew war *primus inter pares*. Die Rus' erlebte im 11. Jahrhundert unter Fürst Jaroslav dem Weisen eine Blütezeit, und ihre Städte, allen voran Kiew und Novgorod, waren bedeutende Zentren des Handels und der Kultur. Gemeinsame Schriftsprache war das von den Südslawen übernommene Altkirchenslawische oder Altbulgarische, als Umgangssprache dienten ostslawische Dialekte.

Die mittelalterliche Kiewer Rus' gilt allen drei ostslawischen Völkern als «Goldenes Zeitalter». Dort stand die «gemeinsame Wiege» der drei Brudervölker, wie es in der Sowjetunion offiziell hieß. Die Wiege wurde allerdings nicht von slawischen Eltern, sondern von Fremden aufgestellt, den Rus', normannischen Warägern, die den nach ihnen benannten Herrschaftsverband begründeten. Dieser Gründungsakt wurde und wird von national gesinnten Russen und Ukrainern zum Teil noch immer in Frage gestellt. Ihnen missfällt die Vorstellung von «deutschen» Staatsgründern, von denen Russen und Weißrussen und zeitweise auch die Ukrainer sogar ihre Namen erhielten. Sie können jedoch keine überzeugenden Argumente für eine alternative Interpretation der Quellen vorbringen. Für die weitere Geschichte der Kiewer Rus' war diese Streitfrage nebensächlich, denn die nordgermanische Führungsschicht ging bald in der ostslawischen Stammbevölkerung auf. Die Frontstellung gegen den Westen, die «Deutschen», einte zwar Russen und Ukrainer, verhinderte aber nicht, dass sie bis zum heutigen Tag um das Erbe der Kiewer Rus' streiten.[17]

## Der Erbstreit der Historiker

Die alte Rus' war und ist der Gründungsmythos der ukrainischen und der russischen Nation, des russischen und des ukrainischen Staates und der russischen und der ukrainischen Orthodoxie. Deswegen wurde und wird der Streit darum, ob es sich um einen russischen oder einen ukrainischen Herrschaftsverband gehandelt und wer als ihr Erbe zu gelten habe, besonders erbittert geführt, nicht nur in der Geschichtswissenschaft, sondern auch in Medien und Politik.

Das nationale Narrativ der Geschichte Russlands basiert auf der Abfolge der Hauptstädte Kiew – Moskau – St. Petersburg – Moskau. Demzufolge wurde der russische Staat in Kiew begründet, im 13. Jahrhundert wurde sein Zentrum erst nach Vladimir-Suzdal' im Nordosten der Rus' und dann nach Moskau verlegt, unter Peter dem Großen wurde das neu gegründete St. Petersburg Hauptstadt, und die Bolschewiki verlegten sie im Jahr 1918 wieder nach Moskau zurück. Es überrascht, dass das erste zusammenhängende Narrativ, das die Kontinuität Kiew – Moskau in den Mittelpunkt stellte, in der Ukraine entstand. Im Jahr 1674, zwei Jahrzehnte nach der Unterstellung Kiews und der linksufrigen Ukraine unter Moskauer Herrschaft, erschien in Kiew ein Geschichtswerk, das erstmals die Idee vom Moskauer Staat als Erbe der alten Rus' ausführte und begründete. Dies machte schon der Titel des Werkes deutlich: «Kiewer Synopsis oder kurze Sammlung aus verschiedenen Chroniken über den Ursprung des slawisch-russischen Volkes, der ur-anfänglichen Fürsten der von Gott beschützten Stadt Kiew, über das Leben des heiligen rechtgläubigen Großfürsten von Kiew und der ganzen Rus', des ersten Selbstherrschers Vladimir, und über die Erben seines gottesfürchtigen Russländischen Staates bis zu unserem erlauchten und frommen Herrscher Zar und Großfürst Aleksej Michajlovič, Selbstherrscher der ganzen Großen, Kleinen und Weißen Rus'».[18]

Verfasser oder mindestens Kompilator der Synopsis war der aus Preußen stammende Archimandrit des Kiewer Höhlenklosters und ehemalige Rektor des 1632 gegründeten Kiewer Collegiums Innozenz Giesel (Innokentij Gizel'). Das Werk ging vom «slawisch-russischen Volk» aus, das seinen Ursprung im «russländischen Staat» von Kiew hatte und das jetzt nach langer Aufspaltung endlich wieder in einem Staat und unter einer Dynastie vereinigt war. Damit wurde zum ersten Mal die Einheit von Ukrainern und Russen historisch begründet und mit der Moskauer Dynastie und dem «russländischen Staat» verbunden. Dass dieses Werk nicht in Moskau, sondern in Kiew entstand, kann man damit erklären, dass die Kiewer Geistlichkeit gegenüber dem Zaren Loyalität bekundete, um seine Unterstützung in der Konfrontation mit dem katholischen Polen zu sichern und Kiew einen privilegierten Status im Moskauer Reich zu verleihen. Außerdem besaß damals nur der ukrainische Klerus die für ein solches Werk notwendige humanistische Bildung. Die Synopsis, die erste Gesamtdarstellung der «russischen» Geschichte, wurde weit verbreitet und übte großen Einfluss auf die russische Geschichtsschreibung aus.

Die im 19. Jahrhundert entstehende moderne russische Historiographie erklärte das Kiewer «Russland» endgültig zum ersten russischen Staat und kanonisierte die Stufenfolge Kiew – Moskau – St. Petersburg.[19] Nikolaj Karamzin (1766–1826), der erste bedeutende Historiker, legte den Schwerpunkt auf die Kontinuität der Staatlichkeit und der Dynastie. Nikolaj Ustrjalov bezog das russische Volk mit ein, das Großrussen und Kleinrussen umfasste, und schuf den bis heute fortlebenden Mythos von der «Wiedervereinigung» der seit dem Zerfall des Kiewer Reiches getrennten Geschwister im 17. und 18. Jahrhundert. Michail Pogodin begründete die Kontinuität des Kiewer und des Moskauer Staates damit, dass die russische Stammbevölkerung nach dem Einfall der Mongolen im 13. Jahrhundert aus dem verwüsteten Kiewer Raum in die Fürstentümer im Nordosten Russlands geflüchtet sei. Die Ukrainer hätten, so seine These, das Kiewer Gebiet erst später von Westen her besiedelt.

In den klassischen Gesamtdarstellungen der russischen Geschichte von Sergej Solov'ev und Vasilij Ključevskij (1841–1911) wurden die Geschichte von Volk und Staat und die Geschichte von Groß- und Kleinrussland dann in einer «großen Erzählung» vereint. Sie basierte auf der Annahme, dass der russische Staat und die russische Nation in der Kiewer Zeit begründet worden seien und im Petersburger Imperium ihre Fortsetzung und Vollendung fanden. Der «großrussische Nationalstaat» hatte laut Ključevskij die Aufgabe, das «gemeinsame Vaterland» der Kiewer Rus' und die «in zwei Hälften gespaltene russische Nation» wieder zu einen.[20] Entsprechend wurde die Geschichte der Russischen Orthodoxen Kirche interpretiert, die mit Vladimirs Taufe in Kiew begann und im Moskauer Patriarchat gipfelte. Diese Auffassung einer mehr als tausendjährigen Geschichte von Staat, Volk und Kirche herrscht in Russland noch heute vor. Die Ukrainer haben in diesem Narrativ keinen Platz, sie sind Teil des einheitlichen russischen Volkes und haben keine eigene Geschichte.

In der Ukraine wurde und wird dieser russische Anspruch abgelehnt und das Erbe der Kiewer Rus' für die Ukraine reklamiert.[21] Im Gegensatz zur Synopsis wurden in Chroniken und frühen historischen Werken des 17. und 18. Jahrhunderts die Eigenständigkeit der ukrainischen Geschichte und die Kontinuität zwischen dem Kiewer Reich und dem Hetmanat der ukrainischen Kosaken des 17. und 18. Jahrhunderts herausgestellt. Die um 1800 entstandene vorwissenschaftliche anonyme *Istorija Rusov* (Geschichte der Rus') legte ihren Schwerpunkt auf die Geschichte der ukrainischen Kosaken und verknüpfte sie mit der Kiewer Rus'. Die Kiewer Historiker Mychajlo Maksymovyč und Volodymyr Antonovyč stellten der These Pogodins Forschungen entgegen, die die ungebrochene Siedlungskontinuität in der Kiewer Region vom Mittelalter zur neuzeitlichen Ukraine nachwiesen. Angesichts der fehlenden staatlichen Kontinuität rückten sie ebenso wie Antonovyčs Schüler Mychajlo Hruševs'kyj (1866–1934) die Geschichte des ukrainischen Volks ins Zentrum ihrer Konzeptionen. Hruševs'kyj, der einen Lehrstuhl an der Universität Lemberg in dem zu Österreich gehörenden Galizien innehatte, forderte dann den hegemonialen russisch-imperialen Diskurs mit einem radikalen Gegenentwurf direkt heraus.

In seinem 1904 erschienenen Aufsatz «Das hergebrachte Schema der ‹russischen› Geschichte und die Frage einer rationellen Gliederung der Geschichte des Ostslawentums» beanspruchte er die Kiewer Rus' exklusiv für die Ukrainer: «Wir wissen, dass der Kiewer Staat, sein Recht, seine Kultur, die Schöpfung eines Volkes, nämlich der Ukrainer-Rus' waren, der Staat von Vladimir und Moskau dagegen die Schöpfung eines anderen, des großrussischen Volkes. Die Kiewer Periode ging nicht in die von Vladimir-Suzdal' über, sondern in die von Galizien-Wolhynien im 13., dann von Polen-Litauen im 14. bis 16. Jahrhundert. Der Staat von Vladimir und Moskau war weder Erbe noch Nachfolger des Kiewer Staates. Er erwuchs aus einer eigenen Wurzel, und die Beziehungen, die der Kiewer Staat zu ihm hatte, lassen sich mit den Beziehungen Roms zu seinen gallischen Provinzen vergleichen.»[22]

Dieser Konzeption zufolge war das von Ukrainern getragene Kiewer Reich älter als die Fürstentümer im Nordosten der Rus', aus denen der Moskauer Staat hervorging. Hruševs'kyj sprach damit dem großen Bruder das Erstgeburtsrecht ab. Er entwarf ein ukrainisches nationales Narrativ, mit dem er die russische Meistererzählung dekonstruierte. Die Geschichte der Orthodoxen Kirche wurde ebenfalls umgedeutet, indem die Bedeutung der von Moskau unabhängigen Metropolien von Halyč im 13. und von Kiew im 15. bis 17. Jahrhundert als eigenständige ukrainische Kirchen hervorgehoben wurde. Hruševs'kyj entfesselte eine Kontroverse um das Erbe der alten Rus', die von den beiden Geschwistern bis heute mit Vehemenz geführt wird.

In der Sowjetunion löste man sich zunächst von den vorrevolutionären Narrativen. Man anerkannte die ukrainische Nation und billigte ihr eine eigene Geschichte zu. Die Deutung der Kiewer Rus' als «gemeinsamer Wiege» der Ostslawen, die sich erst später aufgespalten hätten, war ein Kompromiss, der der offiziellen Doktrin der «Völkerfreundschaft» entsprach. Ob es in der Rus' das Bewusstsein einer «gemeinsame Wiege» gab, oder ob die zahlreichen slawischen und nichtslawischen Stämme, die die Rus' bewohnten, die primären Bezugsgrößen waren, blieb allerdings umstritten. Seit dem Zweiten Weltkrieg übernahm die sowjetische Historiographie dann Elemente des vorrevolutionären russischen Narrativs. Das hatte zur Folge, dass das Kiewer Reich wieder vermehrt als (alt-)russischer Staat gedeutet wurde. Die Historiker der Ukrainischen Sowjetrepublik durften nicht am Axiom der Völkerfreundschaft rütteln und hatten die «Wiedervereinigung» der Ukraine mit Russland als fortschrittlich zu werten.

Nach dem Kollaps der Sowjetunion etablierten sich in Russland und in der Ukraine Historiographien, die das ideologische Vakuum mit nationalen Inhalten füllten. Sie knüpften an die vorrevolutionären nationalen Erzählungen an, Historiker wie Ključevskij und Hruševs'kyj mit ihren national-imperialen und national-ethnischen Zugängen dienten als Vorbild und Richtschnur. Da die Ukrainer auch jetzt von einer Mehrheit der Russen nicht als eigenständige Nation anerkannt wurden, stand ihnen auch keine eigene Geschichte zu. Umgekehrt beschäftigte sich die ukrainische Historiographie jetzt fast ausschließlich mit der eigenen Nationalgeschichte, die selbstverständlich mit der Kiewer Rus' begann. So stehen sich heute in der Frage des Kiewer Erbes wieder die beiden unversöhnlichen Schulen gegenüber. Ausnahmen bestätigen die Regel.

Im westlichen Ausland folgte man weitgehend dem russischen Narrativ. Es war und ist die Rede vom Kiewer Russland, von Altrussland oder von der altrussischen Literatur. Damit übernahm man die Vereinnahmung der Kiewer Rus' durch Russland und die Russen ebenso wie das russische Geschichtsbild mit der Stufenfolge Kiew–Moskau–St. Petersburg, die bis heute die meisten Gesamtdarstellungen der russischen Geschichte gliedert. Für die Ukrainer war und ist in diesem Narrativ kein Platz, Hruševs'kyjs These wurde belächelt und als nationalistisch abgetan. Erst in jüngster Zeit verwenden deutschsprachige Historiker für das Kiewer Reich und seine Stammbevölkerung häufiger den historischen Namen Rus'. Manchmal wird auch die moderne sprachwissenschaftliche Bezeichnung Ostslawen verwendet. All dies ist nicht nur ein Streit um Worte, sondern die Begriffe transportieren historische Narrative, die die Wahrnehmung der Gegenwart mit prägen. Das lange Vorherrschen der russischen Terminologie spiegelt die Ausblendung der Ukrainer und ihrer Geschichte in Mittel- und Westeuropa wider.

Der Erbstreit ist wissenschaftlich unergiebig, denn von beiden Seiten werden nationale Kategorien zurück ins Mittelalter projiziert, als von Russen und Ukrainern noch keine Rede sein konnte. Die Frage, ob das erste politische Gemeinwesen der Ostslawen russisch oder ukrainisch war, ist also im Grunde müßig. Zwar liegt Kiew, der erste zentrale Fürstensitz der Rus', in der heutigen Ukraine, doch befindet sich das zweite Zentrum Novgorod im heutigen Russland. Ungeachtet dessen haben die essentialistischen Interpretationen Hruševs'kyjs und der führenden russischen Historiker in der Ukraine bzw. in Russland heute beinahe kanonischen Charakter.

## Der Erbstreit der Politiker

Die Kiewer Rus' ist noch heute ein wichtiger Bezugspunkt für Russen, Ukrainer und Weißrussen und Gegenstand geschichtspolitischer Kontroversen. Vladimir Putin kam in seinen Reden immer wieder auf die alte Rus' zu sprechen. Er nahm die Familien-Metapher auf und appellierte an den gemeinsamen Ursprung der Russen und Ukrainer und an den Dnjepr als ihr «gemeinsames Taufbecken». Mehrfach vereinnahmte er die alte Rus' für Russland und machte deutlich, dass Russland und nicht die Ukraine als Erbe der Kiewer Rus' zu gelten habe. So erinnerte er im September 2013 daran, dass «die heutige russische Staatlichkeit ihre Wurzeln am Dnjepr hat. ... Die Kiewer Rus' [immerhin spricht er nicht vom Kiewer Russland] war die Grundlage für den gewaltigen zukünftigen russischen Staat». Bei der Feier zum 1000-jährigen Todesjahr des heiligen Vladimir wurde er im Juli 2015 noch deutlicher, als er meinte, dass dieser «den Anstoß zur Formierung der einigen russischen Nation gab und den Weg bahnte für den Aufbau des starken zentralisierten russländischen Staates».[23]

Für die meisten Ukrainer steht außer Frage, dass die Ukrainer die Erben der alten Rus' sind. So hieß es schon in der Unabhängigkeitserklärung vom 24. August 1991, dass der Staat Ukraine die «ein Jahrtausend alte Tradition der Staatsbildung in der Ukraine» fortsetze.[24] Als der ukrainische Präsident Petro Porošenko 2015 ebenfalls das 1000. Todesjahr des heiligen Volodymyr feierte, griff er auf die Formel Hruševs'kyjs zurück und sprach vom «Großfürsten von Kiew, der die Kiewer Rus'-Ukraine taufte».[25] Die Ukraine übernahm Teile ihrer Staatssymbolik aus der alten Rus', so im Wappen des Dreizacks (*tryzub*) und im Namen der Währung Hryvnja; der russische Rubel ist dagegen erstmals im 14. Jahrhundert belegt. Die Porträts der Kiewer Fürsten Volodymyr und Jaroslav und des Historikers Hruševs'kyj zieren ukrainische Banknoten, Jaroslav ist auf der russischen 1000 Rubel-Note abgebildet.

Welche Bedeutung den unterschiedlichen Bezeichnungen und Interpretationen des Kiewer Reiches in der heutigen Ukraine zugemessen wird, zeigt beispielhaft eine Äußerung des bekannten Schriftstellers und Publizisten Mykola Rjabčuk. Er wendet sich vehement gegen «den Mythos eines tausendjährigen russischen Staates, der in Wirklichkeit weder tausendjährig noch russisch war». Dieser Mythos sei im Ausland weitgehend akzeptiert worden und habe die westliche Wahrnehmung der Ukraine und Russlands entscheidend beeinflusst. «Kaum ein anderer Mythos hat je eine so erfolgreiche internationale Karriere als unbestrittene historische ‹Wahrheit› gemacht.» «Er legitimierte territoriale Ansprüche Moskaus auf sogenannte ‹russische› Länder, insbesondere auf die Stadt Kiew», die angeblich immer zu Russland gehört hätten, und «die erfundene Kontinuität delegitimierte die Existenz der Ukrainer und Weißrussen, die alle zu ‹Russen› erklärt wurden».[26]

## 3. Kapitel

# Mongolen und Polen – Asien und Europa: Die Geschwister gehen getrennte Wege (14. bis 17. Jahrhundert)

In der ersten Hälfte des 13. Jahrhunderts eroberten die Mongolen, die in Russland und im Westen meist Tataren genannt wurden, die Fürstentümer der Rus'. Sie errichteten eine dauerhafte, zwei Jahrhunderte bestehende Herrschaft über den Norden und Osten, während der Westen und Südwesten der Rus' in der Mitte des 14. Jahrhunderts unter die Herrschaft des Großfürstentums Litauen bzw. des Königreichs Polen kamen und für 300 bzw. 450 Jahre blieben. Die gemeinsame Wiege der Kiewer Rus' zerbrach, die Trennung auf unterschiedliche Staaten und Kulturräume verstärkte die ethnische Differenzierung und schuf die Grundlage zur Formierung einer russischen und ukrainischen Nation.

Die Fürstentümer der alten Rus' hatten sich schon seit dem 12. Jahrhundert auseinanderentwickelt, und vor dem Mongolensturm bildeten sich neben dem Zentrum Kiew fünf regionale Machtzentren heraus: Die beiden wichtigsten waren das Fürstentum Vladimir-Suzdal' im Nordosten und die 1199 vereinigten Fürstentümer Halyč und Wolhynien im Südwesten. Dazu kamen die Stadtrepublik Novgorod im Norden, die Fürstentümer Polock im Nordwesten und Černihiv (Černigov) im Südosten.

Die Mongolen eroberten in den Jahren 1237 und 1238 das Fürstentum Vladimir-Suzdal' und brannten seine Städte nieder. Novgorod blieb verschont, musste sich aber ebenfalls unterwerfen, während Polock schon früh an Litauen fiel. Im Jahr 1240 eroberten und zerstörten die Mongolen Kiew und zogen über Wolhynien und Galizien weiter nach Polen und Ungarn. Schon im Jahr 1241 verließen sie Mitteleuropa überraschend wieder.

Eine dauerhafte Oberherrschaft errichtete der Khan der Goldenen Horde, wie das westliche Teilreich des mongolischen Imperiums später genannt wurde, nur über die Fürstentümer im Norden und Osten der Rus'. Diese hatten einen Tribut zu entrichten, Heeresfolge zu leisten, und ihre Herrscher wurden vom Khan eingesetzt bzw. bestätigt. Die Mitglieder der Dynastie der Rjurikiden und die Orthodoxe Kirche wurden aber in ihren Rechten und Privilegien bestätigt. Während der zwei Jahrhunderte dauernden indirekten mongolischen Herrschaft wurde die nordöstliche Rus' vom übrigen Europa isoliert, nur die Stadtrepublik Novgorod setzte ihre Handelsbeziehungen mit der Hanse fort. Andererseits brachte die Angliederung an das militärisch, administrativ und wirtschaftlich hoch entwickelte mongolische Imperium auch Vorteile mit sich. Während im dominanten russischen Narrativ das «Tatarenjoch» als Leidenszeit erinnert wird, interpretierten die sogenannten Eurasier in den 1920er Jahren diese Orientierung auf Asien positiv als Sonderweg Russlands. Diese Ideen, die Russland vom Westen abgrenzen, sind im heutigen Russland wiederbelebt worden. Die Fürstentümer auf dem Gebiet der heutigen Ukraine standen dagegen nur vorübergehend unter mongolischer Herrschaft und orientierten sich in der Folge am übrigen Europa. Die unterschiedlichen Wege, die Russland und die Ukraine beschritten, lassen sich schon an den beiden bedeutendsten Fürsten der Rus' des 13. Jahrhunderts beispielhaft aufzeigen.

## Danylo von Galizien-Wolhynien und Alexander Nevskij

Fürst Danylo (russ. Daniil; 1201–1264) trat nach längeren kriegerischen Auseinandersetzungen im Jahr 1238 das Erbe seines Vaters Roman an, der die im Westen der Rus' liegenden Fürstentümer

Fürst Danylo von Galizien-Wolhynien, Denkmal in Lemberg (2001)

Galizien (Halyč) und Wolhynien erstmals vereinigt hatte.[27] Er erhob Anspruch auf das Kiewer Erbe und nahm vorübergehend den Titel Großfürst an. Allerdings war auch er gezwungen, sich vom Khan der Goldenen Horde bestätigen zu lassen, ihm einen Tribut zu entrichten und Heeresfolge zu leisten. Andererseits verstärkte Danylo die West-Ausrichtung der beiden Fürstentümer, die schon im 12. Jahrhundert in Heiratsverbindungen mit Ungarn und Polen getreten waren. Dies führte zu militärischen Auseinandersetzungen, in deren Folge Ungarn vorübergehend eine Oberherrschaft über Galizien ausübte – was mehr als fünf Jahrhunderte später von den Habsburgern zur fragwürdigen Legitimation ihrer Annexion Galiziens herangezogen wurde.

Danylos Westorientierung erreichte ihren Höhepunkt, als er 1253 von einem päpstlichen Legaten zum *rex Russiae* gekrönt wurde. Da sich die Erwartungen Roms auf eine Kirchenunion und den gemeinsamen Kampf gegen die Mongolen nicht erfüllten, blieb Danylos Königtum allerdings Episode. Im Gegensatz zu den übrigen Teilen der Rus' hatte der Bojarenadel Galiziens eine starke Stellung gegenüber dem Fürsten, was von der ukrainischen Historiographie hervorgehoben wurde, um den mitteleuropäischen Charakter der Region herauszustellen. Im Zuge der Intensivierung der politischen, wirtschaftlichen und kulturellen Beziehungen zu seinen Nachbarn Ungarn und Polen rief Danylo Kaufleute und Handwerker, unter ihnen zahlreiche Deutsche, ins Land. Er gründete mehrere Städte, an ihrer Spitze das nach Danylos Sohn Lev benannte Lemberg (L'viv). Ein weiterer Sohn Danylos wurde mit der letzten Babenbergerin Gertrude von Österreich verheiratet, doch konnte er seine Ansprüche auf deren Erbe nicht durchsetzen. Danylos Nachkommen herrschten in Galizien-Wolhynien bis zum Aussterben der Familie im Jahr 1323. Nach einem Zwischenspiel unter dem polnischen Neffen des letzten Fürsten fiel Galizien an das Königreich Polen, Wolhynien an das Großfürstentum Litauen.

Fürst Danylo nimmt einen Ehrenplatz im Pantheon der ukrainischen Geschichte ein, als Nachfolger der Kiewer Großfürsten und

Fürst Aleksander Nevskij, Fresko aus der Moskauer Erzengelskathedrale (16./17. Jahrhundert)

letzter bedeutender Herrscher im Süden der Rus' und als angesehenes Mitglied der mitteleuropäischen Dynastien. Das Fürstentum Galizien-Wolhynien gilt als Vorstufe eines ukrainischen Nationalstaats und als Bindeglied zwischen der Kiewer Rus' und der späteren ukrainischen Geschichte. Der Flughafen von Lemberg und die Juristische Universität im westukrainischen Ivano-Frankivs'k tragen heute beide den Namen «König Danylo von Halyč».

Im russischen kulturellen Gedächtnis kommt Fürst Alexander Nevskij (1220–1263) eine vergleichbare Stellung zu, die durch seine Heiligsprechung noch überhöht wurde. Im Gegensatz zu Danylo wurde und wird er nicht auf Grund seiner Westorientierung verehrt, sondern umgekehrt als Verteidiger Russlands gegen Angriffe aus dem Westen. In den Jahren 1240 und 1242 besiegte er Heere Schwedens und des Deutschen Ordens, die gegen Novgorod und die nördliche Rus', die kurz zuvor von den Mongolen erobert worden war, zu Felde zogen. Der Schlacht gegen die Schweden an der Neva, unweit des späteren St. Petersburg, verdankt er den Beinamen Nevskij.[28]

Alexanders Vater Jaroslav war nach dem Tod seines Bruders Jurij, der 1238 in einer Schlacht gegen die Mongolen umgekommen war, als Großfürst eingesetzt worden. Alexander war schon seit 1236 Fürst von Novgorod, das er gegen Schweden, Deutschritter und Litauer verteidigte. Nachdem Jaroslav im Jahr 1246 in Karakorum, der Residenz des Großkhans in der Mongolei, ums Leben gekommen war, stritten seine Söhne Alexander und Andrej um sein Erbe, wobei die Mongolen als Schiedsrichter auftraten. Der Großkhan setzte zunächst den jüngeren Andrej als Großfürsten von Vladimir ein. Dieser heiratete 1250 eine Tochter Danylos von Galizien-Wolhynien, was davon zeugt, dass in dieser Zeit die Kommunikation zwischen dem Nordosten und Südwesten der Rus' noch nicht unterbrochen war. Alexander schaltete seinen Bruder aus und wurde 1252 vom Khan zum Großfürsten ernannt. In dieser Funktion warf er einen Aufstand der Novgoroder nieder, die sich der Entrichtung des Tributs widersetzt hatten. Alexander starb 1263 auf der Rückreise aus Saraj, der Residenz des Khans der Goldenen Horde.

Alexander Nevskij wurde 1547 heiliggesprochen, nachdem er schon kurz nach seinem Tod verehrt und mit einer Vita bedacht worden war. Dies geschah weniger aufgrund göttlicher Wunder als wegen seiner Heldentaten als Fürst. Man hat ihm vorgeworfen, mit den heidnischen Tataren kollaboriert zu haben, doch war er wohl einfach ein pragmatischer Machtpolitiker, der einsah, dass Widerstand gegen die militärisch überlegenen Mongolen sinnlos war. Diese Auffassung teilte auch die Orthodoxe Kirche, die in der Goldenen Horde mit ihrer toleranten Religionspolitik das geringere Übel sah als in den schismatischen «Lateinern», vor denen Alexander Russland schützte. So wurde Alexander Nevskij zum russischen Nationalheiligen, und die weltliche Macht nutzte ihn zur Stärkung des russischen Patriotismus. Stalin gab Sergej Eisenstein den Auftrag, den Film «Alexander Nevskij» zu drehen, und im Zweiten Weltkrieg wurde die Geschichte von Alexander Nevskij und seiner erfolgreichen Abwehr der «deutschen Aggression» zur Mobilisierung gegen Nazi-Deutschland eingesetzt. Der im Jahr 1725 geschaffene Alexander-Nevskij-Orden wurde von Stalin erneut eingeführt und von Vladimir Putin wiederbelebt, nicht zufällig im Jahr 2010, als sich Russland vom Westen abzuwenden begann.[29]

## Der Aufstieg Moskaus und die Herausbildung des Zarenreichs

Nachdem die Fürsten der Rus' seit dem 12. Jahrhundert um die Würde des Großfürsten von Kiew und der ganzen Rus' konkurriert hatten, gewannen im Verlauf des 14. Jahrhunderts die Fürsten von Moskau die Oberhand und banden den Großfürstentitel und damit die Führungsrolle in der nördlichen und östlichen Rus' an ihre Dynastie.[30] Moskau lag in der Rangfolge zunächst hinter dem Fürstentum Vladimir zurück, und es fiel deshalb an Daniil, den jüngsten Sohn Alexander Nevskijs. Da Daniils drei Brüder und deren Söhne vorzeitig starben, wurde sein Sohn Jurij 1318 Großfürst, nachdem er sich seines Konkurrenten Michail von Tver' entledigt hatte. Die Moskauer Fürsten erweiterten ihr Territorium durch Eroberung oder Kauf erheblich. Dabei kam ihnen zugute, dass sie von der Orthodoxen Kirche unterstützt wurden. Der Metropolit von Kiew und der ganzen Rus' hatte seinen Sitz 1299 von Kiew zunächst nach Vladimir und 1325 nach Moskau verlegt. Er behielt aber den Titel «von Kiew und der ganzen Rus'» und damit den Anspruch auf Vertretung aller Orthodoxen der Rus'. Im Gegenzug wurden 1303 in Galizien eine Metropolie der Kleinen Rus' gegründet und später im Großfürstentum Litauen eigene Metropoliten eingesetzt, die sich jedoch nicht durchgehend halten konnten.

Bis zur Mitte des 15. Jahrhunderts konsolidierte der Moskauer

Großfürst seine Herrschaft gegenüber anderen Prätendenten und befreite sich zusehends von der Oberherrschaft der Goldenen Horde. Großfürst Ivan III. (1462–1505) und sein Sohn Vasilij III. (1505–1533) setzten das im 14. Jahrhundert begonnene sogenannte Sammeln der Länder der Rus' fort. Am bedeutsamsten war die Annexion der Stadt Novgorod mit ihrem bis zum nördlichen Ural reichenden Hinterland. Damit wurde auch das alternative soziopolitische System der Stadtrepublik, wo nicht der Fürst, sondern der Stadtadel und die Volksversammlung die Entscheidungsträger waren, eliminiert, ebenso wie ihre kommerzielle Brückenfunktion zu Mitteleuropa. Der wichtigste Konkurrent des Moskauer Großfürsten im Sammeln der Länder der Rus' war der Großfürst von Litauen, der im 14. und frühen 15. Jahrhundert mehr als die Hälfte der Bevölkerung der alten Rus' unter seine Herrschaft gebracht hatte. Die Moskauer Expansion griff unter Ivan III. und Vasilij III. auf Gebiete des Großfürstentums Litauen aus, die von orthodoxen Ostslawen besiedelt waren. Mit dem Fürstentum Černihiv (Černigov) und den severischen Fürstentümern an der Desna wurden zu Beginn des 16. Jahrhunderts erstmals Gebiete, die heute zur Ukraine gehören, an den Moskauer Staat angeschlossen. Die Initiative ging von den lokalen Teilfürsten aus, die sich vom Moskauer Herrscher eine Verbesserung ihrer Situation erhofften. 1618 fielen diese Gebiete wieder an Polen-Litauen zurück.

Im späten 15. und in der ersten Hälfte des 16. Jahrhunderts schritt im Großfürstentum Moskau die Staatsbildung voran. Man schuf Zentralämter für Außenpolitik, Finanzen und Heer, vereinheitlichte die regionalen Rechtsordnungen und führte mit der Silberkopeke eine gemeinsame Währung ein. Die Macht des Großfürsten wurde zusehends ausgebaut, die Verwaltung zentralisiert und der Adel stärker an den Herrscher gebunden. Die Orthodoxe Kirche legitimierte den Großfürsten als unbeschränkten, nur Gott verantwortlichen Herrscher, der an keine Rechtsnormen und ständischen Versammlungen gebunden war. Damit wurde die spezifische Herrschaftsform der Moskauer Autokratie begründet, die sich deutlich von den im damaligen Europa dominierenden Ständemonarchien unterschied. Der höhere Adel, der mit seinem Dienst in Militär und Verwaltung unentbehrlich war, hatte in der Praxis ein Mitspracherecht, doch fehlte eine rechtlich verankerte Beschränkung der Herrschermacht. Die Autokratie prägte den russischen Staat bis zum Ende des Zarenreichs.

Unter Ivan IV. (1533–1584), dem «Schrecklichen», der 1547 zum ersten Zaren gekrönt wurde, wurde die Autokratie weiter ausgebaut. Mit der Eroberung der Khanate von Kazan' und Astrachan' und der daran anschließenden Eroberung Sibiriens kam erstmals eine größere Zahl von Muslimen und Animisten unter Moskauer Herrschaft. Damit wurde die Basis für das multiethnische Russländische Imperium gelegt. Im Livländischen Krieg drang Moskau bis an die Ostsee vor, doch wurde es von Polen-Litauen und Schweden besiegt und musste sich wieder zurückziehen.

Die Verheerungen der Kriege und der Schreckensherrschaft Ivans IV. führten zu einer schweren Wirtschaftskrise und zu sozialen Unruhen, die im Verein mit der dynastischen Krise nach dem Aussterben der regierenden Rjurikiden den Moskauer Staat an den Rand des Abgrunds brachte. In der sogenannten Zeit der Wirren (1598–1613) brach die bestehende Ordnung zusammen. Jetzt mischten sich die Nachbarn Polen-Litauen und Schweden ein und unterstützten Usurpatoren, die sich als Dmitrij, den verstorbenen jüngsten Sohn Ivans IV., ausgaben. Einer von ihnen marschierte mit einer Streitmacht in Moskau ein und wurde zum Zaren gekrönt. In diesen Jahren begegneten sich Russen und Ukrainer zum ersten Mal in größerer Zahl. Die Begegnung war keine friedliche, denn Tausende ukrainischer Kosaken kämpften in den polnischen Heeren gegen Moskauer Truppen und verschonten auch die zivile Bevölkerung nicht. In dieser Zeit gewannen die ukrainischen Kosaken in Russland, wo sie *čerkasy* genannt wurden, den Ruf wilder Raubgesellen. Gleichzeitig tauchte auch die Bezeichnung der Ukrainer als *chochly* (nach dem Haarschopf der Kosaken) auf, die zunächst neutral war und erst später als herabsetzender

Spitzname diente. Nachdem polnische Truppen Moskau besetzt hatten, strebten der Sohn des polnischen Königs und dann sogar Sigismund III. selbst die Zarenkrone an. Eine von breiten Schichten getragene Volksbewegung beendete das Chaos, die ausländischen Truppen wurden vertrieben, und 1613 wurde Michail Romanov, ein Großneffe der ersten Frau Ivans IV., von einer Volksversammlung zum Zaren gewählt. Das Auftreten einer Volksversammlung änderte das System der auf den Herrscher bezogenen Autokratie nicht nachhaltig, sondern es wurde in der Folge sogar weiter ausgebaut.

Der Moskauer Staat erholte sich bis zur Mitte des 17. Jahrhunderts wirtschaftlich, und die neue Dynastie der Romanovs konsolidierte sich. Der Zar stützte sich auf den gutsbesitzenden Adel, der nach wie vor keine verbrieften Rechte hatte. Den Interessen des Adels wurden die Gutsbauern geopfert, die nun endgültig an den Boden gebunden wurden und allmählich zu Leibeigenen absanken. Außenpolitisch hielt man sich weitgehend zurück, bis die Zaporožer Kosaken, die die Ukraine in einem Volksaufstand von der polnischen Herrschaft befreit hatten, den Zaren Aleksej Michajlovič um Protektion baten und ihn zum Handeln veranlassten.

## Die Ukraine unter litauischer und polnischer Herrschaft

Im Lauf des 14. Jahrhunderts kam das gesamte damals besiedelte Gebiet der heutigen Ukraine unter die Herrschaft der Großfürsten von Litauen und der Könige von Polen.[31] Die einzige Ausnahme war die sogenannte Karpato-Ukraine (oder Transkarpatien), die vom 10. Jahrhundert bis 1918 zum Königreich Ungarn gehörte.

Die Großfürsten von Litauen errichteten im 13. und 14. Jahrhundert ein Großreich, das neben dem litauischen Kernland die meisten westlichen Fürstentümer der Rus' mit Kiew an der Spitze umfasste. Die animistische Führungsschicht der baltischsprachigen Litauer war gegenüber den orthodoxen Ostslawen schon früh in der Minderheit, und als Amtssprache diente eine slawische Kanzleisprache. Der offizielle Titel der Herrscher war denn auch «Großfürst von Litauen, Rus' und Žemaiten».[32] In der ukrainischen und weißrussischen Historiographie gilt das Großfürstentum Litauen deshalb als litauisch-ukrainischer bzw. litauisch–weißrussischer Staat oder als Litauen-Rus'. Im ukrainischen Fall wird es als Brücke zwischen der Staatlichkeit der Kiewer Rus', besonders des Fürstentums Galizien-Wolhynien, und dem Kosaken-Hetmanat des 17. Jahrhunderts interpretiert.

Das Großfürstentum Litauen war ein loser Herrschaftsverband, und die ehemaligen Fürstentümer der Rus' genossen eine weitreichende Autonomie. Im Lauf der Zeit wurden die rjurikidischen Teilfürsten allerdings durch Mitglieder der herrschenden litauischen Dynastie ersetzt, die dann meist zur Orthodoxie übertraten. Der ostslawische Adel und die Orthodoxe Kirche behielten ihre Privilegien und Besitzungen. Die Großfürsten Gedimin (lit. Gediminas), Ol'gerd (Algirdas) und Witold (Vytautas) strebten die Wiedererrichtung des Kiewer Reiches an und führten Krieg gegen Moskau. Sie setzten mehrfach eigene orthodoxe Metropoliten ein, die mit dem Moskauer Metropoliten um den Vorrang über die Rus' konkurrierten. Nachdem 1448 eine Kirchensynode die Autokephalie der «Metropolie von Moskau und der ganzen Rus'» erklärt hatte, wurde zehn Jahre später eine eigenständige «Metropolie von Kiew, Halyč und der ganzen Rus'» begründet, die direkt dem Ökumenischen Patriarchen von Konstantinopel unterstellt war. Damit war die Orthodoxe Kirche der Rus' dauerhaft geteilt, woran auch die Aufwertung der Moskauer Metropolie zum Patriarchat im Jahr 1589 nichts änderte.

Die Stellung der litauischen Großfürsten im Kampf um das Erbe der alten Rus' wurde geschwächt, als Großfürst Jagajla, ein Sohn Ol'gerds, mit der ethnisch litauischen Elite zum Katholizismus übertrat und 1386 zum König von Polen gewählt wurde, das in der Folge in Personalunion mit Litauen verbunden war. Damit wurde eine konfessionelle Schranke zwischen Herrscher und orthodoxen Untertanen errichtet, die unter dem toleranten heidnischen Großfürsten nicht bestanden hatte. Das Fürstentum Halyč (Galizien) war schon in der Mitte des 14. Jahrhunderts direkt unter polnische Herrschaft gekommen. Es wurde sukzessive in das Königreich integriert, und der ukrainische Adel und die Orthodoxe Kirche verloren hier ihre Privilegien. 1569 gingen Polen und Litauen eine Realunion ein, die als Reaktion auf den Angriff des Moskauer Staates auf Livland und Litauen verstanden werden kann.

Das Königreich Polen-Litauen stieg im 15. und 16. Jahrhundert zur europäischen Großmacht auf. Mit seiner ständischen Ordnung unterschied es sich fundamental von der Moskauer Autokratie. Der Adel erstritt sich immer umfangreichere Privilegien, die ihn zur bestimmenden politischen Kraft werden ließen. Die Befugnisse der Krone wurden wesentlich beschnitten, und der vom Adel dominierte Reichstag (Sejm) hatte das Recht der Königswahl. Der Adel hatte das Monopol auf Grundbesitz, und die reichen Magnaten verfügten über riesige Güter, während die Bauern in die Leibeigenschaft absanken. Polen-Litauen stand in einem engen kulturellen Austausch mit dem übrigen Europa, vor allem mit Italien. Unter dem Einfluss von Renaissance und Humanismus blühten Literatur und Wissenschaften auf, und die Hauptstadt Krakau mit ihren Renaissancebauten und ihrer 1364 begründeten Universität war in dieser Epoche eine glänzende europäische Metropole. Die Reformation gewann zahlreiche Anhänger, die ebenso wie die Juden weitgehende religiöse Toleranz genossen. Im letzten Viertel des 16. Jahrhunderts setzte mit der Gegenreformation eine Rekatholisierung ein, und die Jesuiten gewannen an Einfluss.

In der Realunion von Lublin von 1569 wurde die gesamte Ukraine dem polnischen Teil des Königreichs zugeordnet und in dessen Verwaltung eingegliedert, während Weißrussland bei Litauen verblieb. Dies förderte die Auseinanderentwicklung der Ukrainer und Weißrussen. Pläne einer Dreiteilung des Königreichs mit einem Großfürstentum Rus' als drittem Gebiet wurden nicht verwirklicht. Die polnischen Magnaten dehnten ihren Gutsbesitz auf weite Gebiete der Ukraine aus und brachten viele ukrainische Bauern in ihre Abhängigkeit. Die Stellung des orthodoxen Adels mit einigen alten Fürstengeschlechtern an der Spitze blieb zwar zunächst unangetastet, doch kam dieser nicht in den Genuss aller Privilegien. Dies war ein Grund dafür, dass die meisten reicheren ukrainischen Adligen am Ende des 16. und in der ersten Hälfte des 17. Jahrhunderts zum Katholizismus übertraten und in der Folge einer weitgehenden Polonisierung unterlagen. Damit öffnete sich eine konfessionelle Kluft zwischen dem höheren Adel und den ukrainischen Bauern. Die Ukrainer verloren erstmals Teile ihrer Elite, ein Prozess, der sich im Zarenreich und in der Sowjetunion wiederholen sollte.

Mit der Eingliederung in das Königreich Polen-Litauen wurde die Ukraine nach Westen hin geöffnet. Seit dem Spätmittelalter wurden zahlreiche Deutsche, Polen, Juden und Armenier ins Land gerufen; die größeren Städte mit Lemberg und Kiew an der Spitze erhielten das Magdeburger Stadtrecht. Die Städte der Ukraine waren fortan bis zu den Massenmorden und Vertreibungen des 20. Jahrhunderts ethno-religiös gemischt. Reformation und Humanismus wirkten über Polen auf die Ukraine und ihr Bildungswesen ein. Diese Einflüsse verstärkten sich im Zeitalter der Gegenreformation, als die Jesuiten in der Ukraine ihre Schulen gründeten. Polen beförderte nun die Union der Orthodoxen mit der Römisch-Katholischen Kirche. Sie wurde 1596 in Brest vollzogen, zum Teil als Reaktion auf die Schaffung des Moskauer Patriarchats (1589). Die Orthodoxe Kirche Polen-Litauens unterstellte sich dem Papsttum und übernahm das römische Dogma, behielt aber die Priesterehe und die kirchenslawische Liturgie bei. Die Bischöfe, die sich der Union nicht angeschlossen hatten, setzten sich für eine Wiederherstellung der orthodoxen Metropolie Kiew ein, die 1620 vom Patriarchen von Konstantinopel und 1632 auch vom polnischen König anerkannt wurde. Fortan bestanden in der Ukraine die

Unierte und die Orthodoxe Kirche nebeneinander, woran sich bis heute nichts geändert hat.

Unter den orthodoxen Geistlichen und Laien regte sich Widerstand gegen die Kirchenunion. Der Druck der Gegenreformation hatte einen Aufschwung der ukrainisch-orthodoxen Kultur und Literatur ausgelöst. Neben das Kirchenslawische trat eine weltliche «ruthenische» Literatursprache, die nicht nur in der Ukraine, sondern auch in Weißrussland verwendet wurde. Orthodoxe Laienbruderschaften gründeten in Lemberg und anderen Städten Schulen und Druckereien. Im Jahr 1576 errichtete der ukrainische Magnat Fürst Vasyl'-Konstantin Ostroz'kyj in Ostroh eine Akademie, an der Griechen, Polen, Ukrainer und Weißrussen unterrichteten und wo im Jahr 1581 die erste vollständige kirchenslawische Bibelübersetzung erschien. Ihr Drucker, der ethnische Russe Ivan Fedorov, hatte zunächst in Moskau gewirkt, wo er 1564 das erste Buch druckte, wurde aber von der Moskauer Geistlichkeit der Ketzerei angeklagt und flüchtete nach Polen-Litauen. Sein Leben und Wirken zeugt davon, dass die Ukraine und der Moskauer Staat in der zweiten Hälfte des 16. Jahrhunderts nicht vollständig voneinander abgeschottet waren. Gegen Ende des Jahrhunderts wurden diese Kontakte intensiviert. Ich komme im folgenden Kapitel darauf zurück.

Kiew mit dem ehrwürdigen Höhlenkloster und der orthodoxen Bruderschaft wurde in der ersten Hälfte des 17. Jahrhunderts zu einem blühenden Zentrum ukrainischer Kultur. Im Jahr 1632 gründete der orthodoxe Metropolit Petro Mohyla (1596–1646) in Kiew in der Nachfolge der Akademie von Ostroh ein Collegium. Es übernahm die Methoden seiner katholischen Konkurrenten und folgte dem Beispiel der Jesuitenakademien mit dem klassischen mehrstufigen Studium. Da der polnische König sich der Erhebung in den Rang einer Akademie widersetzte, konnten Philosophie und Theologie allerdings nur ansatzweise gelehrt werden. Trotzdem wurde das Mohyla-Collegium zu einer glänzenden Bildungsstätte, die westliche Rationalität mit orthodoxer Spiritualität verband. Als

Unterrichtssprachen dienten in erster Linie Latein, daneben auch Kirchenslawisch und Polnisch. Lehrer und Schüler des Collegiums veröffentlichten eine Vielzahl von Lehrbüchern, dichterischen und theologischen Werken. Diese erste Hochschule im ostslawischen Raum, die 1701 endgültig in den Rang einer Akademie erhoben wurde, war eine Kaderschmiede für die Ukraine und für Russland ein Kanal der Verwestlichung. Nicht zufällig trägt eine der angesehensten Hochschulen in der heutigen Ukraine den Namen Kiewer Mohyla-Akademie.

## Die ukrainischen Kosaken und die Revolution von 1648

Die orthodoxen Ukrainer erhielten zu Beginn des 17. Jahrhunderts Unterstützung vonseiten der ukrainischen Kosaken. Im 16. Jahrhundert hatten sich an den Flüssen Dnjepr und Don, am Rand der Steppe, Grenzergemeinschaften formiert, die sich aus entlaufenen Bauern und Abenteurern rekrutierten. Die Kosaken waren im Kampf gegen die tatarischen Reiternomaden geschulte Krieger, die sich dem Zugriff Polens und Moskaus zunächst weitgehend entzogen. Sie hatten eine egalitäre politische Ordnung, der Ring oder Rat der Kosaken wählte ihren Anführer, den Hetman oder Ataman, und traf die wichtigsten Entscheidungen. Die Kosaken dienten als Grenzwächter gegenüber den Tataren und zeichneten sich als Piraten auf dem Schwarzen Meer und als Anführer von Volksaufständen aus. Während die Aktivitäten der ethnisch vorwiegend russischen Donkosaken weitgehend auf die Grenzregionen beschränkt blieben, wurden die überwiegend ukrainischen Dnjepr-Kosaken zu militärischen und politischen Akteuren von gesamteuropäischer Bedeutung. Sie bezeichneten sich nach ihrem Zentrum «hinter den Stromschnellen» (*za porohami*) des Dnjepr als Zaporožer (Zaporoher) Kosaken.[33]

Die Zaporožer Kosaken machten sich zum Anwalt der Orthodoxen Kirche und ihrer Anhänger und wandten sich gegen die Kirchenunion. Als Polen seinen Druck auf die Kosaken verstärkte, antworteten diese mit Aufständen, die 1648 in der größten Volkserhebung des frühneuzeitlichen Osteuropa gipfelten. Den von Hetman Bohdan Chmel'nyc'kyj (1595–1657) angeführten Kosaken, die von der Geistlichkeit, den Bauern, der Stadtbevölkerung und Teilen des niederen ukrainischen Adels unterstützt wurden, gelang es, den größten Teil der Ukraine von der Herrschaft Polens zu befreien. Die polnischen (und polonisierten ukrainischen) Adligen, die katholischen und unierten Geistlichen und die Juden, die meist im Dienst des Adels standen, wurden vertrieben oder getötet. Die schrecklichen Judenpogrome forderten mindestens 20 000 Opfer und warfen einen Schatten auf den später als nationale Revolution gefeierten Volksaufstand.

Chmel'nyc'kyj ging nun daran, in der Ukraine einen unabhängigen Herrschaftsverband, das sogenannte Hetmanat, zu begründen, der nach dem egalitären Muster der Kosakenheere organisiert war und offiziell als Zaporožer Heer bezeichnet wurde. Die leibeigenen ukrainischen Bauern wurden befreit und zu freien Kosaken erklärt. Mit der sozialen verband sich die national-religiöse Revolution, und Hetman Chmel'nyc'kyj sah sich als Protektor der orthodoxen Gläubigen und des «Rus'-Volkes» (*rus'kyj narod*). Das Hetmanat wurde sogleich zu einem wichtigen Machtfaktor im östlichen Europa und nahm diplomatische Beziehungen mit den meisten europäischen Mächten auf. Im ukrainischen historischen Narrativ ist das Hetmanat der erste ukrainische Nationalstaat, ein Vorläufer der heutigen unabhängigen Ukraine. In Weißrussland, das unter polnisch-litauischer Herrschaft gemeinsam mit der Ukraine eine proto-nationale Gemeinschaft der orthodoxen Rus' gebildet hatte, fehlte die staatsbildende Kraft der Kosaken, was zur Differenzierung der beiden Völker beitrug.

Polen wollte sich nicht mit dem Verlust der Ukraine abfinden, sodass die Kosaken einen Bundesgenossen brauchten, um den polnischen Heeren gewachsen zu sein. Der natürliche Verbündete war der orthodoxe Moskauer Zar. Nach vorübergehenden Bündnissen mit den Krimtataren und Osmanen baten Chmel'nyc'kyj und das Zaporožer Heer den Zaren Aleksej Michajlovič im Jahr 1653 um seine Protektion. Damit begann ein neues Kapitel in den ukrainisch-russischen Wechselbeziehungen.

## Starker Staat – libertäre Gesellschaft, belagerte Festung – Orientierung nach Europa

Vom 14. bis 17. Jahrhundert gingen Russen und Ukrainer getrennte Wege. Auch die kollektiven Erinnerungen an diese Epoche unterschieden sich wesentlich und waren wichtige Bausteine der jeweiligen nationalen Mythen.

Im russischen kulturellen Gedächtnis ist diese Epoche geprägt vom Mythos des «Tatarenjochs», das Russland in seiner Entwicklung hinter das übrige Europa zurückwarf. Er entsprach dem Mythos des «Türkenjochs» unter den Orthodoxen in Südosteuropa. In der Befreiung von der Fremdherrschaft, die die Erinnerung an die ersten beiden Jahrhunderte prägte, wirkten Staat und Kirche zusammen. Der Moskauer Großfürst Dmitrij Donskoj, der den Tataren im Jahr 1380 die erste Niederlage beibrachte, wurde ebenso zum heiligen Nationalhelden wie vor ihm Alexander Nevskij, der Russland gegen Angriffe aus dem Westen verteidigt hatte. Von Westen her wurde Russland erneut bedroht, als zu Beginn des 17. Jahrhunderts die Polen in Moskau einmarschierten und im Kreml einen Zaren einsetzten. Die darauf folgende Befreiung von den fremden Besatzern gehört zu den Kernstücken des nationalen Narrativs und wird im heutigen Russland am 4. November als Nationalfeiertag begangen. Im Osten ging Russland im 16. Jahrhundert zum Gegenangriff über, eroberte die Khanate von Kazan' und Astrachan', zwei Nachfolgestaaten der Goldenen Horde, was als Sieg des christlichen Herrschers über die ungläubigen Muslime inszeniert wurde.

Das von zwei Seiten bedrohte Russland war auf sich allein gestellt. Trotzdem gelang es den Moskauer Großfürsten, im Osten Europas einen mächtigen zentralisierten Staat zu schaffen, der in der Mitte des 16. Jahrhunderts, als Ivan IV. den Zarentitel annahm, den ersten Schritt zum Imperium vollzog. Im nationalen Narrativ wird betont, dass der Sieg über die fremdgläubigen Aggressoren aus Ost und West nur möglich war dank einem starken Staat und mächtigen Herrschern, die autokratisch regierten, von der Kirche unterstützt wurden, den Adel in die Schranken wiesen und sich der Unterstützung des Volkes versicherten. Der Stolz auf den mächtigen, von außen bedrohten Staat gehört zu den Konstanten des russischen kulturellen Gedächtnisses und ist im heutigen Russland wiederbelebt worden.

In der Ukraine war und ist die Erinnerung an die Epoche, in der praktisch die ganze damals besiedelte Ukraine zu Polen-Litauen gehörte, ambivalent. Einerseits war es eine Zeit der Fremdherrschaft, der sozialen Unterdrückung durch den polnischen Adel und der religiösen Bedrohung durch die Katholische Kirche. Nicht die Fürsten wie in Russland, sondern die Kosaken, die einen Volksaufstand gegen die Fremdherrschaft anführten, wurden zu Nationalhelden. Die Ideale des Kosakentums von Freiheit, Gleichheit und Brüderlichkeit sind bis heute der wichtigste ukrainische nationale Mythos geblieben. Andererseits wurde die polnische Herrschaft auch positiv erinnert. Die Ukraine unterhielt vom 14. bis 17. Jahrhundert intensive politische, wirtschaftliche und kulturelle Beziehungen zum übrigen Europa und wurde mindestens partiell Teil des mitteleuropäischen Kommunikationsraums.

«Der größte Teil der nationalen Unterschiede zwischen der Ukraine und Moskowien kann damit erklärt werden, dass die Ukraine bis zum 18. Jahrhundert [also bis zur Errichtung der Herrschaft Russlands], stärker mit Westeuropa verbunden war und trotz einer Verzögerung (wegen der Tataren) gemeinsam mit Westeuropa am sozialen und kulturellen Fortschritt teilhatte», erklärte der ukrainische politische Denker Mychajlo Drahomanov im späten 19. Jahrhundert.[34]

Die russischen und die ukrainischen Erinnerungen an die Epoche des 14. bis 17. Jahrhunderts unterscheiden sich also in wesentlichen Bereichen. Sie stimmen überein in der Betonung der Fremdherrschaft Andersgläubiger, die mit Hilfe der Orthodoxen Kirche abgeschüttelt wurde. Grundlegende Unterschiede zeigen sich dagegen in den Idealen der Herrschaftsordnung – die zentralisierte Autokratie der Zaren steht den libertären Idealen der Kosaken und der polnischen Adelsrepublik gegenüber. Während sich Russland als «belagerte Festung» nach außen abschottete, war die Ukraine eng mit dem übrigen Europa verbunden und offen für westliche Einflüsse.

## 4. Kapitel

## Die Annäherung der Ukraine an Russland und die Integration der «Kleinrussen» in das Imperium der Zaren (17. bis frühes 19. Jahrhundert)

Nachdem die Geschichte der Russen und die der Ukrainer seit dem 14. Jahrhundert in weitgehend getrennten Bahnen verlaufen war, kam es seit dem Ende des 16. Jahrhunderts zu einer langsamen Annäherung. Dabei ging die Initiative von der ukrainischen Seite aus. Als die Orthodoxe Kirche der Ukraine im Zeitalter der Gegenreformation unter den Druck des Katholizismus und des polnischen Staates geriet, wandten sich orthodoxe Ukrainer an den Moskauer Zaren. Er gebot seit der osmanischen Eroberung Konstantinopels über den einzigen unabhängigen orthodoxen Staat und bot sich deshalb als Schutzherr an.[35]

Im Jahr 1592 richtete die Lemberger orthodoxe Bruderschaft ein Schreiben an den Moskauer Zaren Fedor (1584–1598), in dem sie um eine Spende für den Bau einer orthodoxen Kirche bat und an die religiöse Einheit und die gemeinsame «russische» Abstammung appellierte. Dieser entsprach der Bitte und schickte 50 ungarische Gulden und viele Zobelfelle nach Lemberg. Er knüpfte die Gabe an die Bedingung, dass dort täglich für das Seelenheil des Zaren und seiner Familie gebetet werde.[36] In der Folge wandten sich ukrainische orthodoxe Geistliche wiederholt an den Zaren oder an den Moskauer Patriarchen und baten um finanzielle Unterstützung, die sie in der Regel auch erhielten.

Einen Schritt weiter ging 1624/25 der neue, von Polen noch nicht bestätigte orthodoxe Metropolit von Kiew Iov Borec'kyj. Er schickte eine Gesandtschaft zu Zar Michail und machte diesen auf die Bedrängung der Orthodoxen durch die Polen und die Notwendigkeit des gemeinsamen Kampfes gegen die Häretiker aufmerksam. Er bat den Zaren in seinem und im Namen der Zaporožer Kosaken demütigst darum, sie «unter seine herrscherliche Hand zu nehmen».[37]

Der Zar ging auf diese Bitte um Protektion nicht ein und übte auch in der Folge Zurückhaltung. Orthodoxe, die aus Polen-Litauen in den Moskauer Staat kamen, wurden keineswegs mit offenen Armen empfangen. Grundsätzlich sah man in ihnen Ausländer, «Litauer» (*litva*), die durch westliche Einflüsse, durch die Jesuiten und die Kirchenunion, verdorben worden seien. Eine Moskauer Kirchensynode dekretierte im Jahr 1620 sogar, dass sich nicht nur die Katholiken, sondern auch die orthodoxen Übersiedler aus Polen-Litauen einer zweiten Taufe unterziehen mussten, bei der man sie dreimal untertauchte und nicht einfach mit Weihwasser besprühte wie im Westen. Auch gegenüber der theologischen Literatur aus der Ukraine war man misstrauisch. So wurden 1627 der Kauf und Besitz «litauischer Schriften», die pauschal als häretisch angesehen wurden, unter Strafe gestellt. Zahlreiche dieser Bücher wurden darauf verbrannt. Es wird auch berichtet, dass Moskauer Geistliche sich mit den «litauisch» sprechenden Ukrainern nur schwer verständigen konnten. So war es folgerichtig, dass Zar Michail im Jahr 1640 auf den Vorschlag des Metropoliten Petro Mohyla, in Moskau eine Schule nach dem Vorbild des Kiewer Collegiums einzurichten, nicht einging.

Mit dem Herrschaftsantritt von Michails Sohn Aleksej (1645–1676) entspannte sich das bis dahin von Misstrauen geprägte Verhältnis Moskaus zur Ukraine. Einige Schriften ukrainischer Gelehrter konnten in Moskau erscheinen, so 1648 (ohne Nennung des Autors) die «Slawische Grammatik» von Meletij Smotryc'kyj und ein Jahr darauf ein Katechismus Petro Mohylas. In der Russischen Orthodoxen Kirche wurde in dieser Zeit die Frage nach der Revision der liturgischen Bücher aufgeworfen, deren kirchenslawischer Text sich erheblich vom griechischen Original unterschied. Spezialisten für eine solche philologisch-textkritische Arbeit gab es im Moskauer Staat nicht, so dass der Zar in den Jahren 1648/49 den Bischof von Černihiv und den Kiewer Metropoliten ersuchte, ihm des Griechischen und Lateinischen kundige Gelehrte zu schicken, die die Bibelübersetzungen überprüfen sollten.

Darauf wurden drei Mönche nach Moskau gesandt, an ihrer Spitze der am Kiewer Collegium lehrende Jepifanij Slavynec'kyj, der bis zu seinem Tod im Jahr 1675 in Moskau bleiben sollte und eine fruchtbare Tätigkeit als Übersetzer, Philologe, Lehrer und Prediger ausübte. In Moskau wurde eine Klosterschule gegründet, an der mehr als zwanzig ukrainische Geistliche unterrichteten und gegen heftigen Widerstand der Traditionalisten Neuerungen wie die polyphone Musik einführten. Im Jahr 1687 wurde in Moskau eine Lehranstalt nach dem Vorbild des Kiewer Collegiums, die «Slawisch-griechisch-lateinische Schule», ins Leben gerufen, die allerdings nie die Bedeutung des ukrainischen Vorbilds erlangte. Dass in ihrem Namen neben Kirchenslawisch und Griechisch auch die Kultsprache der häretischen «Lateiner» erschien, die sogar als die wichtigste Unterrichtssprache diente, war ein deutliches Zeichen der Öffnung Russlands gegenüber dem Westen. Jepifanij und seine Mitbrüder waren die ersten in einer langen Reihe gebildeter ukrainischer (und weißrussischer) Gelehrter, die im Moskauer Staat wirkten und die Verwestlichung der russischen Kultur einleiteten, die dann von Peter dem Großen fortgesetzt wurde. Ich werde auf diese «Ukrainisierung» Russlands noch zurückkommen.

Die mit Hilfe ukrainischer und weißrussischer Gelehrter vollzogene Revision der kirchenslawischen Liturgie mit Rückgriff auf die griechischen Originale wurde vom Patriarchen Nikon im Jahr 1652 durchgesetzt. Dies wurde zum Auslöser der Bewegung der Altgläubigen, die an der alten Liturgie festhielten. Sie wurden von Staat und Kirche verfolgt und diskriminiert, leisteten aber erbitterten Widerstand bis hin zu Selbstverbrennungen, und es gelang nicht, sie zur Rückkehr zur Orthodoxen Kirche zu bewegen. So wurde nicht nur die ukrainische Kirche (durch die Union von 1596), sondern auch die Russische Orthodoxe Kirche gespalten. Das ist bis heute so geblieben. Kleinere Gruppen von Altgläubigen flohen aus dem Moskauer Staat ins Hetmanat und ließen sich im Norden der Ukraine nieder.

## Die Vereinbarung von Perejaslav und der Beginn der Herrschaft Russlands über die Ukraine

Die ukrainische Revolution von 1648 und die Gründung des selbständigen Hetmanats hatten unterdessen die politische Landkarte Osteuropas verändert.[38] Die von polnisch-litauischen Truppen bedrängten Zaporožer Kosaken baten den Zaren in den Jahren 1648 bis 1651 wiederholt um Unterstützung gegen Polen-Litauen, das den Abfall der Ukraine nicht hinnehmen wollte, und boten ihm an, in seine Dienste zu treten. Zar Aleksej ging zunächst auf diese Bitten nicht ein, denn er scheute vor dem Krieg mit Polen-Litauen zurück, den eine Koalition mit den abtrünnigen Kosaken auslösen musste. 1652 und 1653 kamen erneut zwei Delegationen der ukrainischen Kosaken nach Moskau und baten den Zaren nun formell darum, das «Zaporožer Heer unter seine hohe Hand zu nehmen». Nach erneutem Zögern gingen der Herrscher und sein Beratungsorgan, die Bojarenduma, auf die Bitte ein, und im Herbst 1653 segnete eine Volksversammlung diesen Entschluss ab. Man schickte eine Delegation in die Ukraine, und im Januar 1654 leisteten in Perejaslav die Kosaken und anschließend die Bevölkerung von Kiew und anderen Städten dem Moskauer Zaren einen Treueschwur. Moskau legitimierte diese erst nach langem Zögern vollzogene «ungeliebte Allianz» mit dem Schutz der Orthodoxie und nicht etwa mit territorialen Ansprüchen auf das Erbe der Kiewer Rus', wie sie später in der Formel der «Wiedervereinigung» konstruiert wurden.[39]

Seit der Vereinbarung von Perejaslav ist die ukrainische Geschichte eng mit der russischen verbunden. Festzuhalten bleibt, dass nicht das Moskauer Expansionsstreben, sondern die ukrainischen Kosaken den Anstoß zu dieser Wende gaben. Noch waren allerdings die Bedingungen der Unterstellung des Hetmanats unter die Herrschaft Russlands nicht ausgehandelt. Die Kosaken schickten zu diesem Zweck eine Gesandtschaft mit einer 23 Artikel umfassenden Petition nach Moskau. Die wichtigsten Punkte betrafen die Bestätigung der Rechte und Privilegien der Kosaken, Adligen und Städter. Als Gegenleistung hatten die Kosaken gegen angemessene Besoldung für Moskau Kriegsdienst zu leisten. Mit der Wahl des Hetmans und dem Recht auf selbständige Außenpolitik sollte das Hetmanat wesentliche Teile seiner Souveränität behalten. Der Zar akzeptierte im März 1654 die meisten Artikel, behielt sich allerdings die Kontrolle über die Beziehungen zu Polen-Litauen und zum Osmanischen Reich vor. Von da an bezeichneten sich die Moskauer Herrscher in ihrem Titel als «Autokraten der ganzen Großen und Kleinen Rus'» (später von «ganz Groß-, Klein- und Weißrussland»).[40]

Trotz dieser weitgehenden Zugeständnisse wurde deutlich, dass der Moskauer Zar und die ukrainischen Kosaken die Vereinbarung von Perejaslav unterschiedlich interpretierten. Als die ukrainischen Kosaken verlangten, dass die Moskauer Delegation im Namen des Zaren ebenfalls einen Schwur leisten sollte, lehnte diese ab: Nur der Vasall habe einen Eid abzulegen, der Zar jedoch gewähre diesem Rechte und Privilegien. Aus der Sicht der Kosaken kam die Ukraine zwar unter das Protektorat Moskaus, doch war eine solche Vereinbarung auch wieder kündbar. Aus Moskauer Sicht handelte es sich dagegen um den ersten Schritt einer dauerhaften Inkorporation der Ukraine. Die unterschiedlichen Positionen spiegelten die konträren Herrschaftssysteme des patrimonialen, autokratischen Russland und des Hetmanats mit seinen egalitären kosakischen und polnischen ständisch-republikanischen Traditionen.

Skulptur unter dem Bogen der Völkerfreundschaft in Kiew (1981). Ukrainer und Russen schließen die Vereinbarung von Perejaslav (1654). Von links: Ein ukrainischer Kosak beschützt die Versammelten; ein ukrainischer und ein russischer Bauer reichen sich die Hand; Vasilij Buturlin, der Vertreter des Zaren Aleksej; Hetman Bohdan Chmel'nyc'kyj; eine ukrainische Kosakenfamilie mit dem Vater, der auf der kobza spielt.

Die unterschiedlichen Interpretationen des Aktes von 1654 setzten sich in der Historiographie und der Geschichtspolitik fort.[41] Die Mehrheit der ukrainischen Historiker sieht in der Vereinbarung eine temporäre militärische und politische Allianz, ein Vasallitätsverhältnis oder Protektorat. In der russischen Historiographie überwiegt die Meinung, dass die Ukraine damit endgültig in den russländischen Staat eingegliedert worden sei, dass sich die seit dem 13. Jahrhundert getrennten Völker im Jahr 1654 wiedervereinigt hätten. Nachdem der kleine Bruder jahrhundertelang unter der Fremdherrschaft des polnischen Cousins gelitten hatte, kehrte er zum großen Bruder zurück und unterstellte sich seiner Obhut. In der Sowjetunion wurde diese Auffassung zum Dogma, und im Jahr 1954 wurde mit großem Pomp die Dreihundertjahrfeier der «Wiedervereinigung der Ukraine mit Russland» begangen. Zu diesem Anlass wurde die bis dahin zur Russländischen Sowjetrepublik gehörende Krim der Ukrainischen Sowjetrepublik zugeordnet.

Während Hetman Chmel'nyc'kyj in der Sowjetunion gefeiert wurde und in Russland bis heute als Urheber der «Wiedervereinigung» positiv erinnert wird, ist sein Bild in der Ukraine zwiespältig. Einerseits wird er als Held verehrt, der die Herrschaft der Polen abschüttelte und den ersten ukrainischen Nationalstaat schuf, andererseits als Protagonist der Unterstellung der Ukraine unter den russischen Zaren kritisiert. Immerhin ist er heute auf der Fünf-Hryvnja-Note abgebildet, und er ist zusammen mit den mittelalterlichen Kiewer Fürsten eine der historischen Heldenfiguren, die in allen Landesteilen anerkannt werden. In der polnischen und jüdischen Erinnerung ist Chmel'nyc'kyj dagegen eine negative Figur, der Totengräber Polen-Litauens, das durch den Abfall der Ukraine entscheidend geschwächt wurde, bzw. der Verantwortliche für die ersten großen Judenpogrome in der Geschichte Osteuropas.

Der polnisch-russische Krieg, der 1654 begann, fand großteils auf dem Gebiet der Ukraine statt, das stark in Mitleidenschaft gezogen wurde. Weder die Moskauer Regierung noch die Zaporožer Kosaken hielten sich an die Vereinbarung von Perejaslav, sondern gingen beide vorübergehende Koalitionen mit Polen-Litauen ein. Der Krieg wurde erst mit dem Waffenstillstand von Andrusovo im Jahr 1667 und endgültig mit dem Frieden von 1686 beendet. Das Hetmanat wurde geteilt, die Gebiete am linken Ufer des Dnjepr mit dem Brückenkopf Kiew am rechten Ufer sowie die Zaporožer Sič, der alte Sitz der Kosaken am Unterlauf des Dnjepr, fielen an den Moskauer Staat, während die rechtsufrige Ukraine bei Polen-Litauen verblieb. Es gab nun zwei Hetmane, die sich um die Vorherrschaft stritten, bis 1699 das Kosaken-Hetmanat in Polen abgeschafft wurde. Die polnische Verwaltung und der polnische und polonisierte Adel kehrten in die rechtsufrige Ukraine zurück, und die Resultate der Revolution von 1648 wurden hier weitgehend rückgängig gemacht.

Infolge der Kriegswirren wanderten zahlreiche Kosaken und ukrainische Bauern aus dem Hetmanat in die östlich angrenzenden Steppenrandgebiete aus, die damals direkt unter Moskauer Herrschaft kamen. Sie wurden ebenfalls in Kosakenregimentern organisiert, die zwar Privilegien erhielten, aber keine politische Autonomie genossen. Diese Grenzregion der sogenannten Sloboda-Ukraine mit der 1654 errichteten Festung Charkiv sollte in der Geschichte der Ukraine und der ukrainisch-russischen Beziehungen eine wichtige Rolle spielen.

Im Lauf der zweiten Hälfte des 17. Jahrhunderts begann der Moskauer Staat das linksufrige Hetmanat enger an Russland zu binden. In den größeren Städten wurden russische Garnisonen stationiert, und in Moskau wurde ein eigenes Zentralamt gegründet, die «Kleinrussische Kanzlei». Im Jahr 1686 wurde der Metropolit von Kiew, der zuvor direkt dem Patriarchen von Konstantinopel zugeordnet gewesen war, dem Moskauer Patriarchat unterstellt. Dies schränkte den Bewegungsspielraum des Metropoliten, der nicht nur im kirchlich-kulturellen, sondern auch im politischen Leben der Ukraine eine wichtige Rolle spielte, auf Dauer ein. Trotz dieser Kontrollmaßnahmen konnte das linksufrige Hetmanat seine Autonomie weitgehend erhalten. Es hatte weiterhin eine eigene, auf der kosakischen Tradition basierende Verwaltung, ein eigenes Heer und mit dem Hetman ein gewähltes Oberhaupt. Die Privilegien der Kosaken wurden nicht angetastet, und das Hetmanat blieb ein eigener Wirtschaftsraum. Die weitreichende Autonomie, die das Kosaken-Hetmanat als politische Einheit genoss, war in der neueren Geschichte Russlands eine singuläre Erscheinung und unterstreicht die Bedeutung, die Moskau diesem Gebiet zuschrieb. Die Frage war, ob Russland, als es zu Beginn des 18. Jahrhunderts zur europäischen Großmacht aufstieg, die Autonomie und Privilegien des Kosaken-Hetmanats weiter achten würde.

Nach der Erholungsphase der ersten Jahrhunderthälfte erlebte Russland seit der Mitte des 17. Jahrhunderts einen beschleunigten Wandel. Schon unter Aleksej und dann verstärkt unter seinem

Sohn Fedor und der Regentschaft seiner Tochter Sofija wurden Reformen in Militärwesen, Verwaltung und Steuerwesen eingeleitet, westliche kulturelle Einflüsse verstärkten sich, und die Rechte der Orthodoxen Kirche wurden beschnitten. Die Romanovs saßen nun fest im Sattel, sodass auch eine Kette von Aufständen, unter ihnen die Erhebung unter Führung des Donkosaken Stepan Razin in den Jahren 1670/71, ihre Macht nicht erschüttern konnte. Außenpolitisch stieß Russland nicht nur mit Polen-Litauen und Schweden, sondern auch mit dem Osmanischen Reich zusammen. Diese Auseinandersetzungen waren eng mit den Entwicklungen in der Ukraine verknüpft, wo sich der Hetman der rechtsufrigen Ukraine vorübergehend mit den Osmanen verbündet hatte.

Als Aleksejs jüngster Sohn Peter (Petr) 1689 die Macht ergriff und Russland in der Folge einem beschleunigten Wandel unterwarf, war also der Boden für seine Politik der Europäisierung schon bereitet. Peter I. (1682/89–1725) demonstrierte zunächst seine Abwendung vom alten Russland mit einer Europareise, mit der Einführung des Julianischen Kalenders und einer neuen Kleiderordnung für den Adel, mit der Begründung von St. Petersburg an der nordwestlichen Peripherie des Reiches und seiner Erhebung zur Hauptstadt. Der wichtigste Motor der Regierungstätigkeit Peters des Großen war der Krieg, sein Hauptziel war es, Russland zu einer Großmacht zu machen. Nach ersten Feldzügen gegen die Osmanen wurde der Vorstoß an die Ostsee zum wichtigsten Kriegsziel, das im 21-jährigen Nordischen Krieg mit der Eroberung der schwedischen Ostseeprovinzen Estland und Livland erreicht wurde. Gleichzeitig gelang es Russland, einen bestimmenden Einfluss auf das geschwächte Polen-Litauen zu gewinnen. Als der Nordische Krieg 1721 gewonnen war, nahm Peter den Titel Imperator an, den in der Folge alle Herrscher und Herrscherinnen trugen. Damit wurde Russland, das schon seit der Mitte des 16. Jahrhunderts imperiale Züge trug, auch formal zum Russländischen Imperium (*Rossijskaja Imperija*).

Dem Krieg dienten die Reformen, die Peter mit großer Härte und ohne Rücksicht auf Verluste durchführte. Alle menschlichen und natürlichen Ressourcen Russlands sollten mobilisiert und für den Krieg genutzt, alle Lebensbereiche im Sinne eines rationalen Fortschrittsdenkens reguliert werden. Die ganze Bevölkerung wurde in den Dienst des Staates gestellt, die Privilegien des Adels wurden an seine Dienstpflicht gebunden, und die Stellung der Bauern verschlechterte sich weiter. Peter trieb die Staatsbildung wesentlich voran, indem er die Zentral- und Lokalverwaltung systematisierte, eine Geheimpolizei einrichtete und die Reform des Heeres und der Flotte vorantrieb. Die Orthodoxe Kirche wurde entmachtet und der Patriarch durch ein Zentralamt, den Allerheiligsten Synod, ersetzt.

## Peter der Große, Mazepa und das Ende des ukrainischen Kosakentums

In Peters rücksichtsloser Politik der Systematisierung und Nivellierung, die Russland in eine den westlichen Ländern ebenbürtige modernisierte Großmacht verwandeln sollte, war kein Platz für traditionelle Sonderrechte wie die der Zaporožer Kosaken. Zu Beginn des 18. Jahrhunderts nahm der Druck auf das Hetmanat zu, und Peter zog die ukrainischen Kosaken nicht nur zu Kriegs-, sondern auch zu Arbeitsdiensten, unter anderem für den Bau St. Petersburgs, ein. Im Krieg gegen Schweden zeigte sich, dass sie dessen modernen Truppen nicht gewachsen waren. Damit büßten die Kosaken mit ihren Reiterverbänden ihre für Russland wichtigsten Qualitäten, ihre militärische Kampfkraft, weitgehend ein, womit auch die ihnen gewährten Privilegien ihre Berechtigung verloren und zusehends beschnitten wurden.

In der Ukraine stieß die Politik Peters des Großen auf Widerstand, der sich in der Person des selbstbewussten Hetmans Ivan Mazepa (1639–1709) kristallisierte. Mazepa hatte in Polen und am

Hetman Ivan Mazepa, ukrainische Banknote

Kiewer Collegium eine gute Ausbildung genossen und wurde 1687 zum Hetman der linksufrigen Ukraine gewählt. Zunächst diente er dem jungen Zaren loyal und zog mit ihm gegen die Osmanen und Schweden zu Felde. 1703 gelang es ihm, im Einvernehmen mit Peter die beiden Teile des Hetmanats wieder zu vereinigen. Mazepa fasste nun den Plan einer Erneuerung des unabhängigen Hetmanats. 1708 lief er deshalb zum schwedischen König Karl XII. über, der gegen Russland Krieg führte. Peter reagierte auf den Abfall Mazepas mit seiner Absetzung und der Verwüstung seiner Residenz. Loyal gebliebene Kosaken wählten mit Ivan Skoropads'kyj einen neuen Hetman. Am 28. Juni 1709 kam es bei Poltava zur Entscheidungsschlacht. Karl XII. und Mazepa wurden geschlagen, dieser starb kurz darauf.

Ivan Mazepa ist eine der umstrittensten Persönlichkeiten der osteuropäischen Geschichte, die bis heute polarisiert. Im ukrainischen Pantheon gilt er als großer Staatsmann, der es wagte, sich gegen Peter den Großen, den in Russland bis heute beliebtesten historischen Helden, aufzulehnen, um den unabhängigen ukrainischen Staat wieder zu errichten. Er ziert heute die Zehn-Hryvnja-Banknote. In der ukrainischen Historiographie wurde allerdings auch Kritik an Mazepa laut, dem vorgeworfen wurde, nur im In-

Zar Peter der Große, russische Banknote

teresse der ukrainischen Elite und nicht des Volkes agiert zu haben. In Russland ist Mazepa der Prototyp des Verräters. Die Russische Orthodoxe Kirche sprach ein Anathema gegen ihn aus, das bis heute am ersten Sonntag der Fastenzeit wiederholt wird. Das Wort «Mazepisten» (*mazepincy*) bezeichnete fortan das Stereotyp des verräterischen Ukrainers. Die offiziellen «Thesen zum dreihundertjährigen Jubiläum der Wiedervereinigung der Ukraine mit Russland», die im Jahr 1954 in einer Auflage von einer Million Exemplaren gedruckt wurden, nannten Mazepa einen «gemeinen Verräter und Zögling der Jesuiten, … der mit Hilfe der schwedischen und polnischen Eroberer versuchte, die Ukraine von Russland loszutrennen und das verhasste ausländische Joch wieder zu errichten.»[42]

In Vorbereitung des 300-jährigen Jubiläums der Schlacht von Poltava im Jahr 2009 beschäftigten sich sogar die Präsidenten Russlands und der Ukraine mit der Frage, wie dieser Schlacht zu gedenken sei. Im russischen Narrativ wird der Sieg über die Schweden als Begründung des Imperiums durch Peter den Großen gefeiert, im ukrainischen kulturellen Gedächtnis wird die Niederlage des mit dem schwedischen König Karl XII. verbündeten Kosakenhetmans Mazepa als Todesstoß der ukrainischen Unabhängigkeit betrauert. Diese historischen Ereignisse werden direkt mit der Gegenwart verknüpft. Russland warnte die Ukraine vor einem erneuten Verrat, wie ihn Mazepa begangen habe. Es kam zu keiner Einigung und zu keinen gemeinsamen Feiern in Poltava. Ein Streitpunkt war der Plan von Präsident Viktor Juščenko, in Poltava ein Mazepa-Denkmal zu errichten. Nach langen Querelen mit Russland und innerhalb der Ukraine wurde es im Mai 2016 von Präsident Petro Porošenko eingeweiht.[43]

In Russland, am prominentesten in Aleksandr Puškins Versepos *Poltava* und der darauf basierenden Oper Čajkovskijs (Tschajkowskis) *Mazepa* wurde der verräterische ukrainische Hetman dem Helden Peter dem Großen gegenübergestellt. In Mittel- und Westeuropa ist Mazepa weniger als politische Figur denn als Held einer tragischen Liebesgeschichte bekannt geworden, so schon bei Voltaire, dann in Gedichten Lord Byrons und Victor Hugos, einem Drama Juliusz Słowackis, auf Gemälden von Théodore Géricault und Eugène Delacroix, in einer symphonischen Dichtung Franz Liszts und einer Ballade Bertolt Brechts.

Der Abfall Mazepas diente Peter dem Großen als Anlass, die Integration des Hetmanats weiter voranzutreiben. Als Kontrollorgane wurden am Hof des Hetmans ein russischer Minister eingesetzt sowie ein «Kleinrussisches Kollegium», das aus russischen Offizieren zusammengesetzt war und weitreichende Kompetenzen erhielt. Nach dem Tod Skoropads'kyjs im Jahr 1722 blieb das Amt des Hetmans zunächst verwaist. Der Tod Peters des Großen im Jahr 1725 brachte dem Hetmanat eine Atempause, 1750 wurde mit Kyrylo Rozumovs'kyj zum letzten Mal ein Hetman eingesetzt.

Mit der Herrschaft Katharinas II. (1762–1796), die an die energische Politik Peters des Großen anknüpfte, die Integration der Randgebiete vorantrieb und ihre Sonderrechte einschränkte, war das Schicksal des Hetmanats besiegelt. 1764 wurde das Amt des Hetmans abgeschafft. Mit der Reform von 1775 wurde die russische Verwaltung auf die Ukraine übertragen und das Hetmanat in drei Gouvernements aufgeteilt. Die linksufrige Ukraine wurde damit zu einer normalen Region Russlands. Die Zaporožer Sič wurde zerstört, und die ukrainischen Kosaken auf die mehrheitlich russischen Kosakenheere aufgeteilt, die in den direkten Dienst des Staates gestellt wurden. Die Mehrzahl von ihnen wurde später dem Heer der Kuban'-Kosaken zugeordnet, so dass die Bevölkerung der Kuban'-Region im nordwestlichen Kaukasusvorland seither zahlreiche ethnische Ukrainer umfasste.

Damit kam das freie ukrainische Kosakentum, das seit dem späten 16. Jahrhundert die Geschichte der Ukraine wesentlich bestimmt hatte, an sein Ende. Was blieb, war der Kosakenmythos. Die Kosaken mit ihren Idealen von Freiheit und Gleichheit wurden zum wichtigsten nationalen Symbol, das dem autokratischen Russland und dem aristokratischen Polen entgegengesetzt wurde. In der Volksüberlieferung und im Schaffen des Nationaldichters Taras Ševčenko und des ukrainisch-russischen Schriftstellers Gogol' nahmen Kosaken einen wichtigen Platz ein. Das von den Kosaken geschaffene Hetmanat wurde im nationalen Narrativ zu einer Etappe ukrainischer Staatlichkeit, zu einem Vorläufer der Nationalstaaten des 20. und 21. Jahrhunderts erklärt. Die Kosaken und das Hetmanat sind zentrale Forschungsgebiete der ukrainischen Geschichtsschreibung, und der Mythos vom freien Kosaken spielte in der Revolution des Euro-Majdan eine große Rolle. Der heutige ukrainische Staat griff auf kosakische Symbole zurück, so auf das Wappen des Zaporožer Heeres, das einen Kosaken mit Muskete zeigt. Die aus dem 19. Jahrhundert stammende ukrainische Nationalhymne hat den Refrain:

> «Leib und Seele werden wir für unsere Freiheit hingeben,
> und wir werden zeigen, Brüder,
> dass wir vom kosakischen Stamme sind.»[44]

Auch in Russland wurden die Kosaken, besonders Sten'ka Razin und Emel'jan Pugačev, die Anführer der wichtigsten Volksaufstände, und Ermak, der Eroberer Sibiriens, zu Helden der Folklore und der schönen Literatur, etwa bei Aleksandr Puškin und Lev Tolstoj. Allerdings erreichte der Kosakenmythos nie die Bedeutung und Reichweite, die er in der Ukraine hatte und noch hat. Später wurden die russischen Kosaken als Wahrer des Reiches zu einem imperialen Mythos; an diese Tradition knüpfen heutige Kosakenverbände an, die Russland gegen seine Feinde verteidigen wollen, unter anderem auch in der Ostukraine.[45]

Katharina II. führte die Reformen Peters des Großen fort und versuchte, einzelne Bevölkerungsgruppen noch stärker in die staatlichen Aufgaben einzubinden. Dazu rief sie von oben Stände mit korporativer Selbstverwaltung ins Leben, die es in Russland anders als in Mittel- und Westeuropa nicht gegeben hatte. Dies bezog sich in erster Linie auf den Adel, der die wichtigste Machtbasis der Autokratie blieb. Die Adligen wurden seit 1762 nicht mehr zum Staatsdienst verpflichtet, dennoch wurden ihnen in der Gnadenurkunde von 1785 erstmals ihre Privilegien und ihr Grundbesitz garantiert. Für ihren Unterhalt hatten die Gutsbauern aufzukommen, und folgerichtig wurde die bäuerliche Leibeigenschaft zementiert.

Im Hetmanat war der polnische bzw. polonisierte Adel weitgehend verschwunden. Im Verlauf der zweiten Hälfte des 17. Jahrhunderts formierte sich eine neue Oberschicht aus den höheren Rängen der Kosaken-Offiziere und den Resten des ukrainischen Kleinadels. Diese neue Elite wurde mit Grundbesitz und zunehmend auch mit abhängigen Bauern ausgestattet und trat an die Stelle des polnischen Adels. Parallel dazu sanken viele ukrainische Bauern, die sich in Abhängigkeit von Gutsbesitzern befanden, in die Leibeigenschaft ab. Im 18. Jahrhundert wurden auch russischen Adligen vermehrt Güter in der Ukraine verliehen. Damit waren die wichtigsten Ergebnisse der Revolution von 1648 rückgängig gemacht worden. Immerhin konnten etwa 400 000 einfache Kosaken ihren Grundbesitz behalten und lebten als freie Bauern.

Die neue ukrainische Aristokratie strebte die Gleichberechtigung mit den russischen Adligen an. Dies gelang im Jahr 1785, als die reicheren unter ihnen in den imperialen Adel kooptiert wurden. Die übrigen hatten nachzuweisen, dass sie aus adligen Geschlechtern stammten, was Jahrzehnte dauern konnte und längst nicht immer gelang. Der Aufstieg in den imperialen Adel führte mittelfristig zu einer mindestens partiellen Russifizierung. So verlor die ukrainische Gesellschaft nach der Polonisierung der reicheren Adligen im späten 16. Jahrhundert und in der ersten Hälfte des 17. Jahrhunderts ihre Elite zum zweiten Mal. Die ukrainische Oberschicht war nicht primär Opfer staatlicher Politik, sondern trug selbst aktiv zu ihrer Integration in Staat und Gesellschaft des Zarenreichs bei. Die Ideale des Kosakentums blieben dabei auf der Strecke.[46]

Zahlreiche Ukrainer traten im Lauf des 18. Jahrhunderts in den Dienst des Russländischen Imperiums und machten Karriere in Militär und Bürokratie. Beispiele sind Oleksandr Bezborodko, Generalmajor, Diplomat und Kanzler des Imperiums, und sein Neffe Viktor Kočubej, Innenminister und Vorsitzender des Ministerkomitees, mit ihren Familien. Die erstaunlichste Karriere machten Vertreter der Familie Rozumovs'kyj, die vom einfachen Kosaken Jakiv Rozum abstammten. Dessen Sohn Oleksij war ein guter Sänger und wurde nach St. Petersburg gebracht, um im kaiserlichen Chor mitzuwirken. Dort erregte er das Gefallen der Kaiserin Elisabeth, der Tochter Peters des Großen. Er wurde ihr Geliebter und wahrscheinlich ihr morganatischer Gemahl. Sie stattete ihn und seine Familie mit großen Gütern aus, ernannte ihn zum Grafen und Feldmarschall. Unter seinem Einfluss verbreiteten sich am kaiserlichen Hof ukrainische Sitten. Er war wohl auch dafür verantwortlich, dass im Jahr 1750 das Amt des Hetmans wiedereingeführt und mit seinem jüngeren Bruder Kyrylo besetzt wurde.

Kyrylo (Kirill) Rozumovs'kyj (1728–1803) war als junger Mann nach Deutschland geschickt worden, wo er von 1743 bis 1745 studierte. Im Alter von 16 Jahren wurde er zum Grafen und nur zwei Jahre später zum nominellen Präsidenten der 1725 gegründeten Kaiserlichen Akademie der Wissenschaften ernannt. Als Hetman erhielt er weitgehende Vollmachten und regte Reformen an, die das politische Leben im Hetmanat noch einmal belebten. Er konnte allerdings nicht verhindern, dass die russländische Regierung den wirtschaftlichen und politischen Spielraum des Hetmanats zusehends einschränkte und schließlich das Amt des Hetmans abschaffte. Kyrylo wurde zum Feldmarschall ernannt, mit einer enormen Abfindung und zahlreichen Gütern ausgestattet. Er reiste in der Folge durch Europa und lebte abwechselnd in St. Petersburg, Moskau und, nachdem ihm der Aufenthalt in der Ukraine erlaubt wurde, in seiner ehemaligen Residenzstadt Baturyn.

Kyrylos Söhne machten unter dem russischen Namen Razumovskij Karriere. Aleksej wurde Senator und russischer Bildungsminister und gründete einen botanischen Garten bei Moskau. Drei andere Söhne erreichten hohe Ränge in der Armee. Grigorij wurde ein berühmter Mineraloge und Geologe und emigrierte mit seinen beiden Söhnen nach Österreich. Am bekanntesten wurde Andrej, einerseits als Diplomat, der als russischer Bevollmächtigter am Wiener Kongress teilnahm. Andererseits machte ihn seine Liebe zur Musik weltberühmt, da Beethoven ihm seine Razumovsky-Quartette und die 5. Symphonie widmete. Er knüpfte damit an seinen Onkel Oleksij an, dessen musikalischer Begabung der märchenhafte Aufstieg der Familie zu verdanken war.[47]

## Die Ukrainisierung der russischen Kultur

Mit dem Aufschwung der ukrainisch-orthodoxen Kultur und besonders seit der Begründung des Kiewer Collegiums hob sich die Ukraine von Russland ab, das zunächst in den erstarrten Traditionen der Orthodoxie verharrte. Als sich in Russland unter dem Zaren Aleksej eine allmähliche Öffnung gegen Westen vollzog und als die linksufrige Ukraine unter russische Herrschaft gekommen war, wurde die Ukraine zum ersten Kanal der Verwestlichung Russlands. Absolventen und Lehrer des Kiewer Collegiums wie Jepifanij Slavynec'kyj, Innokentij Gizel' und der Weißrusse Simjaon Polacki (Simeon Polockij), der Erzieher der beiden älteren

Geschwister Peters des Großen, verkörperten die erste Generation. Nach einem vorübergehenden Niedergang infolge der Kriege und inneren Wirren erlebte das Kiewer Collegium gegen Ende des 17. Jahrhunderts einen neuen Aufschwung, der sich auch darin äußerte, dass es 1689 de facto, 1701 offiziell zur Akademie erklärt wurde. Unter der Herrschaft des Hetmans Mazepa hatte das Collegium etwa 2000 Studenten.

Peter der Große erkannte, dass für seine Politik der Verwestlichung Russlands nicht nur Fachleute aus dem protestantischen Mittel- und Westeuropa, sondern auch gebildete orthodoxe Ukrainer von Nutzen waren.[48] Dies betraf zunächst die Kirchenreform. Eine hervorragende Rolle spielte der hochgebildete Stefan Javors'kyj, der nach der Abschaffung des Moskauer Patriarchats im Jahr 1700 die Stelle des Patriarchen vertrat und später erster Präsident des Allerheiligsten Synods, des neu geschaffenen «Kirchen-Ministeriums», wurde. Im 18. Jahrhundert kamen etwa 60 Prozent der Bischöfe des Imperiums aus der Ukraine und Weißrussland. Daneben wirkten ehemalige Studenten der Kiewer Akademie am Ausbau des russischen Schulwesens mit, so Petro Zavadovs'kyj, der 1802 erster Bildungsminister Russlands wurde. Hunderte von Absolventen der Kiewer Akademie wirkten in der Verwaltung, Diplomatie und Armee als Journalisten, Schriftsteller, Übersetzer und Wissenschaftler. Auch an der Vermittlung westlicher Musik nach Russland waren Ukrainer beteiligt. Der erste bedeutende in Russland wirkende Komponist war der Ukrainer Dmytro Bortnjans'kyj (1751–1825), der wie Oleksij Rozumovs'kyj als Chorsänger an den Kaiserhof gerufen worden war und nach einer gründlichen Ausbildung in Italien in St. Petersburg als Verfasser von Opern und Chorälen hervortrat. Der preußische König Friedrich Wilhelm III. schätzte seine Musik, und eine Melodie Bortnjans'kyjs ist in den Großen Zapfenstreich der Bundesrepublik Deutschland eingegangen. Unter den ersten bedeutenden Porträtmalern Russlands waren mit Volodymyr Borovykovs'kyj, Dmytro Levyc'kyj und Anton Losenko drei Ukrainer. Die Karrieren dieser gebildeten Ukrainer wurden dadurch erleichtert, dass sie keine konfessionellen Barrieren zu überwinden hatten wie Katholiken und Protestanten. Sie trugen wesentlich zur politischen und kulturellen Entwicklung Russlands und zur «Konvergenz der Ukraine und Russlands» (David Saunders) bei.[49]

## Feofan Prokopovyč

Das hervorragende Beispiel eines Ukrainers, der in Russland Karriere machte, war Feofan Prokopovyč (1681–1736).[50] Nach dem Besuch der Kiewer Akademie trat er zum unierten Glauben über, um im westlichen Ausland studieren zu können. Er wurde Mönch und bildete sich in Polen, an deutschen Universitäten und am griechischen Athanasios-Collegium in Rom weiter. Zur Orthodoxie zurückgekehrt, wirkte er ab 1704 als Lehrer und Rektor an der Mohyla-Akademie. Er stand Hetman Mazepa nahe, dem er Predigten und sein Gedicht *Vladymir* widmete, in dem er ihn zum Nachfolger des heiligen Kiewer Fürsten stilisierte. Dieses Gedicht zählt zu den wichtigsten Werken der ukrainischen Literatur der Epoche. Nach dem Abfall Mazepas hielt Prokopovyč Peter dem Großen die Treue. Er verfasste einen Panegyricus auf die Schlacht von Poltava, der den Zaren beeindruckte. Von 1711 bis 1716 wirkte er als Rektor der Kiewer Akademie. In dieser Zeit verfasste er Lehrbücher, die in der ganzen orthodoxen Welt Verbreitung fanden. Dann wurde er nach St. Petersburg berufen und zum Bischof von Pskov, später zum Erzbischof von Novgorod ernannt.

Prokopovyč wurde zu einem der wichtigsten Berater Peters des Großen. Er wirkte mit an der Neuordnung der Russischen Orthodoxen Kirche und verfasste das Statut des Allerheiligsten Synods, das sogenannte Geistliche Reglement (*duchovnyj reglament*). Außerdem verkündete er in mehreren Studien die absolute Macht des Herrschers in weltlichen und geistlichen Belangen. Die beiden bekanntesten waren die «Rede über die zarische Macht und Ehre» und «Das Recht des monarchischen Willens in der Bestimmung des Erbens seiner Herrschaft». Ausgerechnet ein ukrainischer Absolvent der Kiewer Akademie wurde so zum wichtigsten frühen Ideologen des autokratischen Absolutismus in Russland.

Trotz seines geistlichen Standes wurde Prokopovyč zum Befürworter säkularer Bildung und setzte sich mit westlichen Denkern wie Francis Bacon, René Descartes und Hugo Grotius auseinander. Nach Peters Tod hatte er sich deshalb zahlreicher Feinde vor allem aus dem geistlichen Stand zu erwehren, die ihn der Nähe zum Protestantismus bezichtigten. Prokopovyč war umfassend gebildet und trat als Autor nicht nur theologischer, sondern auch philosophischer, politischer, poetischer und naturwissenschaftlicher Schriften hervor und war Mitbegründer der Kaiserlichen Akademie der Wissenschaften. Er beeinflusste frühe Vertreter des russischen Geisteslebens wie den Historiker Vasilij Tatiščev und den Satiriker Antioch Kantemir.

Waren Prokopovyč, Rozumovs'kyj und andere Persönlichkeiten, die in die Dienste Russlands traten, Ukrainer oder Russen? Ihre Lebensläufe zeigen, dass im 18. Jahrhundert multiple oder situative Identitäten keine Seltenheit waren und keineswegs die Vorstellung exklusiver ethnischer Identifikationen vorherrschend war. Der Dienst für das Imperium implizierte keine Zugehörigkeit zum russischen Volk. Dennoch wurden die Ukrainer, die im 18. Jahrhundert in Russland Karriere machten, von der imperialen Gesellschaft akkulturiert und sprachlich zusehends russifiziert. Viktor Kočubej bekannte: «Obwohl ich von meiner Herkunft ein Chochol bin, bin ich in meinen Prinzipien, meiner Lebensweise und meinen Gewohnheiten russischer als jeder andere.»[51] Dennoch lösten sich er und viele andere nicht vollständig von der Ukraine, sondern bewahrten einen Landespatriotismus, aus dem sich das moderne ukrainische Nationalbewusstsein speisen sollte.

Bis zur Mitte des 18. Jahrhunderts hob sich die linksufrige Ukraine von Russland durch ein merklich höheres Bildungsniveau ab, wie ausländische Beobachter bestätigten. Sie wies ein recht breites Netz von Kirchenschulen auf, an denen auch Mädchen ausgebildet wurden. Nach dem Vorbild der Kiewer Akademie wurden drei Collegia in Černihiv, Charkiv und Perejaslav eingerichtet, die kirchliche und weltliche Studien ermöglichten. Der Ausbau der höheren Bildung wurde begleitet von einem Aufblühen der Literatur und Historiographie in ukrainischer Sprache, darunter drei handschriftlich überlieferte Kosakenchroniken. In der Architektur war es der sogenannte Kosakenbarock, der bis heute mit Kirchenbauten in Kiew, Černihiv, Charkiv und anderen Städten präsent ist. Die Kiewer Sophienkathedrale wurde umgebaut und zeugt mit ihrem barocken Äußeren und byzantinischen Inneren von der Stellung der Ukraine zwischen Ost und West.

Die Ukrainisierung oder, wenn man die Weißrussen einbezieht, Ruthenisierung der russischen Kultur in der zweiten Hälfte des 17. Jahrhunderts und im frühen 18. Jahrhundert öffnete das bis dahin stark abgeschottete Russland für westliche Einflüsse wie den Humanismus und den Barock. Damit wurde «Russland zum erstenmal in eine gesamteuropäische Kulturepoche einbezogen … Man darf wohl mit Fug und Recht behaupten, dass die Neuzeit als Zeitalter durch die Ruthenen nach Russland gekommen ist» (Torke).[52]

Im Lauf des 18. Jahrhunderts erlebte die auf Mittel- und Westeuropa ausgerichtete weltliche Bildung und Kultur auch in Russland einen raschen Aufschwung. Die Kiewer Akademie und die anderen Bildungsstätten in der Ukraine sanken dagegen zu Priesterseminaren ab, während die weltliche höhere Bildung seit dem Jahr 1755, als die Universität Moskau begründet wurde, immer mehr von russischen Institutionen übernommen wurde. Allerdings wurde die zweite (russischsprachige) Universität des Imperiums 1805 in Charkiv gegründet, wo sie auf dem dortigen Collegium aufbauen konnte. Trotzdem beraubte der ständig zunehmende *Brain Drain* die Ukraine zahlreicher Gebildeter. In der Mitte des 18. Jahrhunderts drehte sich die Richtung des Kulturtransfers um, und die Ideen der französischen Aufklärung kamen nicht mehr über die Ukraine nach Russland, sondern sie kamen über St. Petersburg in die Ukraine. Die Bildungssprachen waren nicht mehr Latein und Kirchenslawisch, sondern Deutsch, Französisch und zunehmend Russisch.

## Die Expansion Russlands ans Schwarze Meer und in die rechtsufrige Ukraine

Das Russländische Imperium erlebte gegen Ende des 18. und zu Beginn des 19. Jahrhunderts den Höhepunkt seiner Expansion in Europa. In der Regierungszeit Katharinas II. stieß es ans Schwarze Meer vor und mit den Teilungen Polens wurde es zum direkten Nachbarn Preußens und Österreichs. Beide Expansionsschritte brachten weitere Gebiete der heutigen Ukraine unter die Herrschaft Russlands.[53]

Der Steppengürtel nördlich des Schwarzen Meeres war seit der Antike Durchzugsgebiet aus Asien kommender Reiternomaden gewesen. Seit dem 15. Jahrhundert stand er unter der Herrschaft der Krimtataren, deren Khan Vasall des Osmanischen Reiches war. Die Region war landwirtschaftlich nicht erschlossen und kaum besiedelt. Lediglich die Zaporožer Kosaken hatten am Unterlauf des Dnjepr Fuß gefasst. Sie standen in ständigen kriegerischen Auseinandersetzungen (aber auch in Handelsbeziehungen) mit den Krimtataren und fuhren mit ihren kleinen Booten auf das Schwarze Meer, wo sie osmanische Galeeren kaperten und Hafenstädte ausraubten.

Im Türkischen Krieg von 1768 bis 1774 eroberte Russland das gesamte Gebiet nördlich des Schwarzen Meeres, 1783 folgte die Annexion der Krim. Neu angelegte Hafenstädte mit dem 1794 gegründeten Odessa an der Spitze wurden zu wichtigen Zentren des Außenhandels. Das eroberte Gebiet im Süden der heutigen Ukraine wurde offiziell als «Neurussland» (*Novorossija*) bezeichnet und in einem Generalgouvernement dieses Namens zusammengefasst. Die südukrainische Steppe mit ihren fruchtbaren Schwarzerdeböden wurde nun für die Landwirtschaft nutzbar gemacht, und in den folgenden Jahrzehnten wurde sie von ukrainischen und russischen Bauern besiedelt. Sie kamen zum größeren Teil in die Abhängigkeit von (vorwiegend russischen) Adligen, denen die Regierung in «Neurussland» Güter verliehen hatte. Außerdem luden Katharina II. und ihr Enkel Alexander I. (1801–1825) ausländische Kolonisten ein, denen Grundbesitz, Steuerprivilegien und innere Autonomie garantiert wurden. Zunächst rief man aus dem Osmanischen Reich orthodoxe Bulgaren, Serben, Rumänen und Griechen ins Land. Die größte Gruppe waren die deutschen Kolonisten, unter ihnen zahlreiche Mennoniten, die als tüchtige Ackerbauern den ostslawischen Bauern als Vorbild dienen sollten. Die Region stieg in der ersten Hälfte des 19. Jahrhunderts zum wichtigsten Getreideproduzenten des Imperiums auf. In den Städten ließen sich Russen, Juden, Griechen und Armenier nieder, während die Ukrainer hier nur kleine Minderheiten stellten. Die ethno-religiöse Vielfalt sollte ein Charakteristikum dieser Region bleiben. Bis zu den Zwangsumsiedlungen und Massenmorden des Zweiten Weltkriegs lebten in der südlichen Ukraine neben Ukrainern und Russen bedeutende Minderheiten von Juden, Deutschen, Griechen, Armeniern und Krimtataren. Der Begriff Neurussland ist im Jahr 2014 von Vladimir Putin wiederbelebt worden, um Ansprüche Russlands auf die Süd- und Ostukraine historisch zu untermauern.

In den Teilungen Polens annektierte Russland die östlichen Teile Polen-Litauens, die von Ukrainern, Weißrussen, Litauern, Polen und Juden besiedelt waren. In der Ersten Teilung von 1772 hatte Österreich das alte Galizien und das westliche Podolien annektiert und es mit dem südlichen Kleinpolen zu einem Kronland vereinigt, das in Anknüpfung an die ungarischen Ansprüche des Mittelalters den neu erfundenen Namen «Königreich Galizien und Lodomerien» trug. Das Gebiet des mittelalterlichen Fürstentums

Halyč, das im 14. Jahrhundert direkt zu Polen gekommen war, schlug damit erneut einen Sonderweg ein. Bis zum Zweiten Weltkrieg verlief seine Geschichte getrennt von der übrigen Ukraine. 1775 annektierte Österreich zusätzlich den Nordwesten des Fürstentums Moldau, das bis dahin unter osmanischer Oberherrschaft stand, und erfand für dieses Gebiet den Namen Bukowina. In dessen Norden siedelten sich im Lauf der Zeit zahlreiche Ukrainer an. Die Geschichte der Bukowina verlief wie die Galiziens bis zum Zweiten Weltkrieg getrennt von der übrigen Ukraine.

Die rechtsufrige Ukraine, die Westhälfte des Hetmanats, die 1667 wieder an Polen-Litauen zurückgefallen war, fiel in der Zweiten Teilung 1793 an Russland. Sie hatte zwar eine klare ukrainische Bevölkerungsmehrheit, doch blieb die Region polnisch geprägt. Seit dem 16. Jahrhundert dominierten hier die polnischen und polonisierten ukrainischen Adligen das politische, wirtschaftliche und kulturelle Leben. Auf ihren Gütern lebten mehrheitlich ukrainische Bauern, die teilweise der Orthodoxen, teilweise der Unierten Kirche angehörten. Dem Adel dienten Juden als Verwalter, Pächter und Schankwirte. In den Städten wohnten in erster Linie Juden und Polen, während die Ukrainer auch hier nur Minderheiten stellten. Die Juden, die oft in kleinen Städtchen (*Schtetlach*) lebten, waren als Händler, Geldverleiher und Handwerker tätig. Seit Beginn des 19. Jahrhunderts wurden sie zunehmend diskriminiert.

Für die russische Regierung, die in der Regel nur mit den Eliten der neu erworbenen Gebiete zusammenarbeitete, war der zahlenmäßig starke polnische Adel der wichtigste Partner. Die meisten reicheren und mittleren polnischen Adligen wurden in den imperialen Adel kooptiert und konnten sich ihren Grundbesitz mit den abhängigen Bauern erhalten. Andererseits galten sie als unruhiges Element, hatten sie sich doch schon am Ende des 18. Jahrhunderts mit einem Aufstand gegen die Zerstückelung ihres Staates aufgelehnt. Ihm sollten im 19. Jahrhundert zwei weitere Erhebungen folgen, die eine Wiedererrichtung des Königreichs Polen-Litauen anstrebten. Die Zugehörigkeit der Polen zur Römisch-katholischen Kirche weckte zusätzliches Misstrauen. Nach dem Aufstand von 1830 wurden denn auch die Rechte des polnischen Adels allmählich eingeschränkt.

Katharina II. rechtfertigte die Annexion des östlichen Polen-Litauens damit, dass «diese Länder und Städte, die an das Russische Reich angrenzen, einst in seinem Besitz waren und von ihren Stammesgenossen bevölkert sind, die zum orthodoxen Glauben bekehrt wurden und ihn bis heute ausüben».[54] Indem die Kaiserin darauf verwies, dass diese Gebiete früher im Besitz Russlands (gemeint ist die Kiewer Rus') gewesen seien, lancierte sie die Auffassung von der «Wiedervereinigung» der Ukraine und Weißrusslands mit Russland. Obwohl sie diesen «Stammesgenossen» ihre besondere Fürsorge verhieß, kümmerte man sich in der Folge kaum um die ukrainischen Leibeigenen, sondern verkehrte mit ihnen nur indirekt über ihre adligen polnischen Herren. Eine Ausnahme war die Konfession. Staat und Kirche betrachteten sich als Schutzherren ihrer orthodoxen Untertanen, die gegen katholische Einflüsse abgeschirmt werden sollten. Die Orthodoxe Kirche bemühte sich deshalb, die unierten Ukrainer und Weißrussen in den Schoß der Orthodoxie zurückzuführen. Die Unierte Kirche, der die Mehrheit der Ukrainer (und Weißrussen) in Polen-Litauen anhingen, wurde zurückgedrängt und im Jahr 1839 (im Bistum Cholm/Chełm erst 1875) aufgelöst. Von da an verband die orthodoxe Konfession alle Ukrainer (mit der Ausnahme der Griechisch-Katholiken Galiziens und der Karpato-Ukraine) mit dem zarischen Russland und trennte sie vom katholischen polnischen bzw. polonisierten Adel.

Dennoch kooperierte das ständisch geprägte Russland weiter mit dem loyalen polnischen Adel, vor allem mit den reichen Magnaten, deren Grundbesitz und Privilegien bestätigt wurden. Auch in der Lokalverwaltung war man auf die polnische Elite angewiesen, und die polnische Amts- und Gerichtssprache blieb vorerst erhalten. Der polnische Adel verlor aber seine politische Führungsstellung an die russische Bürokratie. Russland gewährte der rechtsufrigen Ukraine keine Autonomie wie einst dem Hetmanat, sondern gliederte sie in die Gouvernementverwaltung ein, wobei sie als Grenzregion ebenso wie Neurussland einem Generalgouverneur unterstellt wurde. Dieser residierte in Kiew, das jetzt vom linksufrigen Hetmanat getrennt und zum Zentrum der rechtsufrigen Ukraine gemacht wurde. Das ehemalige Hetmanat verlor damit sein wichtigstes städtisches Zentrum, was zum Niedergang dieser Region beitrug.

Das Verhältnis Russlands zu den Ukrainern wurde im ganzen 19. Jahrhundert stark von seinem Verhältnis zu Polen beeinflusst. Der polnische Adel versuchte, die ukrainischen Bauern in den Aufständen gegen das Zarenregime als Verbündete zu gewinnen, ohne damit nachhaltigen Erfolg zu haben. Die meisten ukrainischen Bauern standen seit Jahrhunderten in einem sozialen und konfessionellen Gegensatz zu den polnischen Gutsherren. Das orthodoxe Russland erschien vielen als das geringere Übel.

## Die Entdeckung Kleinrusslands durch die Russen um 1800

Zwar gehörte ein Teil der Ukraine seit der Mitte des 17. Jahrhunderts zum Russländischen Imperium, dennoch erschienen vielen russischen Reisenden und anderen Beobachtern noch am Ende des 18. und zu Beginn des 19. Jahrhunderts nicht nur die neu erworbenen Gebiete im Süden und Westen, sondern auch das ehemalige linksufrige Hetmanat und die Sloboda-Ukraine als weitgehend unbekanntes Land. Man entdeckte Kleinrussland erst jetzt und trug es auf der mentalen Landkarte des Russländischen Imperiums ein.[55]

«In einem netten Bauernhäuschen finde ich andere Gesichter, andere Frauenkleider und höre eine andere Sprache. Ist das wirklich ein Grenzland des Imperiums? Oder betrete ich einen anderen Staat? Nein! Das Imperium setzt sich fort, aber es beginnt ein

Land, das Kleinrussland heißt», so beschrieb der russische Reisende Pavel Sumarokov zu Beginn des 19. Jahrhunderts seine ersten Eindrücke von der Ukraine.[56] Auch ein Ivan Dolgorukov war überrascht, wie fremd ihm die Ukraine und die ukrainische Sprache waren: «Hier war ich schon in einem fremden Land, wegen des einfachsten, für mich aber ausreichenden Grundes: Ich verstand die Volkssprache nicht länger. Ein Bewohner sprach mit mir, antwortete auf meine Frage, doch verstand er mich nicht ganz, während ich für drei von fünf seiner Wörter eine Übersetzung brauchte.» Er zog den Schluss, «wo die Sprache des Volkes aufhört, uns verständlich zu sein, da sind die Grenzen unserer Heimat».[57]

In «Kleinrussland» trafen die russischen Reisenden auf die Reste des Kosakentums, das als historische Verkörperung der Ukrainer erschien und in ihren Augen halbasiatische Züge trug. Die Fremdheit der Ukraine wurde andererseits auf ihre Prägung durch die jahrhundertelange Zugehörigkeit zu Polen zurückgeführt. Das betraf vor allem die rechtsufrige Ukraine, die bis 1830 generell meist als Teil Polens betrachtet wurde. Erst der polnische Aufstand von 1830 wurde zum Anlass, die rechtsufrige Ukraine den Polen streitig zu machen und sie als «russisches Land» zu reklamieren. Im Kampf gegen die rebellischen Polen setzte Russland auf die Ukrainer, die sich seit jeher gegen Polen aufgelehnt hatten, als Bundesgenossen.

Russische Reisende fanden in der Ukraine nicht nur fremde, sondern auch «russische» Elemente, die «Kleinrussland» als Teil der eigenen russischen Welt erscheinen ließen. Die Kiewer Rus', deren erhaltene Baudenkmäler sie faszinierten, wurde auf Russland bezogen, das als sein Erbe erschien. Kleinrussland ist «die Wiege unseres Vaterlandes, das Land, das Schauplatz der großen Taten unserer Vorfahren war! Das Land, in dem Russland den Charakter eines geordneten Staates annahm und das von den Strahlen des Christentums erleuchtet wurde.»[58]

Die russischen Beobachter neigten zu einer Idealisierung des neu entdeckten Landes und seiner Bewohner. «Kleinrussland» wurde zum exotischen Land, zum paradiesischen Süden, zu einem zweiten oder russischen Italien. Im Geiste Rousseaus wurden die Ukrainer als einfaches, moralisch reines, von der Zivilisation nicht verdorbenes Volk und ihr Leben als ländliche Idylle idealisiert. Die ukrainischen Bauern erschienen als Kinder der Natur, als ehrlich, fröhlich, treu, offen, gastfreundlich, musikalisch, emotional und tief religiös. Sie wurden sogar positiv von den russischen Bauern abgehoben, sie seien fleißiger, rücksichtsvoller und moralischer als diese, ihre Trinksitten gemäßigter, ihre Hütten sauberer und schöner geschmückt. Man kann von einer Kleinrussland-Mode im Russland der ersten Hälfte des 19. Jahrhunderts sprechen. Nicht nur die Reiseberichte, sondern auch die wichtigsten russischen Zeitschriften der ersten vier Jahrzehnte des 19. Jahrhunderts, sowohl konservativer wie liberaler Ausrichtung, zeichneten ein überwiegend positives Bild von der Ukraine und den Ukrainern.

Die Idealisierung der urtümlichen Sitten der ukrainischen Bauern hatte freilich eine Kehrseite. Die russischen (und gebildeten ukrainischen) Reisenden traten den ukrainischen Bauern als Vertreter der Elite, des aufgeklärten, europäischen Russlands gegenüber. Schon in grundsätzlich positiven Charakteristika zeigte sich eine herablassende Haltung: «Die Kleinrussen sind im ganzen sehr aufrichtig, reinen Herzens, kindlich, naiv, ängstlich-unterwürfig, wenn sie gereizt oder beleidigt werden, mutig bis zur Rücksichtslosigkeit, nicht aber böswillig», schrieb ein russischer Autor im Jahr 1831. Die Russen seien im Gegensatz dazu «böswilliger, unternehmerischer, hartnäckig in der Verfolgung ihrer Ziele und streitsüchtig».[59]

Die Ukrainer seien in ihrer Entwicklung stecken geblieben und hätten es nicht verstanden, eine gebildete Elite, eine höhere Zivilisation und einen Staat zu schaffen. Die idealisierten traditionellen Sitten wurden somit umgedeutet zu Rückständigkeit, Ignoranz und Aberglauben. Das häufigste Attribut, das russische Beobachter den Ukrainern zuschrieben, war deren Trägheit und Faulheit. Dieses Stereotyp findet sich schon in den frühen Reiseberichten, bis hin zu einer menschenverachtenden Äußerung des erwähnten Ivan Dolgorukov: «Der Ochse ist die lebendige Verkörperung des Chochol, der ebenso viehisch und faul ist. Wenn ein Ochse nicht gestoßen wird, wird er Tage und Nächte an einem Platz verweilen.»[60]

Die Eigenschaften der Faulheit, Passivität und Rückständigkeit waren typische Zuschreibungen eines Orientalismus, ebenso wie die immer häufigeren Charakteristika der Russen als lebhafte arbeitsame, aktive, kulturell und ökonomisch überlegene Europäer. Sie wurden im Lauf des 19. Jahrhunderts national aufgeladen und verfestigten sich zu Völkerstereotypen. Trotz dieser Herablassung blieb das Bild der «Kleinrussen» zunächst grundsätzlich positiv. Solange die «kleinrussische» Folklore und die Sprache als komplementäre pittoreske Manifestationen der russischen Kultur betrachtet wurden, konnte man ihnen mit Wohlwollen begegnen. Dies änderte sich abrupt, als die ukrainische Nationalbewegung begann, politische Ziele zu formulieren, und deshalb als Gefahr für den Zusammenhalt der russischen Nation und des Russländischen Imperiums betrachtet wurde.

# 5. Kapitel

## Zwei verspätete Nationen

Russland und die Ukraine existieren als Nationalstaaten erst seit einem Vierteljahrhundert. Sie sind junge, verspätete Nationen, mit den Gefahren, wie sie Helmuth Plessner für Deutschland benannt hat. Dieser hatte unter dem Eindruck der Machtergreifung des Nationalsozialismus die These eines Sonderwegs Deutschlands als «verspäteter Nation» vertreten, die vom westlichen Modell der Staatsbürgernation abgewichen sei und keine Staatsidee begründet habe.[61] Wegen der großen Unterschiede in den Rahmenbedingungen der deutschen und der russischen bzw. ukrainischen Nationsbildung übernehme ich nur Plessners Begriff, nicht aber seine Argumentation.

Dass die Ukrainer eine verspätete Nation sind, ist evident. Sie wurden nach dem plötzlichen Erscheinen des Nationalstaats auch als «unerwartete Nation»[62] bezeichnet, und es wird sogar bestritten, dass sie überhaupt eine Nation seien. «Die Ukraine ist ein unabhängiger Staat, der kein Nationalstaat ist. Zwischen Historikern ist umstritten, ob es überhaupt eine ukrainische Nation gibt», so der ehemalige Bundeskanzler Helmut Schmidt in der «ZEIT» vom 27. März 2014, kurz nach der Annexion der Krim durch Russland.[63] Angesichts des Fehlens einer kontinuierlichen staatlichen Tradition vollzog sich die verzögerte ukrainische Nationsbildung vor allem auf der Grundlage des Ethnos, des ukrainischen Volkes.[64]

Nicht selbstverständlich ist dagegen die These von den Russen als einer verspäteten Nation. Im Gegensatz zur Ukraine verfügt Russland über eine seit dem Mittelalter ununterbrochene staatliche Tradition, und bis zum Zusammenbruch der Sowjetunion lebten fast alle Russen in einem Staat zusammen. Allerdings war der Staat nicht, wie in Westeuropa, der Kern, sondern der wichtigste Hemmschuh für die russische Nationsbildung, so die These des britischen Historikers Geoffrey Hosking.[65] Gerade der übermächtige, territorial riesige Staat, das Russländische Imperium (*Rossijskaja Imperija*) und die Sowjetunion, behinderten die Formierung einer russischen Nation (*russkaja nacija*). Die autoritären Regime der Zaren und Sowjets verhinderten eine demokratische Entwicklung, eine politische Emanzipation der russischen Gesellschaft und ihre Integration zu einer Staatsbürgernation, die Multiethnizität und die soziale Polarisierung standen der Bildung einer ethnischen Nation im Weg.

Daran änderte sich trotz kurzer Phasen beschleunigter Nationsbildung im Jahr 1917 und in den 1990er Jahren wenig. Das Projekt der imperialen russländischen Nation blockierte die Entstehung einer Staatsbürgernation und überlagerte die Formierung der ethnischen Nation. Der junge ukrainische Staat stand hingegen vor der Aufgabe, das Projekt der ethnischen Nation mit dem der Staatsbürgernation zu verbinden. Russland wie die Ukraine sind junge, ungefestigte Nationen, die auf der Suche nach ihrer Identität sind. Diese Instabilität wirkt sich auf ihre innere Entwicklung ebenso wie auf die bilateralen Beziehungen aus.

Dazu trägt bei, dass die Nationsbildungsprozesse der Russen und der Ukrainer in enger Wechselwirkung standen. Die russische Nation wurde als «all-russische» oder «dreieinige» Nation, die auch die Ukrainer und Weißrussen umfasste, imaginiert. Dementsprechend wird die Ukraine heute zur «russischen Welt» (*russkij mir*) gerechnet. Das inklusive Verhältnis zu den Ukrainern war und ist ein zentrales Element der russischen Nationsbildung. Die ukrainische Nation entstand umgekehrt in Abgrenzung von Russland (und von Polen). Die einzelnen Phasen der ukrainischen und der russischen Nationsbildung und Nationalbewegung verliefen in einem Wechsel von *challenge and response.*

Nationen sind keine klar abgegrenzten Gemeinschaften, die es schon immer gegeben hat und immer geben wird, sondern sie sind kulturelle Konstrukte. Sie sind Produkte von Vorstellungen und Ideen, keine naturgegebenen, sondern historische Größen. Die Verwendung des Begriffs «Nationsbildung» (*nation-building*) birgt die Gefahr in sich, das Entstehen von Nationen als einen linearen Prozess zu verstehen, der in grauer Vorzeit begann und trotz Hindernissen, die man mit den Metaphern des Schlafes und des Wiedererweckens oder der Wiedergeburt umschrieben hat, zwangsläufig zur modernen Nation und zum Nationalstaat führen muss. Stattdessen sollte man den Begriff als ein Bauprojekt (*building the nation*) verstehen, dessen Ausführung nicht vorherbestimmt ist und das nicht unbedingt vollendet werden muss. Die Konstruktion der Nationen erfolgte nicht willkürlich und beliebig, sondern ihre meist aus den Reihen der Intellektuellen stammenden «Baumeister» griffen auf schon vorhandene Bausteine zurück. In den meisten Fällen wählten sie die gemeinsame historische Erinnerung und Sprache, das Territorium und das Ziel der politischen Selbstbestimmung aus. Das Entstehen der Nationen war an soziale, politische und kulturelle Rahmenbedingungen gebunden. So herrscht weitgehende Übereinstimmung darüber, dass die Entstehung der modernen Nation als politischer Willensgemeinschaft mit der sozialen und politischen Mobilisierung infolge der Französischen und der Industriellen Revolution einsetzte. Die modernen Nationen hatten indessen Vorläufer, auf die ihre Architekten zurückgriffen.[66]

## Prozesse der Nationsbildung in der Vormoderne

Wie überall in Europa begann die Bildung der modernen Nation in Russland und in der Ukraine am Ende des 18. und zu Beginn des 19. Jahrhunderts. Vorformen eines Nationalbewusstseins traten jedoch schon in der Frühen Neuzeit auf.

Im Moskauer Russland war der orthodoxe Glaube das zentrale

Element des frühen Nationalbewusstseins, das sich von den Andersgläubigen, den Katholiken und Muslimen, abgrenzte. Seit dem Fall von Konstantinopel, dem Zweiten Rom, war der Moskauer Staat der Hort der Orthodoxie. Dies gab dem frühen Nationalbewusstsein wichtige Impulse, obwohl die Vorstellung von «Moskau, dem Dritten Rom», die in religiösen Schriften des 16. Jahrhunderts überliefert ist, zunächst keine große Rolle spielte.[67] Im Widerstand der Altgläubigen gegen die von Staat und Kirche aufgezwungenen Reformen verband sich das religiöse Bewusstsein am Ende des 17. Jahrhunderts erstmals mit ethnisch-sprachlichen Ideen. Der Führer der Altgläubigen, der Protopope Avvakum, kritisierte die Dominanz des Altkirchenslawischen und des Griechischen ebenso wie die «Lateiner und Lutheraner» und appellierte an den Zaren Aleksej: «Seufze nach alter Sitte und sprich in russischer Sprache: ‹Herr, sei mir Sünder gnädig!›. Lass' das Kyrieeleison, so sprechen die Griechen, spucke auf sie! Du bist doch Russe, Michajlovič, und kein Grieche. Sprich Deine Muttersprache, erniedrige sie nicht, weder in der Kirche noch zuhause!»[68] Das Zeugnis Avvakums, der als einer der ersten nicht in Kirchenslawisch, sondern in der russischen Volkssprache schrieb, steht allerdings isoliert. Erst seit der zweiten Hälfte des 18. Jahrhunderts gewann ein ethnisch-kulturelles Nationalbewusstsein an Boden.

Ein neben der Religion zweiter Bezugspunkt des frühen russischen Nationalbewusstseins waren der göttlich legitimierte Herrscher und seine Dynastie und ihre harmonische Beziehung zum Volk. Der Glaube an den «guten Zaren» sollte eine Konstante des russischen Nationalbewusstseins bleiben. Im 17. Jahrhundert tauchte der Begriff des Vaterlands (*otečestvo*) auf, und unter Peter dem Großen trat neben die Dynastie der Staat, das Imperium. Der russländische Reichspatriotismus, der unter Katharina II. weiter ausgebaut wurde, war supraethnisch und schloss die nichtrussischen Untertanen des Russländischen Reiches ein, auch die nichtorthodoxen Christen und sogar die Muslime. Diese Inkongruenz von Staat und ethnischer Nation und die sich daraus ergebenden

Spannungen blieben für Russland kennzeichnend bis hin zur Russländischen Föderation von heute mit ihren bedeutenden muslimischen Minderheiten.

Gegen das Projekt des supranationalen Imperiums erhob sich Widerstand von Seiten ethnischer Russen. Zunächst protestierten breitere Schichten, unter ihnen viele Altgläubige, gegen die Verwestlichung und Säkularisierung Russlands durch Peter den Großen, und man sprach dem Zaren sogar die Zugehörigkeit zum russischen Volk ab. In den 1730er Jahren wandten sich Vertreter der schmalen Adelsintelligenz gegen die Dominanz von Ausländern am Zarenhof. Auf Widerstand stießen an der Kaiserlichen Akademie der Wissenschaften wirkende deutsche Historiker, die auf Grund der Chroniken die germanischen Waräger zu Begründern des «russischen» Staates erklärten. Gegen diese scheinbare Herabsetzung der historischen Rolle des Russentums protestierten in den Jahren 1749/50 russische Wissenschaftler mit dem Universalgelehrten Michail Lomonosov (1711–1765) an der Spitze. Der damals ausgelöste «Normannismusstreit» blieb bis zum heutigen Tag ein Tummelfeld russischer (und ukrainischer) Historiker.

Frühe Vertreter einer russischen Intelligenz reagierten auf die Herausforderungen des Westens, die «Überfremdung» Russlands und das supraethnische Imperium mit der kompensatorischen Suche nach einer nationalen Identität in der russischen Geschichte und Sprache und im russischen Volk. Sie strebten danach, die seit den petrinischen Reformen vertiefte Kluft zwischen Elite und Volk zu überwinden, ein Ziel, das nicht nur die russische, sondern auch viele andere Nationalbewegungen verfolgten. Sie begründeten ein ethnisch-nationales Bewusstsein, an das die russische Nationalbewegung des 19. Jahrhunderts anknüpfen konnte.[69]

Das frühe Nationalbewusstsein der Ukrainer war ebenso wie das der Russen stark religiös geprägt.[70] Es manifestierte sich Ende des 16., Anfang des 17. Jahrhunderts im Widerstand der Orthodoxen gegen die Gegenreformation, die katholischen Polen und die Unierte Kirche. In dieser Frontstellung verbanden sich die Interessen der orthodoxen Eliten Polen-Litauens, was zu Ansätzen einer übergreifenden Rus'-Nation oder ruthenischen Nation führte, die eine mögliche Alternative zu den Nationsbildungen in der Ukraine und in Weißrussland darstellte. Für die Ausformung eines politischen Denkens spielte neben der orthodoxen Geistlichkeit zunächst der ostslawische Adel eine große Rolle. Da seine höheren Schichten zu dieser Zeit zum Katholizismus übertraten und allmählich polonisiert wurden, fiel er als Träger eines Nationalbewusstseins weitgehend aus. An seine Stelle traten im 17. Jahrhundert die Zaporožer Kosaken.

Die Revolution von 1648 wurde zum Katalysator eines frühen ukrainischen Nationalbewusstseins, das sich nicht nur auf den orthodoxen Glauben stützte, sondern auch auf das Volk der Rus' (*rus'kyj narod*) und die spezifische sozio-politische Ordnung der Kosaken. Die Zaporožer Kosaken lösten den polnischen bzw. den ukrainischen Adel als «politische Nation» ab, das Volk der Rus' bezeichnete nun zunehmend nur noch die Ukrainer – das Projekt einer «ruthenischen Nation», die auch die Weißrussen umfasste, trat in den Hintergrund. Das Hetmanat der Zaporožer Kosaken, das als Vaterland (*otčyzna*) und zunehmend als Ukraine bezeichnet wurde, trug die Kennzeichen eines ukrainischen Proto-Nationalstaats mit einer eigenständigen Herrschaftsordnung, Sozialstruktur, Hochkultur und Sprache. Das Nationalbewusstsein, dessen wichtigste Träger Geistliche und weltliche Absolventen der Kiewer Akademie waren, kam in historischen Werken des 17. und 18. Jahrhunderts zum Ausdruck. Der Chronist Samijlo Velyčko umschrieb die mehrfache Loyalität eines ukrainischen Aristokraten der Zeit damit, dass «er Gott, dem großen Herrscher, dem russischen Zar, seinem kleinrussischen Vaterland und dem Zaporožer Heer diene».[71] Mit der fortschreitenden Integration der linksufrigen Ukraine und ihrer Eliten in das Imperium schwächte sich das ukrainische Nationalbewusstsein ab. Es blieb als «kleinrussischer» Landespatriotismus erhalten, der von der modernen Nationalbewegung abgerufen werden konnte.

Das vormoderne kosakisch-kleinrussische Nationalbewusstsein äußerte sich noch einmal in einem bemerkenswerten Text, der die Beziehung des «kleinen» zum «großen» Russland zum Thema hat. «Ein Gespräch zwischen Großrussland und Kleinrussland» des Absolventen der Kiewer Akademie Semen Divovyč wurde im Jahre 1762 in russischen Versen abgefasst, aber erst im Jahr 1882 gedruckt.[72] Zu Beginn fragt Großrussland Kleinrussland:

> «Welcher Herkunft bist du und woher bist du gekommen?
> Sprich, sprich von deinen Ursprüngen, von denen du herstammst!»

Kleinrussland erklärt dann ausführlich seine glanzvolle Geschichte seit dem Mittelalter, unter der Herrschaft der polnischen Könige und besonders die Heldentaten der Kosaken bis zu ihrer freiwilligen Unterstellung unter den russischen Herrscher Aleksej Michajlovič, der ihnen die Erhaltung ihrer alten Privilegien garantierte.

Großrussland antwortet darauf:

> «Weißt du, mit wem du sprichst, oder vergisst du das?
> Ich bin Russland! Weshalb missachtest du mich? …
> Als ob du zu einem anderen Russland gehörtest und nicht zu mir!»

Kleinrussland entgegnet:

> «Ich weiß, dass du Russland bist, und dies ist auch mein Name.
> Weshalb schreckst du mich? Ich bin selbst auch tapfer.
> Ich bin nicht dein Untertan geworden, sondern der deines Herrn.
> Von welchen Vorfahren du auch immer abstammst,
> Glaube nicht, dass du selbst mein Herrscher bist,
> Denn dein Herr und mein Herr gebieten über uns beide.
> Und der Unterschied zwischen uns sind nur die Beiwörter,

> Du bist das Große, ich das Kleine, und wir leben in benachbarten Ländern. …
> Denn du und ich sind gleich und bilden ein Ganzes,
> wir haben einem, nicht zwei Herren Treue geschworen –
> So betrachte ich dich als mir gleich.»

Kleinrussland erklärt nun im Detail seine Verdienste und weist den Vorwurf Großrusslands zurück, es habe mit Mazepa gemeinsame Sache gemacht, denn nur der Hetman allein habe Russland verraten.

Am Ende ist Großrussland überzeugt:

> «Genug, ich nehme deine Wahrheit an,
> Ich glaube alles, respektiere dich und deine Tapferkeit. …
> Ich werde von der Freundschaft mit dir nicht ablassen.
> Wir werden fortan in unzerbrechlicher Eintracht leben
> Und beide in einem Staat treu dienen.»

Divovyč verfasste sein «Gespräch» kurz nach dem Regierungsantritt Katharinas II. Er verteidigt die Eigenständigkeit und die Rechte «Kleinrusslands», genauer des Kosaken-Hetmanats, und pocht auf Gleichberechtigung der ukrainischen Elite mit dem russischen Adel. Dabei werden die Bezeichnungen «klein» und «groß», wie wir wissen zu Unrecht, mit der unterschiedlichen Größe der beiden Länder erklärt. Es ist bemerkenswert, dass Divovyč die Verwandtschaft der beiden Völker nicht erwähnt, sondern Kleinrussland als eigenes Subjekt mit einer von Großrussland getrennten Geschichte vorstellt. Von der gemeinsamen Abkunft von der Kiewer Rus' ist nicht die Rede. Gemeinsam sind beiden nur der Herrscher und die Dynastie, denen sie Treue geschworen haben. Kleinrussland fordert Gleichberechtigung mit Großrussland, das nicht mit Russland gleichzusetzen sei. Dies ist die zentrale Botschaft des Werkes, die schon in der Mitte des 18. Jahrhunderts reines Wunschdenken war.

## Varianten eines russischen Nationalbewusstseins in der ersten Hälfte des 19. Jahrhunderts

Unter der Herrschaft Katharinas II. verfestigte sich der russländische Reichspatriotismus. Er verband das traditionelle Element der Dynastie mit dem im 18. Jahrhundert etablierten Imperium, in dem die ethnischen Russen nur noch gut die Hälfte der Bevölkerung ausmachten. Die größten Minderheiten waren die Ukrainer (Kleinrussen) und die Weißrussen mit zusammen etwa 30 Prozent, gefolgt von den Polen, den Tataren und vielen kleineren Gruppen. Der Reichspatriotismus sollte alle religiösen und ethnischen Gruppen integrieren und war deshalb transnational, auch wenn die Russen *primi inter pares* waren.[73]

Nachdem sich in der russischen Adelsintelligenz im Lauf des 18. Jahrhunderts ein regimekritisches ethnisches Nationalbewusstsein herausgebildet hatte, brachte der Sieg über Napoleon im Jahr 1812 einen patriotischen Schulterschluss, der die meisten Teile der Gesellschaft erfasste.[74] Der sogenannte Vaterländische Krieg wurde zum Mythos der geeinten Nation, an den später Stalin anknüpfte, indem er den Krieg gegen Nazideutschland zum «Großen Vaterländischen Krieg» erklärte. Ein von den Dekabristen entworfenes Projekt einer Staatsbürgernation scheiterte 1825 mit deren missglücktem Staatsstreich. Der Reichspatriotismus verfestigte sich in der Folge zu einer konservativen Herrschaftsideologie, die Russland vor dem Eindringen revolutionärer und nationaler Ideen bewahren sollte. Ihr wichtigster Sprecher war Nikolaj Karamzin, der in seiner zwölfbändigen «Geschichte des Russländischen Staates» den dynastischen Reichspatriotismus historisch legitimierte. Die nachhaltige Bedeutung der Dynastie als integrierender Kraft zeigte sich plakativ im Vorschlag des russischen Finanzministers Egor' Kankrin, Russland nach der herrschenden Dynastie in «Romanovija» oder nach Peter dem Großen in «Petrovija» umzubenennen.[75]

Der polnische Novemberaufstand von 1830 fachte nationale Strömungen weiter an. Die antipolnische Welle erfasste nicht nur die konservativen Staatsdiener, sondern auch Teile der liberalen Gesellschaft. Einen vorläufigen Abschluss fand diese Entwicklung in der Verkündung des sogenannten offiziellen Nationalismus durch den Bildungsminister Sergej Uvarov, der 1834 die Monarchie mit der Trias von «Orthodoxie, Autokratie und Volkstum» (*narodnost',* von russ. *narod,* Volk) definierte. Während die beiden ersten Elemente an das vormoderne Nationalbewusstsein anknüpften, antwortete der neue Begriff *narodnost'* auf die national-demokratische Herausforderung des Westens mit der Besinnung auf die russische Tradition, das «Volkstum». Der Begriff *narodnost'* war aber nicht eindeutig und ist in der Forschung umstritten geblieben. Sicher nicht gemeint war die moderne Nation mit ihrem emanzipatorischen Potenzial.[76]

Wie andere europäische Länder wurde in dieser Zeit auch Russland verstärkt von nationalen Ideen, von der Hinwendung zur nationalen Sprache, Literatur und Geschichte erfasst. Die russische Hochsprache wurde standardisiert, indem Elemente der Volkssprache mit dem Kirchenslawischen, der traditionellen Schriftsprache, zu einem neuen Ganzen verbunden wurden. Sie beendete die jahrhundertelange Diglossie und ging einher mit einem Aufschwung der russischen Literatur, der vorläufig im Schaffen Aleksandr Puškins (1799–1837) kulminierte. Die schöne Literatur war seither ein zentrales Element des russischen Nationalbewusstseins, sie übernahm die Rolle der gesellschaftlichen Kritikerin und moralischen Instanz. Die Geschichte wurde nun nicht mehr nur wie bei Karamzin als dynastische Geschichte des russländischen Staates, sondern auch als Geschichte des Volkes erzählt, so in Nikolaj Ustrjalovs dreibändigen «Russischen Geschichte» (*russkaja istorija*) (1837–1841). 1836 kam die erste Nationaloper, Michail Glinkas «Ein Leben für den Zaren», auf die Bühne. Ein Bauer opfert sich für den Zaren im Kampf gegen die Polen, die im Jahr 1612 aus Moskau vertrieben werden.

Mit der Zuwendung zum Volk sollten die tiefe Kluft zwischen dem verwestlichten säkularen Adel und den Massen der Bauern, die ihre Traditionen und ihre Gläubigkeit weitgehend bewahrt hatten, überwunden und diese in die Nation integriert werden. Dies war das Ziel der beiden wichtigsten nationalen Strömungen, die Russland im zweiten Viertel des 19. Jahrhunderts erfassten. Sie waren von der Romantik und vom Idealismus beeinflusst. Ihre Träger waren noch immer die Vertreter der Intelligenz meist adliger Abstammung, die die Rolle des in Russland schwachen Bürgertums einnahmen. Sie richteten sich gegen die herrschende Ordnung und den dynastischen Reichspatriotismus und befürworteten Reformen, an ihrer Spitze die Aufhebung der Leibeigenschaft, die einer Integration der Bauern in die russische Nation entgegenstand. Die Debatten der russischen Intelligenz um die russische Identität kreisten um die Frage «Russland und Europa». Im Zentrum stand die Einschätzung der Reformen Peters des Großen: Hatten sie Russland aus einem barbarischen in ein aufgeklärtes Land verwandelt, das nun nach dem Vorbild Mittel- und Westeuropas den Weg zum Fortschritt einschlug? Oder hatten sie die Wurzeln des orthodoxen Russland zerstört und es zu einer bloßen Nachahmerin des Westens degradiert?

Der ersten Meinung neigten die «Westler» zu, die Europa bzw. den Westen als Vorbild betrachteten, dem Russland zu folgen hatte, um seine Rückständigkeit zu überwinden und ein vollwertiger Bestandteil Europas zu werden. Dazu mussten Reformen durchgeführt werden, die Russland in einen Verfassungsstaat umgestalteten. Einige radikale Westler wie Alexander Herzen nahmen sozialistische Ideen auf. Für die «Slawophilen» war der Westen dagegen ein abschreckendes Beispiel. Sie griffen auf die idealisierte alte Rus' und die von Peter dem Großen zurückgedrängte Orthodoxie als Kernelemente der russischen Nation zurück. Sie propagierten die *sobornost'*, die harmonische spirituelle Gemeinschaft der Gläubigen, die dem westlichen Rationalismus und Individualismus entgegengesetzt wurde und Europa zum wahren Christentum zurückbringen sollte. Die Lehren der Westler und Slawophilen waren neben dem Reichspatriotismus die beiden wichtigsten Bausteine eines russischen Nationalbewusstseins. Sie nahmen unterschiedliche Gestalt an und vermischten sich ständig. Gemeinsam war ihnen der Bezug auf das Volk und besonders auf die egalitäre bäuerliche Umteilungsgemeinde (*mir*, *obščina*), in der der Boden in gewissen Zeitabständen an alle Haushalte nach der Zahl ihrer männlichen «Seelen» neu verteilt wurde. Sie wurde idealisiert und als Kern einer neuen Gesellschaftsordnung (jeweils unterschiedlicher Prägung) betrachtet. Die beiden Denkrichtungen bestimmten den nationalen Diskurs Russlands in der Folgezeit bis hin zur Gegenwart.

## Die ukrainische Herausforderung und die russische Antwort

Wenig später als die russischen Westler und Slawophilen machten sich auch ukrainische Intellektuelle auf die Suche nach ihrer nationalen Geschichte, Volkskultur, Sprache und Literatur.[77] Die ukrainische Nationalbewegung nahm um 1800 ihren Ausgang im ehemaligen Hetmanat und in der östlich davon gelegenen Sloboda-Ukraine. Ivan Kotljarevs'kyj, der Autor der *Eneida,* des ersten, 1798 erschienenen literarischen Werkes in der modernen ukrainischen Umgangssprache, stammte aus dem linksufrigen Poltava. In dieser Region entstand um dieselbe Zeit wohl auch die anonyme «Geschichte der Rus'» (*Istorija Rusov*), die erste eigenständige ukrainische Nationalgeschichte. Sie konzentrierte sich auf die heroische Zeit der ukrainischen Kosaken, griff aber auch auf die Kiewer Rus' zurück und stellte damit eine Kontinuität der ukrainischen Geschichte seit dem Mittelalter her. Sie übte großen Einfluss auf die Zeitgenossen aus. Wichtige Anstöße für die Nationalbewegung gingen von der 1805 begründeten (russischsprachigen) Universität Char'kov (Charkiv) aus. Die Akteure der frühen Nationalbewegung waren junge Intellektuelle, in der Mehrheit Abkömmlinge des ukrainischen Kosakenadels, die sich einen Landespatriotismus bewahrt hatten. Sie brachten ukrainischsprachige Dichtungen, Sammlungen ukrainischer Folklore und Abhandlungen über die ukrainische Sprache heraus.

In den 1830er Jahren verlagerte sich der Schwerpunkt der ukrainischen Bewegung auf Kiew. Hier war 1834 eine russische Universität gegründet worden, die den Einfluss der bis dahin in der rechtsufrigen Ukraine dominierenden Polen zurückdrängen sollte. An der Universität Kiew formierte sich ein kleiner Zirkel von Intellektuellen, die «Gesellschaft der Heiligen Kyrill und Method». Ihre Mitglieder, unter ihnen Mykola Kostomarov (1817–1885) und Taras Ševčenko (1814–1861), dachten über die Zukunft der Ukraine nach und versuchten, ihren Platz in der Welt der Slawen zu bestimmen. Damit verbanden sie die Ziele der Abschaffung der Leibeigenschaft, der Demokratisierung und Föderalisierung des Zarenreichs mit Russland und der Ukraine als gleichwertigen Teilen. Kostomarov verfasste in Anlehnung an ein Werk des polnischen Dichters Adam Mickiewicz eine programmatische Schrift in ukrainischer und russischer Sprache mit dem Titel «Das Gesetz Gottes» oder «Die Bücher des Werdens des ukrainischen Volkes», die mit folgenden Worten endet: «Die Ukraine wird aus ihrem Grabe auferstehen und wird erneut alle ihre slawischen Brüder aufrufen, und diese werden ihren Ruf hören, und das Slawentum wird sich erheben, und es wird kein Zar, kein Zarewitsch, keine Zarin, … kein Pan, kein Bojar, kein Leibeigener und kein Sklave mehr da sein, weder in Russland noch in Polen, noch in der Ukraine, … Die Ukraine wird eine unabhängige Republik in einer Union der Slawen sein.» Zuvor wird die Knechtschaft beklagt, in die die Ukraine unter Peter gefallen sei, «und die deutsche Zarin Katharina, eine bekannte Hure, eine Gottlose und Mörderin ihres Ehemannes, machte dem Kosakentum und der Freiheit ein Ende».[78]

Der Zirkel bestand nur kurze Zeit, ihre Mitglieder und Sympathisanten wurden 1847 aufgrund einer Denunziation verhaftet. Damit wurde die Geheimpolizei zum ersten Mal auf die Existenz der sogenannten Ukrainophilen aufmerksam: «In Kiew und in Kleinrussland hat sich die Slawophilie in Ukrainophilie verwandelt. Dort bemühen sich junge Menschen um die Wiederherstellung der Sprache, der Literatur und der Bräuche Kleinrusslands bis hin zu Träumen von der Rückkehr der früheren Freiheit, des Kosakentums und des Hetmanats», meldete Graf Aleksej Orlov, der Chef der Geheimpolizei.[79] Als besonders gefährlich schätzte er die Dichtungen Ševčenkos ein. Die harsche Reaktion macht deutlich, dass die Vorstellung, die «Kleinrussen» könnten sich von Russland lösen, Alarm auslöste.

Den Mitgliedern der Gesellschaft wurde in Petersburg der Prozess gemacht. Sie wurden des Sozialismus, Separatismus und der Kollaboration mit den Polen beschuldigt, aber trotzdem zu relativ milden Strafen verurteilt und in verschiedene Gebiete des Russländischen Reiches verbannt. Eine harte Strafe traf Ševčenko, der für zehn Jahre als einfacher Soldat nach Kasachstan verschickt wurde. Die Ukrainophilen waren nicht die einzigen politischen Zirkel, die die allmächtige Geheimpolizei in der reaktionären Ära Nikolaus' I. aufs Korn nahm. So wurde zwei Jahre nach der Kiewer Gesellschaft und ein Jahr nach der europäischen Revolution von 1848 den «Petraševcy», ein oppositioneller Zirkel, dem der Schriftsteller Fedor Dostoevskij angehörte, der Prozess gemacht. Ihre Mitglieder wurden viel härter bestraft als diejenigen der Kiewer Gesellschaft: 15 von ihnen, darunter Dostoevskij, wurden zum Tod verurteilt, dann begnadigt und zur Zwangsarbeit nach Sibirien verschickt. Die Geheimpolizei sah also in der russischen radikalen Bewegung eine größere Gefahr als in den Anfängen einer ukrainischen Nationalbewegung.

Im Jahr 1840 war der erste Band mit Gedichten Ševčenkos unter dem Titel «Kobzar» (Der Spielmann) erschienen, der an die ukrainischen Volkssänger anknüpfte, die zur Kobza, einem ukrainischen Saiteninstrument, vortrugen.[80] Helden seiner Werke waren die einfachen freiheitsliebenden Kosaken und Bauern, die von Polen und Russen unterdrückt wurden. In Ševčenkos Schaffen verbanden sich verschiedene Dialekte der ukrainischen Volkssprache mit kirchenslawischen Elementen zu einer künstlerisch voll ausgebildeten Literatursprache. So gilt er nicht nur als größter ukrainischer Dichter, sondern auch als Begründer der ukrainischen Literatursprache und spielte damit eine ähnliche Rolle wie fast gleichzeitig Puškin in Russland. Ševčenko grenzte die ukrainische Sprache und Literatur deutlich von der russischen ab: «Auf die Russen (*moskali,* Moskowiter) gebt nicht Acht, mögen sie in ihrer Sprache schreiben, wir aber in unserer. Sie haben ein Volk und ein Wort [Literatur], und wir haben ein Volk und ein Wort. Welches schöner ist, darüber werden die Menschen entscheiden!», schrieb er im Jahr 1847. Das hinderte ihn nicht daran, viele seiner Prosatexte in russischer Sprache zu verfassen, was die enge Verflechtung der beiden Sprachen und Literaturen zeigt.[81]

In den Jahren 1844 und 1845 entstanden Gedichte, in denen Ševčenko scharfe Kritik an der sozialen und politischen Ordnung Russlands und selbst an seinen Herrschern übte. In der Satire «Der Traum» steht der Autor vor dem Denkmal, das Katharina II. in St. Petersburg für Peter den I. (den Großen) errichtet hatte und das die Inschrift *Petro primo Catharina secunda* trug:

> «Les ich die Inschrift auf dem Felsen:
> *Dem Ersten – die Zweite.*
> Sie hat ihm das [Denkmal] hingestellt hier,
> Ja das will ich meinen!
> Dieser *Erste* hat gekreuzigt
> Unsre Ukraine!
> Und die *Zweite* hat die Ärmste
> Vollends dann geschunden!
> Henker, Henker, Menschenfresser!
> Ihr habt Euch gefunden!»[82]

Das Gedicht wurde damals nicht veröffentlicht, doch gelangte es in die Hände des Zaren und der Geheimpolizei, die es als «in höchstem Maß frech» und andere seiner Gedichte als «höchst aufrührerisch» einstufte. Ševčenko beklage die angebliche Versklavung der Ukraine, «und er übergoss mit unglaublicher Frechheit sogar Personen des Kaiserhauses mit Verleumdungen und Galle». Seine Verse seien schädlich und gefährlich, weil sie das Hetmanat verherrlichten und damit die Idee von einer unabhängigen Ukraine verbreiteten.[83] Ševčenko konnte erst 1858 aus der Verbannung ins europäische Russland zurückkehren, drei Jahre später starb er in Petersburg. Sein Werk und sein tragisches Schicksal als Opfer des Zarismus machten Taras Ševčenko zum Symbol der geknechteten Ukraine und zum Nationaldichter, den bis heute fast alle Ukrainer verehren.

Schon einige Jahre vor den russischen Behörden reagierten russische Intellektuelle auf die ukrainische Nationalbewegung. Bis dahin stand die öffentliche Meinung in Russland, wie im letzten Kapitel berichtet, den Ukrainern wohlgesonnen gegenüber. In der ersten Hälfte der 1840er Jahre vollzog sich ein Umschwung zu einer negativen Einschätzung. Als Anlässe dienten die Publikation von Ševčenkos «Kobzar» (1840) und Mykola Markevyčs «Geschichte Kleinrusslands» (1842/43), in der die Großrussen als «jüngere Brüder» der Kleinrussen bezeichnet werden. 1842 wurde Nikolaj Gogol's (ukr. Hohol', 1809–1852) Roman «Die Toten Seelen» publiziert, was Anlass zu Erörterungen über die nationale Zuordnung des ukrainisch-russischen Schriftstellers gab.

Der Slawophile Konstantin Aksakov (1817–1860) machte den russisch-nationalen Standpunkt deutlich. Gogol' stamme zwar aus Kleinrussland, doch sei Kleinrussland «ein lebendiger Bestandteil Russlands, das durch den mächtigen großrussischen Geist geformt wurde. ... Es versteht sich, dass diese Einheit vom großrussischen Element abgeleitet ist... und dass dieses seine legitime Führungsrolle behalten hat, wie das des Hauptes eines menschlichen Körpers; der ganze Körper trägt den Namen des Menschen, nicht den des Hauptes: Deshalb heißt Russland Russland und nicht Großrussland. Es ist selbstverständlich, dass ein Dichter aus Kleinrussland, nur wenn er Russisch (das heißt Großrussisch) schreibt, ein Dichter werden kann … Gogol' ist Russe, ganz und gar Russe!»[84]

Gogol' selbst äußerte sich dazu zwei Jahre später in einem Schreiben, in dem er bekannte, eine doppelte «Seele» zu haben. Er wisse selbst nicht, «welche Seele ich habe, die eines Chochol oder eine russische. Ich weiß nur, dass ich keineswegs dem Kleinrussen vor dem Russen noch dem Russen vor dem Kleinrussen den Vorzug geben würde. Beide Naturen sind von Gott üppig bedacht worden, und mit Bedacht besitzt jede von ihnen für sich das, was der anderen fehlt: Ein klares Zeichen, dass sie einander ergänzen müssen.»

Gogol', der aus einer ukrainischen Kosakenfamilie stammte, steht für die zahlreichen Ukrainer, die nach Moskau oder St. Petersburg zogen, sich dort sprachlich russifizierten, gleichzeitig aber die russische Kultur ukrainisierten. Seine Erzählzyklen «Abende auf dem Gutshof bei Dikan'ka» und «Mirgorod» hatten ukrainische Themen und waren in einem Russisch geschrieben, das viele Ukrainismen aufweist. In Russland wurden sie als Beispiele der exotischen kleinrussischen Literatur positiv aufgenommen. Sie führten die Ukraine in die russische Literatur ein; ihre naturverbundenen, pittoresken, humorvollen, faulen, ess- und trinkfesten Gestalten mit einer deformierten Sprache und Irrationalität prägten das russische Ukrainebild für lange Zeit. In Russland warf man Gogol' vor, die Russen negativ und die «Kleinrussen» mit viel Sympathie darzustellen, worauf er in dem zitierten Brief antwortete.[85]

Nicht nur konservative Slawophile wie Aksakov oder Aleksandr Chomjakov reagierten negativ auf die ukrainische Nationalbewegung, sondern auch aufgeklärte «progressive» Vertreter der «Westler». Ihr wichtigster Akteur, der Literaturkritiker Vissarion Belinskij (1811–1848), kritisierte 1843 Ševčenko und Markevyč und setzte ihnen, an Hegel anknüpfend, seine Auffassung von der Geschichtslosigkeit der Ukraine gegenüber: «Kleinrussland war nie ein Staat und hatte folglich im strengen Sinn dieses Wortes auch keine Geschichte. … Die Geschichte Kleinrusslands ist ein Nebenfluss, der in den großen Fluss der russischen Geschichte mündet [ähnliches hatte Puškin zwölf Jahre zuvor den aufrührerischen Polen prophezeit]. … Indem es endgültig mit dem blutsverwandten Russland zusammengeflossen ist, hat sich für Kleinrussland die Türe zur Zivilisation, zur Aufklärung, zur Wissenschaft geöffnet, von denen es bisher sein halbwilder Charakter unüberwindlich getrennt hat. Gemeinsam mit Russland steht ihm jetzt eine große Zukunft bevor.»[86] Früher habe es einmal eine kleinrussische Sprache gegeben, heute seien nur ein Dialekt und eine Volksdichtung geblieben. Die Literatursprache der Kleinrussen müsse das Russische sein, und große Dichter könnten dort nur die russischen Dichter sein.

Als die Mitglieder und Sympathisanten der Kyrill-und-Method-Gesellschaft verhaftet und verurteilt worden waren, verspottete Belinskij Ševčenko in derber Weise. In einem Brief vom Dezember 1847 schrieb er, dass man aus diesem «einen Märtyrer der Freiheit mache, wenn auch der gesunde Menschenverstand in ihm einen Esel, Dummkopf und gemeinen Kerl sieht, und darüber hinaus einen schlimmen Trunkenbold, … passend zum Patriotismus der Chochly … Ach, diese Chochly! Sie sind wirklich Hammel – und spielen die Liberalen im Namen der *haluški* und *varenyky* mit Schweinespeck.» Die Stereotypen der Klöße, Teigtaschen und Speck essenden ukrainischen Bauern haben sich bis heute erhalten.[87]

Belinskij war nicht der letzte radikale Oppositionelle, der den Ukrainern die Daseinsberechtigung als Kollektiv absprach. Die meisten «Westler» sahen in den ethnisch (vermeintlich) einheitlichen westeuropäischen Nationalstaaten das Vorbild für ein modernes und mächtiges Russland, das eine Zivilisierungsmission unter den rückständigen Ukrainern zu vollbringen hatte.[88]

Die Anfänge der in dieser Zeit erstmals als ukrainophil bezeichneten ukrainischen Nationalbewegung fielen zusammen mit einem Aufschwung des russischen Nationalbewusstseins. Die Vertreter aller drei Richtungen, die Regierung mit ihrem Reichspatriotismus, die Slawophilen und die Westler, reagierten negativ auf das Auftreten der Ukrainophilen, die die als all-russisch imaginierte russische Nation infrage stellten. Diese politisch übergreifende Ablehnung einer eigenständigen ukrainischen Nation hielt sich in der russischen Gesellschaft bis hin zu den Reaktionen auf die ukrainische Unabhängigkeit am Ende des 20. Jahrhunderts.

## Der russische imperiale Nationalismus und die Krise der ukrainischen Nationsbildung

Nach der Niederlage im Krimkrieg und dem Tod Nikolaus' I. wurden unter dem neuen Zar Alexander II. (1856–1881) eine Reihe von Reformen durchgeführt, um Russland zu modernisieren und den Rückstand gegenüber den sozio-ökonomisch weiter entwickelten westeuropäischen Ländern zu verringern. 1861 wurde die Leibeigenschaft aufgehoben, wobei die Mobilität der Bauern weiter Beschränkungen unterlag; es folgten Reformen von Justiz, Regionalverwaltung, Stadt, Universität und Armee. Der Ausbau der Eisenbahnen und die Förderung des Bank- und Kreditwesens kurbelten die wirtschaftliche Entwicklung an und ebneten den Weg zum modernen Wirtschaftswachstum. Zwar veränderten die Reformen die Gesellschaft, doch führten sie keinen Systemwandel und keine politische Partizipation breiterer Schichten herbei. Die wachsende revolutionäre Bewegung, die in der Ermordung Alexanders II. gipfelte, ließ das Pendel unter seinen Nachfolgern Alexander III. und Nikolaus II. wieder stärker in Richtung Systemerhaltung ausschlagen.

Infolge der politischen Liberalisierung entstand eine Öffentlichkeit mit einer expandierenden Presse, die politische und gesellschaftliche Fragen diskutierte. Im Vordergrund standen nationale Diskurse.[89] Anlässe für eine Stärkung des russischen Nationalismus waren der polnische Aufstand von 1863 und das Engagement Russlands auf dem Balkan im Russisch-Türkischen Krieg von 1877/78, die breitere Kreise mobilisierten. Die Slawophilen wurden aus Gegnern zu Verteidigern der Zarenautokratie. In der Nachfolge der gemäßigten Westler stehende Publizisten mit Michail Katkov (1818–1887) an der Spitze strebten eine Umwandlung des Imperiums in einen Nationalstaat nach französischem Vorbild an, der Demokratisierung mit ethnischer Vereinheitlichung verbinden sollte. Die radikalen Westler verbanden sozialistische Ideen mit dem Glauben an die russischen Bauern und ihre «urkommunistische» Umteilungsgemeinde. Sie formierten sich in der Bewegung der Narodniki («mit dem Volk Verbundene»), die das «ins Volk gehen» propagierten und sich später teilweise dem Terrorismus zuwandten. Sie begründeten die Lehre von einem eigenständigen russischen Sozialismus, der den Umweg über die Epoche des Kapitalismus vermied. Dieser Agrarsozialismus sollte die radikale Opposition bis zur Revolution von 1917 prägen.

Die zarische Regierung scheute vor der Übernahme nationaler Ideen zurück, die die Fundamente des ständisch-dynastischen Imperiums und das Machtmonopol der Autokratie zu untergraben drohten, und hielt am hergebrachten supra-ethnischen Reichspatriotismus fest. Allerdings nahm sie Elemente der nationalen Ideologien auf und suchte sie zur Herrschaftsstabilisierung zu nutzen. So ging man in Randregionen wie Polen und später dem Baltikum und Finnland zunehmend zu einer Politik der Russifizierung über, ohne dass diese konsequent durchgeführt worden wäre und eine systematische sprachliche Assimilation angestrebt hätte. Manche der ursprünglich regimekritischen Westler wie Katkov stellten sich nun auf die Seite der Regierung und unterstützten die Russifizierungspolitik gegenüber den nichtrussischen Nationalitäten. Der Panslawismus propagierte eine expansive Außenpolitik Russlands gegenüber dem Osmanischen Reich und «die Befreiung der orthodoxen Brüder vom türkischen Joch». Der russische imperiale Nationalismus verbreitete sich in der Bürokratie, der Armee und der gebildeten Gesellschaft. Gegen Ende des 19. Jahrhunderts kamen extremistische nationalistische und antisemitische Strömungen auf, die Anhänger in breiteren Kreisen und sogar am Zarenhof fanden, gleichzeitig jedoch den russischen Nationalismus in den Augen der liberalen Öffentlichkeit diskreditierten. Das russische nationale Projekt blieb also in unterschiedlichen Ausrichtungen erhalten, ohne dass diese sich zu einer übergreifenden Integrationsideologie verdichtet hätten. Einer beschleunigten Nationsbildung standen weiterhin das Machtmonopol der Autokratie und die noch immer bestehende Kluft zwischen der Masse der russischen Bauern und der gebildeten Gesellschaft entgegen.

Die Ukrainophilen blieben ein wichtiger Bezugspunkt russischer nationaler Ideologien.[90] Mit wenigen Ausnahmen (unter ihnen der Radikale Alexander Herzen) dominierte in allen politischen Lagern die Vorstellung von der aus Groß-, Klein- und Weißrussen bestehenden «all-russischen» Nation. Aus dieser Sicht bedrohte ein möglicher Abfall der Ukrainer, der mit Abstand größten nichtrussischen Ethnie des Reiches, die Existenz der russischen Nation und den Zusammenhalt des Imperiums. Nur als «Kleinrussen» konnten die Ukrainer zur Integration der «all-russischen» Nation beitragen, die zusammen etwa zwei Drittel der Bevölkerung des Zarenreichs stellte. Ohne Ukrainer und Weißrussen waren die Großrussen dagegen in der Minderheit. Der große Bruder musste deshalb den kleinen Bruder unter seiner Obhut behalten. Dabei schaute man mit besonderem Argwohn auf den polnischen Cousin, der die Ukrainer umwarb. Damals wurde das Diktum geprägt, die ukrainische Nationalbewegung sei das Produkt einer «polnischen» oder «jesuitischen Intrige». Aus dieser Optik galten die national orientierten Ukrainer als potenzielle Verräter, die mit dem Attribut «Mazepisten» belegt wurden.

«Kleinrussland, Weißrussland, Großrussland – sie sind ein Körper, etwas Ganzes und Unteilbares – und eines vom anderen wegzureißen, bedeutet das Gleiche, wie einen Körper in seine Bestandteile zu zerstückeln. Kiew abzuschneiden würde bedeuten, in einen lebenden Körper zu schneiden», so der Slawophile Ivan Aksakov im Jahr 1862.[91] Michail Katkov sekundierte ein Jahr später, als er am 21. Juni 1863, schon nach dem Beginn des polnischen Aufstands, seinen Leitartikel in den *Moskovskie Vedomosti* mit den Worten begann: «Eine Intrige, überall eine Intrige, eine heimtückische Intrige!», und weiter erklärte: «Die Ukraine hatte nie eine eigene Geschichte, war nie ein separater Staat. Das ukrainische Volk ist ein rein russisches Volk, ein seit jeher russisches Volk, ein essentieller Teil des russischen Volkes, ohne den das russische Volk nicht bleiben kann, was es ist. ... Es kann keine Rivalität zwischen dem südlichen und nördlichen Teil einer Nationalität geben, genau so wenig wie zwischen zwei Händen oder Augen eines lebenden Organismus.» Deshalb bedeute der Verlust der Ukraine «die Verstümmelung des russischen Körpers und der russischen Seele».[92]

Die ukrainische Nationalbewegung hatte eine politische Liberalisierung nach dem Tod Nikolaus I. genutzt, um wieder aktiv zu werden. Zwischen 1855 und 1863 erschienen im Russländischen Imperium nicht weniger als 130 ukrainischsprachige Bücher, unter ihnen literarische Werke, religiöse, historische und ethnographische Schriften sowie Lehrbücher.[93] Im Zentrum stand wie bei den Russen das Ziel, die Kluft zu den Massen analphabetischer Bauern, die als Kern einer imaginierten Nation betrachtet wurden, zu überbrücken und sie national zu mobilisieren. Zu diesem Zweck wurden preiswerte, für ein breiteres Publikum bestimmte Broschüren veröffentlicht und in den Dörfern ukrainischsprachige Sonntagsschulen eingerichtet. In Kiew fanden sich Studierende, Lehrer und andere junge Intellektuelle in einer losen Gruppierung (*hromada*) zusammen. Zu ihnen gehörten der Historiker Volodymyr Antonovyč (1834–1908), der aus einer polonisierten Adelsfamilie stammte und in einer spektakulären «Beichte» seine Rückkehr zum Ukrainertum proklamierte, der Ethnograph Pavlo Čubyns'kyj, der damals den Text der heutigen ukrainischen Nationalhymne verfasste, und der Historiker Mychajlo Drahomanov (1841–1895), der später zu einem der wichtigsten Akteure der Nationalbewegung wurde.

In St. Petersburg begründeten einige Mitglieder der ehemaligen Kyrill-und-Method-Gesellschaft die Zeitschrift *Osnova* (Grundlage), die in den Jahren 1861/62 Texte zu ukrainischen Themen in ukrainischer und russischer Sprache publizierte. Obwohl die nationalen Akteure erklärten, rein kulturelle Ziele zu verfolgen, erregten sie erneut das Misstrauen der Behörden.

Den Ausschlag für repressive Maßnahmen gab der polnische Aufstand vom Januar 1863. Die polnischen Adligen, die das unabhängige Königreich wiederherstellen wollten, bemühten sich um Unterstützung von Seiten der ukrainischen Intelligenz und Bauern. Sie hatten zwar damit keinen Erfolg, doch bedienten sie das Stereotyp der «polnischen Intrige». Die Repressionen der Regierung trafen deshalb nicht nur die polnischen Adligen und Geistlichen, sondern auch die bescheidenen Pflänzchen der ukrainischen (sowie der litauischen und der weißrussischen) Nationalbewegung. Die Sonntagsschulen wurden verboten und die Kiewer Hromada aufgelöst. Im Juni 1863 erließ der Innenminister Petr Valuev ein für die Zensurbehörden bestimmtes Zirkular, in dem der Unterricht in ukrainischer Sprache und der Druck ukrainischsprachiger Schriften mit Ausnahme der schönen Literatur verboten wurden. Als Begründung wurden die Aktivitäten der Ukrainophilen unter den Bauern und ihre angeblichen Verbindungen zum polnischen Aufstand aufgeführt. Valuevs Zirkular richtete sich explizit gegen die Existenz einer eigenständigen ukrainischen Sprache: «Der Unterricht in allen Schulen erfolgt in der allgemeinrussischen Sprache, und die Verwendung der kleinrussischen Sprache ist nicht erlaubt. ... Eine eigene kleinrussische Sprache hat es nicht gegeben, gibt es nicht und kann es nicht geben. Der Dialekt, der vom einfachen Volk gesprochen wird, ist die russische Sprache, nur verdorben durch den Einfluss Polens. Die allgemeinrussische Sprache ist für die Kleinrussen genauso verständlich wie für die Großrussen, ja sogar besser als die jetzt von einigen Kleinrussen und besonders einigen Polen ausgeheckte sogenannte ukrainische Sprache.»[94]

Das Zirkular von 1863 leitete eine Russifizierungspolitik gegenüber den Ukrainern ein, die im Prinzip vierzig Jahre aufrechterhalten wurde. Sie wurde rigoroser durchgeführt als gegenüber allen anderen Nationalitäten, selbst gegenüber den Polen, was die Bedeutung, die man der mit Abstand größten ethnischen Minderheit und ihrer Nationalbewegung zumaß, unterstreicht. In der Mitte der 1870er Jahre lockerte sich die Zensur. Als sich in Kiew erneut eine Hromada zusammenfand, die neben einem gemäßigten, von Antonovyč angeführten Flügel eine sozialistische, von Drahomanov geleitete Gruppe umfasste, reagierte die Regierung im Mai 1876 mit einer Erneuerung und Verschärfung des Zirkulars von 1863. Jetzt wurden auch «alle Theateraufführungen, Begleittexte zu musikalischen Noten und öffentlichen Vorträge in diesem Dialekt verboten, da sie heute den Charakter ukrainophiler Manifestationen haben». In der Zensur-Praxis wurde sogar die Verwendung des Ethnonyms «Ukrainer», das *per se* die Existenz der all-russischen Nation in Frage stellte, untersagt. Begründet wurde auch dieser Erlass mit Polonophilie und Separatismus und zusätzlich mit dem Einfluss sozialistischer Ideen.[95]

Die Sprachverbote entzogen der noch immer in den Anfängen steckenden ukrainischen Nationalbewegung die Möglichkeit der öffentlichen muttersprachlichen Kommunikation und hemmten die Nationsbildung nachhaltig. Sie erlebte eine Krise und das Projekt der «kleinrussischen» Nation als Teil einer «all-russischen» Nation gewann erneut an Boden. Dies änderte sich erst, als sich die Politik der Regierung zu Beginn des 20. Jahrhunderts lockerte und die Sprachverbote 1905 aufgehoben wurden. Die ukrainische Bewegung konzentrierte sich weiter vorwiegend auf kulturelle, besonders sprachliche Belange. Ihre politischen Ziele bewegten sich im Rahmen einer föderalistischen Neuordnung des Russländischen Imperiums, von einem unabhängigen Nationalstaat war nur selten die Rede.

Die von den Repressionen geschwächten Akteure der ukrainischen Bewegung richteten nun den Blick auf das österreichische Galizien, wo die Ruthenen (wie die Ukrainer in der Habsburgermonarchie genannt wurden) als Nationalität und das Ukrainische als Schul- und Amtssprache anerkannt wurden. Unter den Bedingungen des österreichischen Verfassungsstaats entstanden nationale Vereine, Parteien, Genossenschaften und Zeitungen, und gegen Ende des 19. Jahrhunderts konnte man hier von einer nationalen Massenbewegung sprechen. Die ruthenische Bewegung richtete sich in erster Linie gegen die in Galizien dominierenden Polen. Die sogenannten Russophilen oder Moskophilen, die von Österreich enttäuscht waren, setzten ihre Hoffnungen auf Russland, die russische Sprache und Kultur. Zwar nahm ihr Einfluss sukzessive ab, doch verdächtigte Wien noch zu Beginn des Ersten Weltkriegs die Ruthenen der Kollaboration mit Russland und ließ etwa 1500 von ihnen standrechtlich erschießen.[96] Gegen Ende des 19. Jahrhunderts setzten sich die Ukrainophilen durch, die mit den Ukrainern im Zarenreich zusammenarbeiteten und eine grenzübergreifende Nation anstrebten. In Galizien wirkte damals der Historiker Mychajlo Hruševs'kyj, der in Kiew bei Antonovyč studiert hatte und seit 1894 an der Universität Lemberg lehrte. Die Kontakte der «Kleinrussen» mit den «Ruthenen» weckten das Misstrauen der zarischen Behörden, die den Import von ukrainischsprachigen Druckwerken aus Österreich verboten. Neben die «polnische Intrige» trat «die österreichische Intrige».

In der Revolution von 1905 entluden sich politische, soziale und nationale Spannungen im ganzen Russländischen Reich in friedlichen und in gewaltsamen Aktionen der Intelligenz, der Arbeiter, Bauern und zahlreicher Nationalitäten. Das Zarenregime wurde zu Konzessionen gezwungen, der Garantie der wichtigsten Rechte und Freiheiten, der Gewährung einer Verfassung und eines Parlaments. Dies schuf eine weitgehend freie politische Öffentlichkeit, was von revolutionären und nationalen Bewegungen genutzt wurde. Der russische Nationalismus entfaltete sich in unterschiedlichen Richtungen. Der «Bund des russischen Volkes» und die berüchtigten «Schwarzen Hundertschaften» vertraten einen extremen ethnischen Nationalismus mit dem Slogan «Russland für die

Russen!» und zettelten in der Ukraine und anderen Teilen des Imperiums Pogrome gegen Juden und oppositionelle Gruppen an. Nachdem das Experiment der konstitutionellen Monarchie, die den Rahmen für eine Staatsbürgernation hätte bilden können, gescheitert war, setzte die 1907 an die Macht gekommene Regierung wieder auf den imperialen Nationalismus. In der Auseinandersetzung mit den Ukrainern vertraten nicht nur extreme Organisationen wie der Kiewer «Klub der russischen Nationalisten», sondern auch liberale Politiker wie der ehemalige Marxist Petr Struve ähnliche Positionen. Dieser warnte 1912 davor, dass die von der Intelligenz erfundene kleinrussische Kultur breitere Massen erfassen könnte: «Wenn die ‹ukrainische› Idee der Intelligenz ... das Volk mit ihrem ‹Ukrainertum› anstecken wird, dann wird dies zu einer gigantischen und präzedenzlosen Spaltung der russischen Nation führen, die, dies ist meine tiefe Überzeugung, mit einem wahren Desaster für Staat und Volk enden wird. Alle unsere ‹Grenzland›-Probleme werden als reine Lappalien erscheinen im Vergleich mit einer solchen Perspektive der ‹Zweiteilung› und – sollten die Weißrussen dem Beispiel der Ukrainer folgen – ‹Dreiteilung› der russischen Kultur. ... Die russische progressive öffentliche Meinung muss ... in einen ideologischen Kampf mit dem ‹Ukrainerum› treten, als einer Tendenz, die die große Errungenschaft unserer Geschichte, die allgemeinrussische Kultur, schwächt und teilweise sogar abschafft.»[97] Andere Liberale wie der Historiker Pavel Miljukov und der Literaturwissenschaftler Aleksandr Pypin sprachen sich dagegen für eine Anerkennung der Ukrainer und ihrer Sprache und Kultur aus, doch hielten auch sie daran fest, dass das Russische als Amtssprache und Sprache «der höheren Kultur» beibehalten werden sollte.[98]

In der Revolution von 1905 fielen in Russland die meisten Beschränkungen. Schon 1904 hatten die Imperiale Akademie der Wissenschaften und die Universitäten Kiew und Charkiv die Existenz einer eigenständigen ukrainischen Sprache bekräftigt. In den Jahren 1905 und 1906 wurden ukrainische Presseorgane, Vereine und politische Parteien gegründet, und in das erste russische Parlament, die Reichsduma, wurden 63, in die 2. Duma 47 ukrainische Abgeordnete, überwiegend Bauern, gewählt. Sie konzentrierten sich auf soziale Belange, setzten sich aber auch (vergeblich) für die Einführung des Ukrainischen in Schulen und Gerichten ein. Die Verbindung von sozialistischen und nationalen Zielsetzungen blieb charakteristisch für die meisten ukrainischen politischen Parteien. Infolge der langen Stagnation und der nach 1907 wieder einsetzenden Repression blieb die nationale Mobilisierung der Ukrainer in den Anfängen stecken, und im Zarenreich konnte sich bis zum Jahr 1917 keine nationale Massenbewegung entfalten. Auch die russische Nation blieb fragmentiert, mit tiefen Gräben zwischen Regierung und gebildeter Gesellschaft sowie zwischen dieser und dem breiten Volk.

Die Nationsbildung der Russen und der Ukrainer, die in der Frühen Neuzeit einsetzte, verzögerte sich im 18. und 19. Jahrhundert. Für die Verspätung der russischen Nation war vornehmlich das Imperium verantwortlich. Es blieb auch im Zeitalter des Nationalismus seinen dynastischen, autokratischen und multiethnischen Traditionen verhaftet und öffnete sich nur in Teilbereichen für Reformen, ohne das politische System zu verändern und eine gesellschaftliche Mobilisierung und soziale Kommunikation zu ermöglichen. Zwar gewann ein russischer imperialer Nationalismus an Boden, der Teile der Intelligenz mit dem Regime verband, doch hatte ein bedeutender Teil der gebildeten Gesellschaft und der Arbeiter eine internationalistisch-sozialistische Ausrichtung, und die Bauern, die weit überwiegende Mehrheit der russischen Bevölkerung, wurden bis zum Ersten Weltkrieg national kaum mobilisiert.

Die frühe ukrainische Nationsbildung erlitt einen Rückschlag durch den Verlust des autonomen Hetmanats und der Integration weiter Teile der Eliten in die russische Gesellschaft. Als sich im 19. Jahrhundert eine Nationalbewegung zu entfalten begann, wurde sie von der russischen Intelligenz kritisiert und von der Regierung, die an der Einheit der all-russischen Nation festhielt, repressiv zurückgebunden. Zwar gelang es den Ruthenen Galiziens, eine nationale Massenbewegung zu initiieren und die Nationsbildung voranzutreiben. Die viel zahlreicheren Ukrainer des Russländischen Imperiums kamen hingegen über Ansätze der Nationsbildung nicht hinaus. Die Bauern und weite Teile der Intelligenz waren vor 1917 national nicht mobilisiert.

Der Vergleich zeigt, dass sich die ukrainische und die russische Nationsbildung in enger Verflechtung vollzogen und jeweils aufeinander reagierten. Das Kräftespiel war allerdings erheblich komplizierter. So muss man differenzieren zwischen den unterschiedlichen Spielarten des russisch/russländischen Nationskonzepts, dem transnationalen imperialen, dem all-russischen, dem ethnisch-russischen und dem liberal-staatsbürgerlichen Projekt, die konkurrierten und sich vermischten. Im Verhältnis zu den Ukrainern stimmten sie allerdings weitgehend überein. Lediglich einige Liberale waren zu Konzessionen bereit, hielten aber ebenfalls an der Idee des «einen und unteilbaren Russland» fest. Bei den Ukrainern standen sich das ukrainische und kleinrussische Projekt gegenüber. Nicht wenige Ukrainer hingen dem Konzept einer «all-russischen» Nation an, in der die Ukrainer als «Kleinrussen» ihren (subalternen) Platz fanden. Auch muss die Möglichkeit der Formierung mehrerer Nationen als Alternative in Erwägung gezogen werden. So hatten die Ruthenen Galiziens das Potenzial zur Formierung einer eigenständigen Nation. Auch ein Scheitern der beiden «verspäteten» Nationsbildungen war nicht von vornherein ausgeschlossen.

Mit dem Sturz des Ancien Régime veränderte sich die Situation grundlegend. Der aus der Februarrevolution von 1917 hervorgegangene Verfassungsstaat schuf Bedingungen, die einer Nationsbildung der Russen und der Ukrainer förderlich waren. Auf der anderen Seite gefährdeten der noch immer andauernde Weltkrieg und die ständig zunehmende Radikalisierung der breiten Massen und der Intelligenz die labile Demokratie. Diese fand ihr Ende mit der Machtergreifung der Bolschewiki im Oktober 1917.

## 6. Kapitel

# Ein asymmetrisches Verhältnis: Russen und Ukrainer im Russländischen Reich im 19. und frühen 20. Jahrhundert

Im 17. und frühen 18. Jahrhundert standen sich die Ukraine und Russland auf Augenhöhe gegenüber. Zwar unterstellten sich die Zaporožer Kosaken und die übrige Bevölkerung der Ukraine im Jahr 1654 dem Moskauer Zaren, doch behielt das Hetmanat eine weitgehende Autonomie unter einem eigenen gewählten Herrscher. Infolge der engeren Kontakte mit Mitteleuropa verfügten die Ukrainer über ein höheres Bildungsniveau als die lange in den orthodoxen Traditionen verharrenden Russen, und die Kiewer Akademie wurde zur Kaderschmiede für ganz Russland. Soziopolitisch zeigte die ukrainische Gesellschaft egalitär-freiheitliche Züge, die mit der von der Autokratie geprägten russischen Gesellschaft kontrastierten. Die Stadtbürger, Adligen, Kosaken und Geistlichen in der Ukraine besaßen größere Spielräume als in Russland, wo der Staat alle gesellschaftlichen Gruppen zu kontrollieren suchte.

Seit der Mitte des 18. Jahrhunderts verschoben sich die Gewichte, und im 19. Jahrhundert war das russisch-ukrainische Verhältnis von einer immer größeren Asymmetrie geprägt. Die Moskauer Autokratie griff auf die Ukraine über, die in die zentralistische Verwaltung und in die Ständeordnung integriert wurde. Die ukrainischen Gouvernements waren fortan normale Provinzen des Russländischen Imperiums.[99]

## Russische Stadt – ukrainisches Dorf

Deutlich zeigte sich die Asymmetrie im Verhältnis von Stadt- und Landbevölkerung. Zwar war auch die russische Gesellschaft stark agrarisch geprägt, doch war bei den Ukrainern der Anteil der Bauern noch erheblich höher. Den Angaben der reichsweiten Volkszählung von 1897 zufolge, auf die sich die folgenden Zahlen beziehen, gab es im Russländischen Imperium 55,7 Millionen ethnische Russen (44,3% der Gesamtbevölkerung) und 22,4 Millionen Ukrainer (17,8%).[100] 84 Prozent der ethnischen Russen lebten auf dem Lande und 72 Prozent waren in der Landwirtschaft beschäftigt, bei den Ukrainern lagen die entsprechenden Anteile bei 94 und 88 Prozent. Die Russen waren in der Oberschicht viel stärker vertreten als die Ukrainer. 1,7 Prozent der Russen, aber nur 0,5 Prozent der Ukrainer gehörten dem (erblichen und persönlichen) Adel an, und lediglich 0,14 Prozent der Ukrainer zählten zu den oberen städtischen Ständen der Kaufleute und Ehrenbürger (gegenüber 0,73% der Russen).

Noch ausgeprägter war die Asymmetrie in der Ukraine. Hier lebten etwa 3 Millionen ethnische Russen, knapp ein Drittel von ihnen in der Stadt, während 95 Prozent der etwa 17 Millionen Ukrainer zur Landbevölkerung gehörten. Die Russen stellten in der ganzen Ukraine weite Teile der Oberschicht. In Handel, Kreditwesen, Handwerk und in den freien Berufen (z. B. Ärzte und Rechtsanwälte) spielten neben Russen Juden eine wichtige Rolle. In der rechtsufrigen Ukraine konnten sich trotz der seit 1863 verstärkten Repressionen Teile des polnischen Adels halten. Die Masse der ukrainischen Bauern sah sich also Eliten und einer Stadtbevölkerung gegenüber, die einer anderen Sprachgruppe und (im Fall der Juden und Polen) einer anderen Konfession angehörten. Dies behinderte die Migration ukrainischer Bauern in die «fremden» Städte und hatte zur Folge, dass sich soziale Antagonismen ethnisch aufladen konnten.

Die Dichotomie «russische Stadt – ukrainisches Dorf» zeigte sich besonders deutlich an den Großstädten der Ukraine. Unter den 404 000 Bewohnern der Stadt Odessa waren am Ende des 19. Jahrhunderts 49 Prozent Russen und 31 Prozent Juden, aber nur 9 Prozent Ukrainer. In Kiew (248 000 Einwohner) und Charkiv (174 000 Einwohner) machten die Ukrainer immerhin 22 bzw. 26 Prozent der Bevölkerung aus, denen 54 bzw. 63 Prozent Russen und 12 bzw. 6 Prozent Juden gegenüberstanden. Die ethnischen Ukrainer waren also in allen großen Städten der Ukraine klar in der Minderheit, am deutlichsten in der größten Stadt Odessa. In den letzten beiden Jahrzehnten des Zarenreichs nahm die Stadtbevölkerung erheblich zu. Dabei ging der Anteil der Ukrainer in den Großstädten weiter zurück.

Im Russländischen Reich vollzog sich im letzten Drittel des 19. und zu Beginn des 20. Jahrhunderts eine stürmische Industrialisierung. Die Textilindustrie war auf Zentralrussland konzentriert, während die östliche Ukraine, die über reiche Kohle- und Eisenerzvorräte verfügte, zum wichtigsten Zentrum der Montan- und Schwerindustrie im ganzen Imperium wurde. An der Industrialisierung waren die Ukrainer indessen nur am Rand beteiligt. Die meisten Unternehmer waren Russen und Ausländer, die Arbeiter vorwiegend Russen, die in die Ostukraine mit den Zentren Charkiv, Ekaterinoslav (heute Dnipro) und Juzovka (heute Donec'k) einwanderten. Gleichzeitig emigrierten zahlreiche ukrainische Bauern aus der Ukraine in östliche Gebiete des Imperiums, an die untere Wolga, nach Nordkasachstan und in das Fernostgebiet am Pazifischen Ozean. Die Immigration russischer Industriearbeiter und die Emigration ukrainischer Bauern verstärkten die ethnische Durchmischung. Dies betraf auch die im Osten und Nordosten unmittelbar an das heutige Territorium der Ukraine angrenzenden Gouvernements, in denen mehr als drei Millionen Ukrainer einer Mehrheit von Russen gegenüberstanden. Ethnisch gemischt war besonders die erst im 19. Jahrhundert kolonisierte südliche Ukraine, das sogenannte Neurussland, wo sich nicht nur Ukrainer und Russen, sondern auch zahlreiche Juden, Deutsche, Bulgaren, Griechen und Armenier niederließen. Hier erlebte der Ackerbau dank der fruchtbaren Böden und der Nähe der Exporthäfen am Schwarzen Meer einen Boom, an dem Gutsbesitzer aus den Reihen der russischen und polnischen Adligen und der deutschen Kolonisten sowie die ukrainischen und russischen Bauern als Arbeitskräfte wesentlichen Anteil hatten. Damals entstand der Mythos von der «Kornkammer Ukraine».

Asymmetrisch war auch das Bildungsniveau. Im letzten halben Jahrhundert des Zarenreichs wurde das Schulwesen sukzessive ausgebaut, wobei die Russen davon stärker profitierten als die Ukrainer, die über keine muttersprachlichen Schulen verfügten. Nachdem die Analphabetenrate unter den Ukrainern bis ins 18. Jahrhundert geringer gewesen war als unter den Russen, lag diese im Jahr 1897 mit 81 Prozent (der über 10-Jährigen) erheblich über der der Russen (71%).[101] Vergleicht man nur die Landbevölkerung, war die Asymmetrie mit 82 zu 77 Prozent weniger ausgeprägt. 2,3 Prozent der Russen, aber nur 0,4 Prozent der Ukrainer hatten mehr als eine Elementarschule besucht. Allerdings wiesen die ethnischen Russen einen erheblich niedrigeren Anteil an Lesekundigen auf als die im Russländischen Reich lebenden Esten, Letten, Litauer, Deutschen, Juden und Polen, die alle nicht orthodoxen Glaubens waren.

Am Ende des 19. Jahrhunderts stellten also die ethnischen Russen die überwiegende Mehrheit der gebildeten politischen und wirtschaftlichen Eliten der Ukraine, während die Ukrainer ein weitgehend analphabetisches Bauernvolk waren. Die vor allem von Russen, Juden und Polen bewohnten Städte waren Inseln in einem Meer vorwiegend ukrainischer Bauern. Die Modernisierung (Urbanisierung, Industrialisierung, Alphabetisierung und soziale Mobilisierung) der Ukraine vollzog sich zu einem bedeutenden Teil ohne Ukrainer. Dabei darf nicht vergessen werden, dass auch die überwiegende Mehrheit der Russen im gesamten Imperium und in der Ukraine noch immer stark agrarisch geprägt und des Lesens unkundig war. Die russischen Eliten dominierten also nicht nur die Ukrainer, sondern auch die Masse der russischsprachigen Bevölkerung innerhalb und außerhalb der Ukraine. Die soziale und wirtschaftliche Lage, die Traditionen und Mentalitäten der russischen und der ukrainischen Bauern wiesen zahlreiche Parallelen auf. Im Ganzen waren regionale Unterschiede und lokale Bindungen bis zum Ersten Weltkrieg für eine Mehrheit der Bevölkerung ohnehin wichtiger als die ethnische Zugehörigkeit.

## Hierarchie der Kulturen

Nachdem die ukrainische Kultur im 17. und frühen 18. Jahrhundert eine Blüte erlebt hatte, wurde sie im 19. Jahrhundert marginalisiert und provinzialisiert. Dies betraf auch die ukrainische Sprache, die ihren Status als Schriftsprache weitgehend verlor und zu einer nur gesprochenen Bauernsprache wurde, von russischer Seite meist als «kleinrussischer Dialekt» bezeichnet. Gleichzeitig wurde die moderne russische Hochsprache geschaffen, zu deren Durchsetzung die schöne Literatur wesentlich beitrug. Sie wurde im 19. Jahrhundert zu einer der großen europäischen Literaturen. Schriftsteller wie Aleksandr Puškin, Michail Lermontov, Ivan Turgenev, Fedor Dostoevskij und Lev Tolstoj gehören seither zum Pantheon der Weltliteratur. Gleichzeitig erlebte auch die ukrainische Literatur in der auf der Basis der Volkssprache geschaffenen ukrainischen Literatursprache einen Aufschwung, doch erreichte sie keine Breitenwirkung über die Ukraine hinaus. Die Werke von Taras Ševčenko wurden zwar in der Ukraine, auch in mündlicher Form, rasch bekannt, doch gingen sie nicht in den Kanon der europäischen Literaturen ein. Ähnliches gilt für spätere bedeutende ukrainische Schriftstellerinnen und Schriftsteller wie Les'ja Ukraïnka und Mychajlo Kocjubins'kyj, die nicht den Bekanntheitsgrad eines Anton Čechov oder Maksim Gor'kij erreichten. Auch ukrainische Komponisten wie Mykola Lysenko und Kyrylo

Aleksandr Puškin, Gemälde von Orest Kiprenskij (1827)

Stecenko blieben im Schatten ihrer russischen Kollegen Petr Čajkovskij (Tschajkowski), Modest Musorgskij und Sergej Rachmaninov.

Am Leben und Werk der beiden Nationaldichter Puškin und Ševčenko lässt sich die Asymmetrie der russischen und ukrainischen Kultur veranschaulichen. Während Puškin aus einem alten russischen Adelsgeschlecht stammte und eine hervorragende Ausbildung erhielt, wurde Ševčenko als Leibeigener geboren, der immerhin lesen lernte und von seinem Gutsherrn zur Ausbildung als Maler nach Petersburg geschickt und später freigelassen wurde. Während Ševčenko auf dem Lande unter ukrainischsprachigen Bauern aufwuchs, kam Puškin nur über seine Amme mit der russischen Volkssprache und -literatur in Berührung. Wie Ševčenko kritisierte Puškin in einigen seiner Werke die herrschende Ordnung und stand oppositionellen Kreisen nahe. Im Gegensatz zum Ukrainer wurde er aber deswegen nur zurechtgewiesen und aus der Hauptstadt verbannt, ohne dass sein Leben und Schaffen wesentlich behindert worden wären. Ševčenko dagegen wurde wegen sei-

Taras Ševčenko, Postumes Gemälde von Ivan Kramskoj (ca. 1871)

ner regimekritischen Gedichte und seiner Nähe zur Kyrill-und-Method-Gesellschaft zu zehn Jahren Verbannung verurteilt und mit einem Mal- und Schreibverbot belegt. Dies geschah nicht ohne Grund: Der ukrainische Dichter verdammte in dem Gedicht «Der Traum» das Imperium und seinen großen Zaren, der die Ukraine zugrunde gerichtet habe, während Puškin als Apologet des Imperiums in seiner Verserzählung «Poltava» Peter den Großen heroisierte und dem Verräter Mazepa gegenüberstellte.

Ševčenko und Puškin wurden zu Symbolen der ukrainischen und russischen Nation. Dass der junge Puškin vollendete Dichtungen von hohem Rang verfasste, als die moderne russische Literatur noch in den Kinderschuhen steckte, machte ihn zum nationalen Mythos. Dass ein eben aus der Leibeigenschaft entlassener junger Mann ein früh vollendeter Dichter wurde, erschien fast als ein Wunder. Die beiden stehen für das hierarchische Verhältnis zwischen Russen und Ukrainern. Puškin wurde und wird auch in der Ukraine viel gelesen und verehrt, während Ševčenko wie die gesamte ukrainischsprachige Literatur den meisten Russen fremd geblieben ist. Daran änderte sich auch wenig, als Ševčenko in der Sowjetunion zum «revolutionären Demokraten» erklärt wurde.

Nach dem Ende der Sowjetunion verfasste ausgerechnet der Nobelpreisträger Iosif Brodskij eine kein Klischee auslassende Tirade gegen die Unabhängigkeit der Ukraine, die er in dem Gegensatz Puškin – Ševčenko kulminieren ließ. Das 1992 entstandene Schmähgedicht mit dem Titel «Auf die Unabhängigkeit der Ukraine» deklamierte der von der Sowjetmacht geächtete und in die Emigration getriebene ansonsten so feinfühlige Dichter in den USA als poeta laureatus der Washingtoner Library of Congress vor einem großen Publikum. Die Chochly, so schreibt er, haben Russland wie schon Mazepa verraten. Damals waren es die Schweden, jetzt sind es die «Hanse» (russisch *gansy*, die Deutschen) zusammen mit den Polacken, die die Ukrainer gegen Russland getrieben haben. Die Ukrainer sind ein Volk der Stickereien und Teigtaschen, sie sind Kürbisse. Sie haben keine eigene Kultur und haben die Nabelschnur zur großen russischen Kultur durchtrennt. Aber, so schließt er: «Auf dem Totenbett werdet ihr röcheln, an den Rand der Matratze gekrallt, die Verse von Aleksander und nicht das Geschwätz von Taras». In Russland wurde vorgeschlagen, Brodskijs Gedicht zum bedeutendsten Gedicht des Jahres 2014 zu erklären.[102]

Die orthodoxe Kirche der Ukraine geriet in immer größere Abhängigkeit von Russland, nachdem der Metropolit von Kiew seit 1686 nicht mehr dem Patriarchen von Konstantinopel, sondern dem Moskauer Patriarchen unterstellt war. Die Unierte Kirche, der zahlreiche Ukrainer in Polen-Litauen angehört hatten, wurde im Russländischen Reich aufgelöst. Sie blieb als Griechisch-Katholische Kirche lediglich im Habsburger Reich (in Galizien und der Karpato-Ukraine) erhalten, wo sie zur ukrainischen (ruthenischen) Nationalkirche wurde. Auch die Tatsache, dass ein großer Teil der orthodoxen Priester der Ukraine Russen oder russifizierte Ukrainer waren, spiegelte die Asymmetrie der Beziehungen wider. Trotzdem engagierten sich orthodoxe Priester, besonders in der Region Podolien, in der ukrainischen Nationalbewegung.[103]

Asymmetrisch waren auch die Narrative der russischen und der ukrainischen Geschichte. Das imperiale russische Narrativ, das eine ungebrochene Tradition der Staatlichkeit seit dem Kiewer «Russland» verkündete, beanspruchte die Deutungshoheit. Die Kleinrussen wurden als Teil des «all-russischen» Volkes in diese Erzählung integriert, laut der sie während ihrer jahrhundertelangen Trennung von Russland unentwegt nach Wiedervereinigung mit den russischen Brüdern strebten, die in den Jahren 1654 und 1793/95 endlich erreicht wurde. Das ukrainische Narrativ, das im Schaffen Hruševs'kyjs seinen deutlichsten Ausdruck fand, forderte die Hegemonie der imperialen Erzählung mit einer alternativen, über weite Strecken von Russland getrennten Nationalgeschichte heraus, die eine Kontinuität von der Kiewer Rus' über Polen-Litauen bis zum Hetmanat und schließlich zur modernen Nation postulierte. Das dominante russische Narrativ wurde auch vom westlichen Ausland übernommen.

## Wechselseitige Perzeptionen

Die Asymmetrie der russisch-ukrainischen Beziehungen spiegelte sich in den wechselseitigen Perzeptionen wider. Dabei standen die Bilder des «anderen» immer in Wechselwirkung mit den Vorstellungen, die Russen und Ukrainer von sich selbst hatten. Wie im 4. Kapitel ausgeführt, waren die «Kleinrussen» von russischer Seite zu Beginn des 19. Jahrhunderts als zwar ungebildetes, aber unverdorbenes liebenswertes Bauernvolk wahrgenommen worden. Dieses Klischee kristallisierte sich im Spitznamen Chochol, der ursprünglich von ukrainischer Seite als Selbstbezeichnung verwendet wurde, bevor er eine pejorative Bedeutung annahm, die in Russland bis heute die herablassende Haltung gegenüber dem unzivilisierten ukrainischen Bauernvolk ausdrückt.

Entsprechende Stereotypen, die die russisch-ukrainische Asymmetrie widerspiegeln, finden sich auch in russischen literarischen

Werken der Epoche, so besonders ausgeprägt bei Nikolaj Leskov (1839–1895), der das Werk Gogol's aufgriff und umgestaltete. In seinen Erzählungen treten vor dem Hintergrund der romantischen literarischen Landschaft Ukraine wie bei Gogol' ukrainisch sprechende skurrile Gestalten auf, die sich von den Russen deutlich abheben.[104] Konzentriert finden sich die völkerpsychologischen Klischees in einem offiziösen geographischen Sammelwerk aus dem Jahre 1903: «Der Charakter der Kleinrussen weist zahlreiche Besonderheiten auf, so ... die Langsamkeit der Bewegungen, die Faulheit nahekommen. Auch geistig zeigen sich oft dieselbe Langsamkeit und Unbeholfenheit und eine langsame Auffassungsgabe.» [Der Kleinrusse] neigt zum Träumen, «seine Liebe zu allem Schönen zeigt sich in seiner Kleidung, seinem Haus, seiner Naturliebe, ... und im Fehlen von Zynismus in Sprache und Verhalten. Diese charakteristische Weichheit bringt mit sich, dass dem Kleinrussen Energie und Willenskraft fehlen, die durch Eigensinn ersetzt werden.»[105]

Die Russen werden im Gegensatz dazu als energisch und unternehmungslustig beschrieben. Immerhin wird den Ukrainern das Potenzial zur Zivilisierung zuerkannt, die sie über die Annahme der weiter entwickelten russischen Kultur erreichen können. Die Perzeption als nicht vollwertiges unzivilisiertes Volk im Gegensatz zu den zivilisierten dominanten Russen wurde von manchen Ukrainern (oder «Kleinrussen») übernommen. Ein solcher Minderwertigkeitskomplex ist typisch für nicht-dominante, subalterne und koloniale Völker. Der russischen Charakteristik der Ukrainer entsprachen in mancher Beziehung Beschreibungen der russischen Bauern durch gebildete Russen, aber auch der westliche Orientalismus gegenüber dem europäischen Osten und dem russischen Volk. So waren die Russen gleichzeitig Subjekt und Objekt einer Zivilisierungsmission.

Das Bild «Kleinrusslands» als einer malerischen, exotischen Provinz Russlands, wie es um 1800 und im Werk Gogol's zutage getreten war, wurde von anderen Kunstgattungen übernommen.

Beispiele waren die Oper «Mainacht» von Nikolaj Rimskij-Korsakov, die direkt auf Motive Gogol's zurückgriff, die «Kleinrussische Symphonie» von Petr Čajkovskij und Il'ja Repins berühmtes Bild «Die Zaporožer schreiben dem türkischen Sultan einen Brief».

Die ukrainische Perzeption der Russen war im 19. Jahrhundert und darüber hinaus ebenfalls ambivalent. Die Russen wurden als gefühlsbetont und brutal, als offen und arrogant, als mutig und trunksüchtig, als gastfreundlich und schmutzig beschrieben.[106] In der ukrainischen Volksüberlieferung und Literatur wurden die Russen mit dem Negativstereotyp des «Kacap» (wohl von ukrainisch *cap* = Ziegenbock) belegt, der Entsprechung zum Spitznamen Chochol.

In Texten der ukrainischen Nationalbewegung des 19. Jahrhunderts wurden ukrainische Auto- und Heterostereotypen direkt formuliert, am prägnantesten im Aufsatz «Zwei russische (Rus') Völkerschaften», den Kostomarov 1861 in der Zeitschrift Osnova publizierte. Er bestimmte den ukrainischen «Volkscharakter», wie er in der Geschichte und der Folklore zutage trat, in Abgrenzung vom russischen. Den wichtigsten Unterschied sah er im Kollektivismus der «Großrussen», der sich in der Umteilungsgemeinde (*mir*) und der patriarchalischen Familie manifestiere, und dem Individualismus der «Südrussen» (Ukrainer), die den freien Zusammenschluss (beispielhaft bei den Kosaken) und den Privatbesitz bevorzugten. Dem entsprächen die Grundwerte der persönlichen Freiheit und Demokratie und das Prinzip des Föderalismus (bei den Ukrainern) gegenüber Unterwürfigkeit, Autokratie und Zentralismus (bei den Russen). Deshalb seien, so seine Folgerung, die Ukrainer in der Schaffung eines Staates im Gegensatz zu den Russen gescheitert. In ihrem Glauben hielten sich die Russen an äußere Formen und den Buchstaben und seien xenophob, während es bei den Ukrainern Toleranz, echte Frömmigkeit, aber auch viel Aberglaube gebe. Die Ukrainer seien naturverbunden und poetisch, die Russen materialistisch. Kostomarov wies darauf hin, dass sich die Polen zum Teil mit denselben Eigenschaften von den Russen abgrenzten wie die Ukrainer, doch liege zwischen Polen und Ukrainern ein Abgrund, denn die ersten seien zutiefst aristokratisch, die zweiten zutiefst demokratisch.[107]

Andere Ukrainer erklärten die Unterschiede zwischen Russen und Ukrainern mit ihrer orientalischen bzw. europäischen Prägung. Mychajlo Drahomanov, der nach 1876 in der Emigration leben musste, führte, wie schon erwähnt, die Gegensätze zwischen Russen und Ukrainern auf die Einflüsse Westeuropas auf die Ukraine in der Frühen Neuzeit zurück. Diese Deutung spitzte Mychajlo Hruševs'kyj zu, indem er den orientalischen Geist der Russen mit dem europäischen Charakter der Ukrainer kontrastierte. Solche wiederkehrenden Denkmuster lassen sich auf den Punkt bringen, dass sich die Russen in der Auseinandersetzung mit Europa zu definieren suchten, während sich die Ukrainer als integralen Bestandteil des europäischen Kulturkreises verstanden. Diese Stereotypen blieben Bestandteile der ukrainischen nationalen Identifikation bis zur Gegenwart und erhielten im Euro-Majdan von 2013/14 neuen Auftrieb.

## Akkulturation und doppelte Identität

Wenn wir von «Russen» und «Ukrainern» als klar abgegrenzten Gruppen sprechen, wird das den ethno-sozialen Realitäten des Zarenreichs nicht gerecht. Beide waren «verspätete Nationen», und die Masse der Bauern hatte kein fest ausgeprägtes ethnisches oder gar nationales Bewusstsein. Soziale, religiöse und regionale Identifikationen überwogen lange. Erst um die Wende zum 20. Jahrhundert und in der Revolution von 1905 wurden breitere Teile der Bevölkerung allmählich von nationalen Ideologien erfasst. Unter den russischen Bürokraten und Offizieren hielt sich trotz des verstärkten russischen Nationalismus der transnationale Reichspatriotismus, während die Gegen-Elite der Intelligenzia auf den sozialistischen Internationalismus setzte. Dennoch verbreitete sich im letzten halben Jahrhundert des Zarenreichs, wie im 5. Kapitel ausgeführt, unter den russischen Mittel- und Oberschichten zusehends ein Nationalbewusstsein in unterschiedlichen Varianten.

In der schmalen ukrainischen Elite war ein Nationalbewusstsein schwächer ausgebildet. Die russische Gesellschaft und Kultur übten eine starke Sogwirkung aus. Infolge des Fehlens von ukrainischsprachigen Schulen durchliefen sozial aufsteigende Ukrainer russischsprachige Schulen und Universitäten und übernahmen nicht nur die Sprache, sondern auch die russische Kultur und ihre Werte. Wer im Staatsdienst, in Wirtschaft oder Wissenschaft Karriere machte, wurde in mehr oder weniger starkem Ausmaß zum Russen. Die Integration der Ukrainer in die russische Gesellschaft wurde erleichtert durch die Verwandtschaft der Sprachen und dadurch, dass die Ukrainer orthodox waren und offiziell als Russen galten. Im Gegensatz zu den katholischen Polen, den Juden oder den Muslimen wurden sie als Einzelpersonen nicht diskriminiert, und es standen ihnen alle Karrierepfade offen. Sie wurden jedoch als Kollektiv nicht akzeptiert und hatten Sanktionen zu gewärtigen, wenn sie auf ihre Zugehörigkeit zur eigenständigen ukrainischen Nation pochten oder der Ukrainophilie verdächtigt wurden. Man kann dieses Verhältnis in den Begriffen fassen, mit denen die Russen die Ukrainer bezeichneten. Als loyale «Kleinrussen» wurden sie akzeptiert, wenn auch nur als jüngere Geschwister, als «Chochly» wurden sie als Volk von Bauern marginalisiert und als «Mazepisten» wurden sie als potenzielle Verräter ausgegrenzt und Repressionen unterworfen.[108] Manche Ukrainer wurden weitgehend russifiziert, andere hatten hybride, doppelte und situative Identitäten und Loyalitäten. Von Seiten national engagierter Ukrainer wurden diese angepassten «Überläufer» als «Kleinrussen» bezeichnet, wodurch dieser ursprünglich neutrale Begriff die negative Bedeutung des Verräters an der nationalen Sache erhielt.

Akkulturationsprozesse hatten schon im 18. Jahrhundert eingesetzt, als gebildete Ukrainer in Russland Karriere in Militär, Verwaltung, Kirche und Kultur machten. Sie verstärkten sich im

19. Jahrhundert infolge des Ausbaus des (russischen) Bildungswesens. Ich greife drei Beispiele heraus.

Nikolaj (Mykola) Kostomarov, Sohn eines russischen Adligen aus Südrussland, zunächst Vordenker der frühen ukrainischen Nationalbewegung, wurde in späteren Jahren zum «all-russischen» Historiker, dessen russischsprachige Werke im ganzen Imperium große Popularität erlangten. Nachdem er als Mitglied der Kyrill-und-Method-Gesellschaft verhaftet und ins Innere Russlands verbannt worden war, wurde er 1859 Professor für russische Geschichte an der Universität Petersburg. Dort engagierte er sich erneut für die Ukraine, unter anderem als Mitarbeiter der Zeitschrift Osnova. Im Jahre 1862 gab er seinen Lehrstuhl auf und erhielt fortan keine Anstellung mehr. Rufe an die Universitäten Kiew und Charkiv durfte er nicht annehmen und lebte nun von den Honoraren seiner Bücher. Dennoch wurde er als russischer Historiker akzeptiert und geachtet und 1876 zum Mitglied der Imperialen Akademie der Wissenschaften gewählt. In seinen zahlreichen Werken beschäftigte er sich sowohl mit der Geschichte der Ukraine als auch mit der Russlands. Besonders populär war seine dreibändige «Russische Geschichte in Biographien». Er vertrat eine föderalistische Konzeption der Geschichte Russlands, die sich in sechs Völkerschaften manifestierte, unter ihnen die südrussische (ukrainische), großrussische und weißrussische. Die doppelte Rolle Kostomarovs als herausragender ukrainischer und russischer Historiker spiegelt sich noch heute in Wikipedia wider: Sowohl die ukrainische wie die russische Fassung der Enzyklopädie widmen ihm ausführliche Einträge, die sich aber in ihren Schwerpunkten stark unterscheiden. In der ukrainischen Wikipedia werden die ukrainischen Aspekte seines Lebens und Schaffens in den Vordergrund gestellt, in dem noch längeren russischen Eintrag fehlen diese fast ganz.[109]

Noch zu Beginn des 20. Jahrhunderts lassen sich doppelte und situative Identifikationen erkennen. So gab der in der Ukraine aufgewachsene, in Petersburg wirkende Ökonom Michail Tugan-

Baranovskij (Mychajlo Tuhan-Baranovs'kyj) (1865–1919) im Jahr 1914 auf die Frage der russischsprachigen Zeitschrift «Ukrainskaja žizn'« (Das ukrainische Leben), welche Zukunft die ukrainische Nation habe, zur Antwort, dass er in seiner Jugend ein ukrainischer Patriot gewesen sei, jetzt aber eine russische Identität habe. Drei Jahre später besann er sich auf seine ukrainischen Wurzeln und wurde vorübergehend Generalsekretär für Finanzen in der ersten Regierung der Ukrainischen Volksrepublik und Mitbegründer der Ukrainischen Akademie der Wissenschaften. Deren erster Präsident Vladimir Vernadskij (Volodymyr Vernads'kyj) (1863–1945) würdigte ihn anlässlich seines Todes im Jahr 1919 als «großes Produkt der *russischen* [Hervorhebung A. K.] Kultur, ihrer außerordentlichen Schönheit, ihres Reichtums und ihrer Macht».[110]

Vernadskij selbst war ebenfalls ein Beispiel doppelter, fließender und situativer Identifikationen. Er wurde in Petersburg als Sohn eines Beamten geboren. Die Familien seiner Eltern hatten ukrainische Wurzeln. Er bezeichnete seinen Großvater «als einen echten Typ des alten Kosakentums, der fast nur ‹kleinrussisch› sprach». Er verbrachte in seiner Jugend einige Jahre in der Ukraine und schrieb 1878 in sein Tagebuch: «Die Kleinrussen werden schrecklich unterdrückt ... In Russland ist es ganz verboten, Bücher in meiner Muttersprache zu publizieren.»[111] In den folgenden Jahrzehnten machte Vernadskij Karriere als Naturwissenschaftler (Geologie, Geochemie, Biologie), wurde 1898 Professor für Mineralogie an der Universität Moskau und 1912 Mitglied der Imperialen Akademie der Wissenschaften. In einem während des Ersten Weltkriegs verfassten, erst 1990 publizierten Artikel gab er einen Überblick über «die ukrainische Frage und die russische Gesellschaft», in dem er unzweideutig zugunsten der ukrainischen Nationalbewegung Stellung bezog, sich allerdings (wie damals die Mehrheit der Ukrainer) gegen eine Loslösung der Ukraine von Russland aussprach.[112] 1917 wurde Vernadskij stellvertretender Bildungsminister der Provisorischen Regierung in Petrograd. Nach der Oktoberrevolution lebte er in der Ukraine, wo er 1918 der erste Präsident der Ukrainischen

Akademie der Wissenschaften wurde. Nach dem Scheitern der Ukrainischen Volksrepublik kehrte er nach Petrograd zurück und arbeitete in unterschiedlichen Institutionen der sowjetischen Akademie der Wissenschaften. 1943 wurde ihm der Stalinpreis ersten Grades verliehen. So changierte Vernadskij in seinem langen Leben zwischen einer ukrainischen, einer russländischen, einer russischen und einer sowjetischen Identität. Im Grunde war er ein typischer Vertreter der transnationalen Intelligenz des Imperiums. Sein Erbe wird in der Ukraine und in Russland hochgehalten, seinen Namen tragen unter anderen die Nationalbibliothek der Ukraine in Kiew, die Universität in Simferopol' auf der Krim, ein Museum und ein Lyzeum in Moskau, viele Straßen, zwei Berge in Ostsibirien, eine Halbinsel in der Antarktis und ein Mondkrater.

Nicht wenige Vertreter der regimekritischen ukrainischen Intelligenz engagierten sich nicht in der Nationalbewegung, sondern in der gesamt-russländischen Opposition. Die Ukraine war ein Schwerpunkt der Agitation der Narodniki, die mit ukrainischsprachigen Broschüren die Bauern aufzuklären suchten. Die Radikalisierung der Narodniki hin zum Terrorismus begann in der Ukraine, und fast die Hälfte der Mitglieder der radikalen Organisation Narodnaja Volja (Volkswille, Volksfreiheit) stammte aus der Ukraine, vor allem aus «Neurussland». Unter ihnen waren neben Russen und Juden auch einige Ukrainer; der bekannteste war Andrej Željabov, der 1881 maßgeblich an der Ermordung Alexanders II. beteiligt war. Er war 1851 als Sohne eines ukrainischen Leibeigenen geboren worden, erhielt dann die Möglichkeit der Ausbildung bis hin an die Universität Odessa. In den 1870er Jahren arbeitete er mit der ukrainischen Nationalbewegung zusammen, bevor er sich den Narodniki und dann den Terroristen anschloss. Željabov und andere Ukrainer, die sich in der revolutionären Bewegung engagierten, betrachteten sich als transnationale Revolutionäre und waren in der Regel weitgehend russifiziert.[113]

Im Lauf des 19. Jahrhunderts wanderten Zehntausende ethnischer Russen in die Ukraine ein. Inwiefern wurden sie ukrainisch akkulturiert? Über die mögliche Akkulturation russischer Bauern ist wenig bekannt. Die größeren Städte und Industriezentren aber waren ohnehin russisch geprägt, so dass russische Migranten nicht gezwungen waren, ukrainisch zu lernen.

Nur wenige ethnische Russen wurden ukrainisch akkulturiert. Ein Beispiel ist der Ethnograph Aleksandr Rusov (1847–1915). Er wurde in einer russisch-georgischen Familie in Kiew geboren und kam früh mit der ukrainischen Nationalbewegung in Kontakt. Er war in verschiedenen Regionen der Ukraine in der Regionalverwaltung tätig, bis er im Jahre 1902 entlassen und aus der Ukraine verbannt wurde. Später schilderte Rusov seine Konvertierung zum Ukrainertum. Seine Ehefrau Sof'ja, die aus einer schwedisch-französischen Familie stammte, folgte seinem Beispiel und setzte sich für die ukrainische Volksbildung ein. Beide sprachen und schrieben ukrainisch, und ihr Sohn Mychajlo Rusov gehörte zu den Begründern der ersten ukrainischen politischen Partei in Russland.[114]

Ein zweites Beispiel war Aleksandra Jefymenko, geborene Stavrovskaja (1848–1918), eine ethnische Russin, die im Norden Russlands ihren dorthin verbannten ukrainischen Ehemann kennenlernte. Sie wurde, ohne eine Hochschule besucht zu haben, zu einer bekannten Ethnographin und, nachdem sich das Ehepaar in der Ukraine niederlassen durfte, zur Spezialistin der ukrainischen Geschichte. Sie protestierte in mehreren Schriften mutig gegen das Verbot ukrainischsprachiger Schulen und verfasste, fast gleichzeitig mit Hruševs'kyj, die erste wissenschaftliche Gesamtdarstellung der Geschichte der Ukraine. In vorgerückten Jahren lehrte sie als erste Geschichtsprofessorin Zentral- und Osteuropas an den St. Petersburger Höheren Frauenkursen. Aleksandra Jefymenko hatte eine doppelte russisch-ukrainische Identität und vollzog im Unterschied zu den Rusovs den Wechsel zur ukrainischen Sprache nicht.[115]

## War die Ukraine eine Kolonie Russlands?

Eine extreme Form asymmetrischer Beziehungen stellt die koloniale Herrschaft dar. Während der Begriff der Kolonie vor 1917 kaum je auf die Ukraine übertragen worden war, erklärten in den 1920er Jahren ukrainische Nationalkommunisten, dass die Ukraine eine Wirtschaftskolonie des zarischen Russlands gewesen sei und die Sowjetmacht diese Abhängigkeit eliminieren müsse.[116] Auch in offiziellen Texten wie der «Kleinen Sowjetenzyklopädie» von 1931 hieß es, dass die Ukraine «im 19. Jahrhundert zu einer russischen Kolonie wurde, einer Kolonie, in der die russische Regierung begann, alle Züge ihres Nationalcharakters auszurotten».[117] In den Dreißigerjahren verschwand diese Begrifflichkeit, die nur in der ukrainischen Emigration fortlebte. In der heutigen Ukraine ist die Auffassung von der Ukraine als Kolonie Russlands und der Sowjetunion weit verbreitet.

Nachdem Russland lange aus dem Kolonialismusdiskurs ausgeblendet worden war, ist heute weitgehend unbestritten, dass die zentralasiatischen und kaukasischen Territorien Kolonien Russlands waren. Weniger eindeutig ist die Sachlage für die Gebiete, die an das Mutterland Russland angrenzten und sich (wie im Fall der Ukraine) sprachlich-kulturell nicht grundlegend von der Metropole unterschieden, sondern als Bestandteil der eigenen Nation und des «russischen» Kernlands betrachtet wurden.[118] Die Ukraine war auf jeden Fall keine klassische Kolonie, die vom Mutterland räumlich und kulturell getrennt war und wirtschaftlich ausgebeutet wurde. Schon eher könnte man sie als «innere Kolonie» bezeichnen, ein Begriff, der für das Verhältnis von Zentren und Peripherien innerhalb eines Staates geprägt wurde, wobei als Beispiele Großbritannien (Schottland und Wales) und Frankreich (Okzitanien und Bretagne) dienten. Bei einer solchen (meines Erachtens problematischen) Ausweitung des Begriffs muss allerdings auch das russische Dorf, dessen Situation sich nicht grundsätzlich von der des ukrainischen unterschied, als eine von der Metropole ausgebeutete «innere Kolonie» bezeichnet werden.[119]

Im Rahmen der *postcolonial studies* begreifen manche Kulturwissenschaftlerinnen und Kulturwissenschaftler inner- und außerhalb der Ukraine die ukrainische Kultur als (post-)kolonial. Mit diskursanalytischen Methoden werden die kulturellen Asymmetrien in der Literatur untersucht. Die russische Metropole, die sich als kulturell überlegen begriff, konstruierte eine kolonial abhängige literarische Ukraine und ignorierte, marginalisierte oder unterdrückte ukrainische nationale Gegendiskurse. In diesem hegemonialen Verhältnis zur ukrainischen Sprache und Kultur trafen sich russische konservative und liberale Politiker, Beamte und Schriftsteller. Der postkoloniale Ansatz, der unter anderen von Mirja Lecke und Myroslav Shkandrij methodisch differenziert angewandt worden ist, trägt zum Verständnis des Verhältnisses zwischen Imperium und ukrainischer Kultur wesentlich bei.[120] Allerdings lässt er sich nicht unbesehen auf Politik und Wirtschaft übertragen. Der Historiker fragt sich, ob zur Charakteristik der russisch-ukrainischen Beziehungen die Begriffe der Hegemonie, der Asymmetrie und der imperialen Herrschaft nicht besser geeignet sind als die der kolonialen Herrschaft und der Kolonie. Sie umfassen auch die transkulturelle supranationale Dimension des Imperiums und vermeiden unvermeidliche Assoziationen mit der westlichen Herrschaft über die überseeischen Kolonien, die einen großen räumlichen, kulturellen und oft auch «rassischen» Abstand zur Metropole hatten.

# 7. Kapitel

# Die Russische und die Ukrainische Revolution

Die Russische Revolution gehört zu den Schlüsselereignissen der neueren Geschichte. Innerhalb von nur sieben Monaten, vom Sturz des Zarenregimes im Februar (nach dem Gregorianischen Kalender im März) und der erstmaligen Errichtung einer freiheitlich-demokratischen Ordnung in Russland über die soziale Revolution in Stadt und Land bis hin zur Machtergreifung der Bolschewiki im Oktober (November), veränderte sich das Gesicht Russlands und der Welt. Dies offenbarte sich allerdings erst, nachdem die Sowjetregierung ihre Macht gesichert hatte und eine neue soziale und politische Ordnung aufbaute, die als Gegenmodell die bürgerlich-demokratischen Staaten infrage stellte und sie mit dem Ziel der Weltrevolution direkt herausforderte. Das «kurze 20. Jahrhundert» war geprägt vom Gegensatz zwischen dem Sowjetkommunismus und dem «Westen», und sein Erbe wirkt bis zum heutigen Tag nach.

## Die Russische Revolution (Februar 1917 bis März 1918)

Obwohl das späte Zarenreich zu über der Hälfte von Nichtrussen bewohnt wurde, war die Revolution von 1917 zunächst eine *russische* Revolution. Die entscheidenden Umbrüche vollzogen sich in der Hauptstadt Petrograd, wie St. Petersburg seit 1914 hieß. Der Erste Weltkrieg brachte Russland schwere Belastungen mit Niederlagen und Gebietsverlusten im Westen und einer steigenden

Knappheit an Lebensmitteln. Eine spontane, von Arbeitern, Frauen und Soldaten der Petrograder Garnison getragene Volksbewegung führte Ende Februar 1917 in wenigen Tagen zum Sturz des Ancien Régime. Es etablierte sich eine «Doppelherrschaft» des Petrograder Arbeiter- und Soldatenrats und der Provisorischen Regierung.[121]

Die Provisorische Regierung, die sich zunächst aus liberalen Parlamentsabgeordneten zusammensetzte, verkündete die Garantie der Menschen- und Bürgerrechte und die Gleichberechtigung der Nationalitäten und Religionen. Eine Konstituierende Versammlung sollte die neue demokratische Republik legitimieren. Die Regierung war mit den Problemen der Kriegsführung, der Aufrechterhaltung von Ruhe und Ordnung und der Lebensmittelversorgung absorbiert und nicht imstande, den Wünschen der Bevölkerungsmehrheit nach Frieden und nach Aufteilung von Grund und Boden nachzukommen. So blieb ihre Herrschaft instabil und von einer Abfolge von Krisen geprägt.

Die Räte (Sowjets), die ihren Ursprung in der Revolution von 1905 hatten, setzten sich aus gewählten Vertretern der Arbeiter und Soldaten zusammen und wurden von gemäßigten Sozialdemokraten (Menschewiki) und Sozialrevolutionären (SR) angeführt. Sie breiteten sich von Petrograd rasch auf die meisten anderen Städte Russlands aus. Der Petrograder Sowjet der Arbeiter- und Soldatendeputierten kontrollierte die Provisorische Regierung in wesentlichen Bereichen und nahm Einfluss auf ihre Politik, ohne die politische Verantwortung übernehmen zu müssen. Als Vertreter der SR und Menschewiki im Mai 1917 in die Provisorische Regierung eintraten, wurden sie allerdings zunehmend mit deren Politik identifiziert und verloren an Glaubwürdigkeit. Beide Machtzentren waren von ethnischen Russen dominiert, eine Ausnahme waren die im Petrograder Sowjet vertretenen georgischen Menschewiki.

Der Verlauf der Ereignisse wurde wesentlich von der revolutionären Bewegung der Arbeiter, Soldaten und Bauern bestimmt, die sich zunehmend radikalisierte. Das Industrieproletariat organisierte sich nicht nur in Räten, sondern auch in Gewerkschaften, Fabrikkomitees und Milizen und forderte die Kontrolle der Arbeiter über die Betriebe. Auf dem Lande vollzog sich eine Agrarrevolution, in der die Bauern das Land des Adels und anderer Gutsbesitzer in Besitz nahmen und unter sich aufteilten. Zahlreiche Soldaten desertierten, um für die «schwarze Aufteilung» nicht zu spät zu kommen. Die Provisorische Regierung verlor zusehends die Kontrolle, und in den Sowjets kam es zu Richtungskämpfen.

Jetzt schlug die Stunde der Bolschewiki mit Vladimir Lenin (1870–1924) an der Spitze. Sie waren mit der Parole «Alle Macht den Sowjets!» angetreten und beteiligten sich als einzige der größeren Parteien nicht an der Provisorischen Regierung. Mit den Forderungen «Frieden – Land – Brot» gewannen sie die Unterstützung breiterer Schichten, und im Herbst gelang es ihnen, die Mehrheit im Petrograder Sowjet zu erlangen. Als Lenin und Lev Trockij (1879–1940) im Namen des Militärischen Revolutionskomitees des Sowjets am 25. Oktober (7. November) 1917 die Macht in Petrograd ergriffen, erhob sich kaum Gegenwehr. Der von den Bolschewiki dominierte Allrussische Sowjetkongress, der am folgenden Tag in Petrograd zusammentrat, erfüllte die beiden zentralen Versprechen der Bolschewiki und verabschiedete die Dekrete «über Grund und Boden», das die Enteignung des Gutslandes legalisierte, und «über den Frieden», das alle Staaten zum Friedensschluss «ohne Annexionen und Entschädigungen» aufforderte. Der Sowjetkongress proklamierte die Russländische Sowjetrepublik und setzte als Regierung einen «Rat der Volkskommissare» unter dem Vorsitz Lenins ein. Ihm gehörten ausschließlich Bolschewiki an; später kamen einige linke Sozialrevolutionäre hinzu.

Am 12. (25.) November 1917 wurden die mehrfach verschobenen Wahlen zur Konstituierenden Versammlung durchgeführt, die zu einem deutlichen Sieg der Partei der SR führten, die die Interessen der Bauern vertrat. Sie erhielt 41 Prozent der Stimmen, für die Bolschewiki sprachen sich 24 Prozent, für die bürgerlichen Konstitutionellen Demokraten nur 5 Prozent der Wählenden aus. Die Versammlung trat am 5. Januar 1918 in Petrograd zusammen und wurde am folgenden Tag aufgelöst. Dies bedeutete das Ende des demokratischen Russland.

Die neue Führung ging daran, ihre Macht zu konsolidieren. Dazu dienten die am 6. Dezember 1917 begründete «Außerordentliche Kommission zur Bekämpfung der Konterrevolution» (ČK/Tscheka), mit deren Hilfe die alten Eliten und politischen Gegner getötet oder in die Emigration getrieben wurden, und die im Januar 1918 geschaffene Rote Armee. Russland befand sich noch immer im Krieg, und die deutschen und österreichisch-ungarischen Truppen rückten weiter nach Osten vor. Als die Entente einen Frieden mit den Mittelmächten ablehnte und sich die Hoffnungen auf einen baldigen Ausbruch der Weltrevolution nicht erfüllten, unterzeichnete die Russländische Sowjetrepublik am 3. März 1918 in Brest-Litovsk einen Separatfrieden mit den Mittelmächten, in dem sie weite Gebiete im Westen, unter ihnen die Ukraine, mit einem Drittel der Bevölkerung und wichtigen ökonomischen Ressourcen abtreten musste. Kurz darauf wurde die Hauptstadt aus dem frontnahen Petrograd nach Moskau verlegt.

Spätestens zu diesem Zeitpunkt rückten die peripheren, von Nichtrussen bewohnten Territorien des ehemaligen Russländischen Reiches ins Zentrum des Interesses. Sie hatten auf die Revolution von 1917 verzögert reagiert, doch traten unter allen Nationalitäten nationale Bewegungen auf, die meist soziale mit nationalen Forderungen verbanden und nicht die Separation, aber eine Neuordnung des russländischen Staates forderten. Die Provisorische Regierung garantierte die individuellen, nicht aber die kollektiven Rechte der Nichtrussen. Sie hielt an der Vorstellung des «einen und unteilbaren Russlands» fest und verschob mögliche Verhandlungen über die Neuordnung des Staates auf die Konstituierende Versammlung.

Die Bolschewiki erließen am 2. (15.) November 1917 eine «Deklaration der Rechte der Völker Russlands», in denen den Nationalitäten das Selbstbestimmungsrecht bis hin zur Sezession zugesagt wurde. Viele Nichtrussen standen der Oktoberrevolution allerdings skeptisch gegenüber. Sie wurde vielfach als Sieg der Stadt über das Dorf, der Arbeiter über die Bauern und der Russen über die Nichtrussen wahrgenommen. Als sich herausstellte, dass die neue Sowjetregierung das Selbstbestimmungsrecht der Völker dem Klassenkampf unterordnete und schon bald militärisch gegen Sezessionsbestrebungen vorging, verstärkten sich zentrifugale Bewegungen. Bis zum Februar 1918 erklärten Finnland, Estland, Lettland, Litauen, die Ukraine und die Moldauische Republik ihre Unabhängigkeit, es folgten Weißrussland und die Transkaukasische Föderation, während Teile Zentralasiens und des Nordkaukasus ihre Autonomie ausriefen. Damit hatte der sowjetische Staat die meisten Gebiete, die das Zarenreich seit dem 17. Jahrhundert erworben hatte, verloren. Obwohl er im Juli 1918 deklarativ den Namen Russländische Sowjetische Föderative Sozialistische Republik (RSFSR) annahm, schien das Ende des Vielvölkerimperiums gekommen.

## Die Ukrainische Zentralrada und ihr Verhältnis zu Petrograd

Die einzige Nationalität, die 1917 die Provisorische Regierung direkt herausforderte und den Verlauf ihrer Politik wesentlich beeinflusste, waren die Ukrainer. Dies kam angesichts ihrer verspäteten Nationsbildung überraschend. Der Erste Weltkrieg und die Februarrevolution lösten jedoch eine verstärkte soziale und nationale Mobilisierung breiterer Schichten aus. Angesichts ihrer zahlreichen Bevölkerung, ihrer ökonomischen Ressourcen und ihrer geostrategischen Lage wurde die Ukraine zu einem zentralen Problem für die Regierungen des demokratischen und des sowjetischen Russland.[122]

Die Ukraine durchlebte die Phasen der Revolution von 1917 gemeinsam mit den anderen Regionen des russländischen Staates. Die Februarrevolution führte zu einer Liberalisierung des politischen und kulturellen Lebens. Auch in der Ukraine wurde eine «Doppelherrschaft» errichtet. Die Provisorische Regierung setzte in den Städten, die vorwiegend von Russen und Juden bewohnt waren, Kommissare ein, die die Regionalverwaltung im Einvernehmen mit gesellschaftlichen Komitees leiteten. In den größeren Städten und Industriegebieten wurden Sowjets der Arbeiter- und Soldatendelegierten begründet, die an der Macht teilhatten. Auf dem Land vollzog sich eine spontane Agrarrevolution, und die mehrheitlich ukrainischen Bauern besetzten das Land der (meist russischen oder polnischen) Gutsbesitzer.

National-ukrainische Kräfte traten schon eine Woche nach der Februarrevolution an die Öffentlichkeit. In Kiew trafen sich Vertreter unterschiedlicher gesellschaftlicher Gruppen, die vorwiegend der gemäßigt-sozialistischen Intelligenz angehörten, und begründeten die Ukrainische Zentralrada (Zentralrat), eine Art Vorparlament. Die Rada wählte den Historiker Hruševs'kyj zu ihrem Vorsitzenden. Anfang April wurde sie von einem All-Ukrainischen Kongress legitimiert. Die Rada verkündete ihre Loyalität gegenüber der Provisorischen Regierung und das Ziel einer national-territorialen Autonomie der Ukraine im Rahmen einer föderativen Russländischen Republik. Die wichtigsten Akteure der ukrainischen Nationalbewegung Kostomarov, Drahomanov und Hruševs'kyj hatten das Prinzip des Föderalismus schon lange vertreten. Als Verhandlungen mit der Provisorischen Regierung ohne Ergebnis blieben, erklärte die Rada am 10. (23.) Juni 1917 in ihrem 1. Universal die Autonomie der Ukraine. Mit den Begriffen Rada und Universal knüpfte man bewusst an die Versammlung der Kosaken und die Erlasse ihrer Hetmane im 17. Jahrhundert an:

> «Ukrainisches Volk! Volk der Bauern, Arbeiter, Werktätigen! Durch Deinen Willen hast Du uns, die Ukrainische Zentralrada, zur Wächterin der Rechte und Freiheiten des ukrainischen Lan-

> des eingesetzt … Volk! Deine Abgeordneten haben ihren Willen verkündet: Ukraine, sei frei! Ohne sich von Russland abzutrennen, ohne aus dem Verband des russischen Staates auszuscheiden, soll das ukrainische Volk in seinem Land das Recht haben, selbst über sein Leben zu bestimmen … Ukrainisches Volk! Dein Schicksal ruht in Deinen Händen! In dieser schweren Zeit der allgemeinen Unordnung und des Zerfalls zeige durch Deine Einigkeit und Deine politische Klugheit, dass Du, das Volk der Bauern, Dich stolz und würdig neben jedes organisierte Staatsvolk stellen kannst, als gleiches unter gleichen.»[123]

Die Provisorische Regierung ging nicht darauf ein und antwortete eine Woche später in einem Aufruf, in dem sie auf das brüderliche Verhältnis der beiden Völker verwies und zur Einigkeit aufrief:

> «An das Volk der Ukraine! Ukrainische Bürger! In diesen Tagen der großen Prüfungen wendet sich die Provisorische Regierung im Namen des ganzen freien Russland an Euch! … Bürger der Ukraine! Seid Ihr nicht ein Teil des freien Russland? Ist das Schicksal der Ukraine nicht untrennbar mit dem Schicksal des gesamten befreiten Russland verbunden? Wer kann im Zweifel darüber sein, dass Russland, das im Zeichen der uneingeschränkten Demokratie steht, die Rechte aller seiner Völker sicherstellen wird? … Brüder Ukrainer! Wählt nicht den verhängnisvollen Weg der Zersplitterung der Kräfte des befreiten Russland! Reißt Euch nicht vom gemeinsamen Vaterland los!»[124]

In Kiew wurde am 15. (23.) Juni als erste Regierung der modernen Ukraine ein Generalsekretariat der Rada unter dem Schriftsteller Volodymyr Vynnyčenko (1880–1951), einem Sozialdemokraten, eingesetzt. Nach weiteren Verhandlungen erreichte man einen Kompromiss mit der Provisorischen Regierung. Diese anerkannte Rada und Generalsekretariat de facto als Vertreter der ukrainischen Nation. Die Entscheidung über die Autonomie der Ukraine wurde allerdings auf die Konstituierende Versammlung vertagt. Die Rada verkündete das Ergebnis am 3. (16.) Juli in ihrem 2. Universal. Das russische Zentrum trat erstmals einen Teil seiner Macht an eine ukrainische Körperschaft ab. Dies führte zu einer Regierungskrise und zum Rücktritt der meisten national-liberalen Minister in Petrograd. Die Rada erweckte zusätzliches Misstrauen, als sie die Initiative zur Zusammenarbeit der Nationalitäten Russlands ergriff und im September 1917 in Kiew einen Kongress veranstaltete, an dem 92 Vertreter von zehn Völkern teilnahmen und der sich für national-personale Autonomie, kulturell-sprachliche Rechte und je eine Konstituierende Versammlung für jede Nationalität einsetzte.

In der Ukraine wurden jetzt nicht nur die Intelligenz, sondern breitere Schichten national mobilisiert. Die ukrainischen Bauern begründeten im Sommer nationale Organisationen mit dem ukrainischen Bauernverband an der Spitze. Dieser führte im Juni einen Kongress durch, an dem etwa 2000 Delegierte teilnahmen, die sich für eine Lösung der Landfrage und für eine Autonomie der Ukraine aussprachen. Die ukrainischen Soldaten bildeten nationale Truppenteile und führten drei Kongresse durch.

In den vorwiegend von Russen und Juden bewohnten größeren Städten der Ukraine hatte die Provisorische Regierung unter den Eliten zahlreiche Anhänger, während die Arbeiter, vor allem in den Schwerindustriegebieten im Süden und Osten, mehrheitlich die Bolschewiki unterstützten. In der gesamten Ukraine erzielten diese aber in den Wahlen zur Konstituierenden Versammlung nur etwa 10 Prozent der Stimmen (gegenüber 24% in ganz Russland). Unter den Bauern hatte auch in der Ukraine die Partei der SR den größten Anhang, hier vertreten durch die Partei der ukrainischen SR.

Inzwischen hatte die Oktoberrevolution die Situation grundlegend verändert. Zwar standen die meisten Ukrainer den Bolschewiki ablehnend gegenüber, doch wartete man zunächst ab. Am 7. (20.) November 1917 rief die Zentralrada in ihrem 3. Universal die Ukrainische Volksrepublik (Ukraïns'ka Narodnja Respublika,

UNR) als Teil einer russländischen Föderation aus. Sie garantierte die Bürger- und Menschenrechte und die national-personale Autonomie für die Minderheiten der Russen, Juden und Polen. Es gelang der Rada, ihre Macht in den meisten Regionen der Ukraine zu festigen. Dies wurde jedoch von den Bolschewiki nicht akzeptiert. Am 12. (25.) Dezember 1917 rief ein Kongress der ukrainischen Sowjets in Charkiv die Ukrainische Volksrepublik der Sowjets aus. In den ersten Monaten des Jahres 1918 existierten zudem kurzfristig die beiden regionalen Sowjetrepubliken Donec'k-Kryvyj Rih und Odessa. Die Regierung in Charkiv, die ihren Rückhalt in den Arbeitern hatte, erhob Anspruch auf die gesamte Ukraine und ging militärisch gegen die Zentralrada, die als Vertretung der «bürgerlichen Nationalisten» galt, vor. Erst jetzt, als die sowjetischen Streitkräfte in die Zentralukraine einrückten, entschloss sich die Rada, sich vom russländischen Staatsverband loszusagen, und erklärte am 12. (25.) Januar 1918 im 4. Universal die Unabhängigkeit der Ukraine:

> «Von diesem Tag an wird die Ukrainische Volksrepublik unabhängig und selbständig, ein freier und souveräner Staat des ukrainischen Volkes ... Wir rufen alle Bürger der unabhängigen Volksrepublik auf, unbeirrt auf der Seite der Freiheit und der Rechte unseres Volkes zu stehen und sich mit allen ihren Kräften gegen die Feinde der selbständigen Republik der Bauern und Arbeiter zu verteidigen.»[125]

Das Universal ließ keinen Zweifel daran, dass mit «den Feinden» die Sowjetregierung gemeint war und nicht die Mittelmächte, mit denen die Rada unverzüglich Verhandlungen aufnahm. Am 26. Januar (8. Februar) eroberten die sowjetischen Truppen Kiew, und einen Tag darauf schloss die UNR einen Separatfrieden mit den Mittelmächten. Diese anerkannten die UNR als unabhängigen Staat mit einem Territorium, das die neun Gouvernements mit einer ukrainischen Bevölkerungsmehrheit, also auch die Süd- und

Ostukraine (ohne die Krim), umfasste. Sie sagten ihr militärische Unterstützung zu und forderten im Gegenzug Lebensmittellieferungen – daher der Name «Brotfrieden». Die sowjetischen Truppen wurden aus der Ukraine vertrieben, und Sowjetrussland erkannte im März im Frieden von Brest-Litovsk die Unabhängigkeit der Ukraine an. Innerhalb weniger Wochen besetzten deutsche und österreichisch-ungarische Truppen die gesamte Ukraine.

Die Mittelmächte waren mit der sozialistisch ausgerichteten Führung der Volksrepublik unzufrieden und setzten ihre Regierung Ende April ab. Anstelle der UNR begründeten sie einen «Ukrainischen Staat» mit einer Marionettenregierung unter Pavlo Skoropads'kyj (1873–1945). Dieser stammte aus einem alten ukrainischen Kosakengeschlecht und wurde in Anlehnung an den Kosakenstaat des 17. Jahrhunderts zum Hetman ausgerufen. Er hatte Karriere in der zarischen Armee gemacht, sprach nur Russisch und stützte sich auf Teile der alten Eliten, unter ihnen zahlreiche Russen und russifizierte Ukrainer. Seine sozial konservative Politik, die mit der nationalrevolutionär ausgerichteten UNR kontrastierte, stieß auf den Widerstand der ukrainischen Bauern, die die Rückkehr der Gutsbesitzer befürchteten und sich bewaffnet zur Wehr setzten. Trotz der Abhängigkeit von den Mittelmächten existierte 1918 immerhin zum ersten Mal seit dem frühen 18. Jahrhundert ein ukrainischer Staat, der nicht vom «großen Bruder» bedroht wurde und daran ging, eine Verwaltung, ein Bankwesen und ein ukrainischsprachiges Bildungsnetz aufzubauen.

## Die Ukrainische Volksrepublik zwischen den «roten» und den «weißen» Russen

Nach dem Ende des Ersten Weltkriegs und dem Abzug der deutschen und österreichisch-ungarischen Truppen wurde am 14. Dezember 1918 die Ukrainische Volksrepublik wiederbelebt. Ihr Leitungsorgan, das nach dem Vorbild der Französischen Revolution

Direktorium genannt wurde, setzte sich aus fünf Vertretern verschiedener Parteien zusammen. Den Vorsitz hatte wie schon im Generalsekretariat der Zentralrada der Sozialdemokrat Vynnyčenko, der aber bald zurücktrat und im Frühjahr 1919 vom «Obersten Ataman» der Truppen Symon Petljura (1878–1926), der einen national-revolutionären Kurs verfolgte, abgelöst wurde. Die UNR erhob erneut Anspruch auf das ganze mehrheitlich von Ukrainern bewohnte Territorium des ehemaligen Zarenreichs und auf Gebiete der ehemaligen Habsburgermonarchie. Dort war im November 1918 in Lemberg eine Westukrainische Volksrepublik ausgerufen worden, die jedoch bald von polnischen Truppen zurückgedrängt wurde. Darauf vereinigte sich die Westukrainische Volksrepublik am 22. Januar 1919 mit der UNR. Die Einheit der Ukraine erwies sich nicht als dauerhaft, dennoch wird der 22. Januar in der heutigen Ukraine als «Tag der Einheit» gefeiert.

Das Direktorium erließ ein Landgesetz, das den Wünschen der Bauern entgegenkam, erklärte das Ukrainische zur Staatssprache, bestätigte die national-persönliche Autonomie für die Minderheiten (Russen, Juden, Polen und andere) und führte eine eigene Währung, die Hryvnja, ein. Die UNR hatte wenig Zeit, sich als Staat zu konsolidieren. Es gelang ihr nie, die gesamte Ukraine zu kontrollieren, und schon Anfang Februar 1919 wurde sie von der Roten Armee wieder aus Kiew vertrieben. Sie konstituierte sich in der südwestlichen Ukraine neu. Durch Verbände der Westukrainischen Volksrepublik verstärkte Truppen der UNR versuchten darauf ohne Erfolg, Kiew zu entsetzen. Vertreter der UNR bemühten sich an der Pariser Friedenskonferenz vergeblich um die Anerkennung der Unabhängigkeit der Ukraine.

Seit Ende 1918 wurde das Territorium des ehemaligen Zarenreichs zum Schauplatz eines Bürgerkriegs, der mehr als zwei Jahre dauerte und gewaltige Opfer forderte. Die Sowjetregierung wurde von gegenrevolutionären Bewegungen, den sogenannten «Weißen», aus unterschiedlichen Himmelsrichtungen angegriffen und auf das Zentrum um Moskau zurückgedrängt. Die «Weißen» repräsentierten zunächst alle antibolschewistischen Parteien, auch die SR, doch setzten sich bald die konservativen Kräfte durch, die eine Wiederherstellung des Ancien Régime, des «einen und unteilbaren Russland», anstrebten. Schon seit Ende 1918 wurden sie von militärischen Verbänden Großbritanniens, Frankreichs, der Vereinigten Staaten und Japans unterstützt. Die «Weißen» errangen bedeutende militärische Erfolge, doch gelang es ihnen nicht, die heterogenen Gruppen auf eine Linie zu bringen, die einzelnen Truppenteile zu vereinen und die Rote Armee gemeinsam zu besiegen. Im Herbst 1919 wendete sich das Blatt. Die Verbände der «Weißen» wurden nacheinander besiegt, und bis 1921 erlangte die sowjetische Regierung die Kontrolle über die meisten Gebiete, die einst zum Zarenreich gehört hatten.

Einer der Hauptschauplätze des Bürgerkriegs war die Ukraine. Im November 1918 wurde in Charkiv wieder eine sowjetische Regierung, jetzt mit dem Namen Ukrainische Sowjetrepublik, ausgerufen. Die Moskauer Sowjetregierung widerrief ihre Anerkennung der ukrainischen Unabhängigkeit und schickte sich erneut an, die Ukraine zu erobern. Während ihrer kurzen Herrschaft brachten die Bolschewiki, die Russisch als Amtssprache wieder einführten und eine Politik der gewaltsamen Beschlagnahmung von Getreide verfolgten, die nationalen Kräfte und die Bauern gegen sich auf.

Im Sommer 1919 wurden sie von der «Freiwilligenarmee» unter dem Kommando des ehemaligen zarischen Generals Anton Denikin (1872–1947) aus der Ukraine vertrieben. Denikin wurde von den russischen Kosaken und von Frankreich, das von Odessa aus in der Ukraine militärisch intervenierte, unterstützt. Er und seine Truppen, die für einige Monate die meisten Gebiete der Ukraine kontrollierten, waren monarchistisch und nationalistisch ausgerichtet und erkannten die UNR ebenso wenig an wie die Ukrainische Sowjetrepublik. Die ukrainischen Politiker wurden «als deutsche Agenten» bezeichnet und des Mazepismus bezichtigt. In den eroberten Gebieten wurden Hunderte von ukrainischen Aktivisten verhaftet und die ukrainischsprachigen Schulen durch russische ersetzt. Denikin selbst verkündete «seine feste und unveränderliche Auffassung von der nationalen, religiösen und kulturellen Einheit des russischen Volkes in der Gestalt seiner drei Zweige – des großrussischen, kleinrussischen und weißrussischen». «Die ‹Ukrainer› sind keine Nation, sondern eine von Österreich und Deutschland groß gezogene politische Partei.»[126]

Sowohl die revolutionären wie die konterrevolutionären russischen Kräfte und auch die alliierten Regierungen stellten sich also den Unabhängigkeitsbestrebungen der Ukrainer entgegen, vertraten die Position des großen Bruders, der den kleineren Bruder nicht aus der Familie entlassen will.

Im Herbst 1919 gewann die Rote Armee in der Ukraine die Oberhand, vertrieb die Truppen Denikins und zog erneut in Kiew ein. Im Zuge des polnisch-sowjetischen Krieges wurde sie im Mai 1920 von Verbänden der UNR unter Petljura, die von polnischen Truppen unter Józef Piłsudski (1867–1935) verstärkt wurden, vertrieben, kehrte aber schon im Juni wieder zurück. Dabei spielte die legendäre, von Semen Budennyj kommandierte Reiterarmee, die im Werk des jüdisch-ukrainischen Schriftstellers Isaak Babel' Unsterblichkeit erlangte, eine führende Rolle. Damit fasste die Sowjetmacht endgültig Fuß in der Ukraine, doch erst im folgenden Jahr erlangte sie die Kontrolle über alle Gebiete der Ukraine, die zum Zarenreich gehört hatten, mit Ausnahme des westlichen Wolhynien das an Polen abgetreten wurde. Im Frieden von Riga vom 18. März 1921 zwischen Polen, Sowjetrussland und der Sowjetukraine war ebenso wie in den Pariser Vorortverträgen kein Platz für einen unabhängigen ukrainischen Staat. Die Regierung der UNR ging ins Exil. Im Jahr 1992 übergab sie ihre Insignien dem ukrainischen Präsidenten Leonid Kravčuk.

In den Jahren 1919 und 1920 bekämpften sich in der Ukraine die Rote Armee, die Streitkräfte der UNR und die von den ausländischen Interventen unterstützten «weißen» Truppen. Die Fronten verschoben sich ständig, Regierungen wechselten sich ab, in Kiew zwischen 1917 und 1920 nicht weniger als neunmal. In der Südukraine formierte Nestor Machno, der anarchistische Ideen mit kosakischen Traditionen verband, eine beachtliche, vor allem aus ukrainischen Bauern bestehende Streitmacht und errichtete eine Bauernrepublik, die sich als eigenständige Kraft zwischen rot und weiß bis zum Sommer 1921 behauptete. Es herrschten Anarchie und Chaos, die öffentliche Ordnung brach zusammen, Gewalt war allgegenwärtig und wurde von allen Seiten exzessiv eingesetzt. Bauern organisierten sich in lokalen und regionalen, von «Otamanen» angeführten Verbänden, die raubend und mordend durch das Land zogen. Zusammen mit den «Weißen» und Truppenteilen der UNR waren sie verantwortlich für die schrecklichen Pogrome unter der jüdischen Bevölkerung, denen etwa 40 000 Menschen zum Opfer fielen. Man beschuldigte später die UNR und besonders Petljura, die Pogrome angezettelt zu haben. Der Vorwurf trifft nicht zu, vielmehr stellte sich die Regierung der UNR, der auch Juden angehörten, wiederholt gegen die Pogrome. Dennoch trug sie eine Mitverantwortung, da sie ihr Staatsgebiet nicht kontrollierte und nicht imstande war, ihre Truppen von der Beteiligung an den Pogromen abzuhalten. Der Vorwurf blieb an Petljura hängen. Er wurde 1926 in Paris erschossen; als Begründung gab der jüdische Täter an, den Tod seiner Angehörigen zu rächen. Der Attentäter wurde von einem Geschworenengericht freigesprochen, was die Sowjetpropaganda aufnahm, um das Stereotyp des «antisemitischen Ukrainers» zu verbreiten. In der Sowjetunion galten die UNR und Petljura, die sich von Russland gelöst und sogar mit den polnischen Erbfeinden gemeinsame Sache gemacht hatten, als Verräter, und fortan wurden national orientierte Ukrainer nicht nur als Mazepisten, sondern auch als Petljuristen (*petljurovcy*) bezeichnet.

## Weshalb gelang es den Bolschewiki, den Bürgerkrieg zu gewinnen und die Herrschaft über den größten Teil der Ukraine zu erringen?

Die Sowjetregierung errichtete eine «Diktatur des Proletariats», die das Land politisch, wirtschaftlich und sozial grundlegend revolutionierte. Obwohl der neue Staat den Begriff «Sowjet» im Namen trug, wurde die zentralistisch organisierte Kommunistische Partei schon bald der alleinige Machtträger. Sie schaltete unter Anwendung massiver Gewalt die meisten alten Eliten und politisch Andersdenkenden aus. Die Wirtschaft wurde im sogenannten Kriegskommunismus in den Dienst des Krieges gestellt. Die größeren Industriebetriebe wurden verstaatlicht, und die Bauern wurden gezwungen, die Versorgung der Roten Armee und der Städte mit Lebensmitteln sicherzustellen. Gleichzeitig ging man daran, der marxistischen Ideologie folgend, Grund und Boden zu verstaatlichen und die Bauerngemeinden in Kommunen oder Kolchosen umzuwandeln. Dies löste massiven Widerstand aus, der die Regierung veranlasste, seit Ende 1919 zu einer flexiblen Politik überzugehen. Trotzdem war Sowjetrussland am Ende des Bürgerkriegs völlig am Boden, eine schreckliche Hungersnot kündigte sich an, die im Winter 1921/22 ihren Höhepunkt erreichte. Dazu kamen Streiks der Arbeiter und Aufstände der Bauern und Matrosen, die das Regime direkt herausforderten. Die Sowjetführung unter Lenin reagierte darauf, indem sie die Aufstände niederwarf und 1921 das Machtmonopol der Kommunistischen Partei zementierte, andererseits aber mit der Neuen Ökonomischen Politik Konzessionen machte, Privatbesitz, privaten Handel und Wettbewerb zuließ, ohne die Kontrolle über die großen Unternehmen, das Bankwesen und den Außenhandel aufzugeben.

In der Ukraine waren die einzigen Kräfte, die den gut organisierten Bolschewiki und der schlagkräftigen disziplinierten Roten Armee militärisch gewachsen waren, die von den Alliierten unterstützten «Weißen». Ihre reaktionären Zielsetzungen machten sie aber bei den Massen der Bauern und Arbeiter, ihre russisch-nationalistische Politik bei der national-ukrainischen Intelligenz unpopulär. Die Bolschewiki konnten sich dagegen auf die Unterstützung der vorwiegend russischen Arbeiter verlassen. Die ukrainischen Bauern waren zwar durch die gewaltsame Politik des Kriegskommunismus abgeschreckt worden. Als sich die sowjetische Politik mäßigte, betrachteten sie die Bolschewiki als das gegenüber den «Weißen», die eine Restauration des Gutsadels erwarten ließen, «geringere Übel».

Die national-ukrainischen Kräfte, die in der UNR repräsentiert waren, waren militärisch zu schwach und politisch zu instabil, um den Bolschewiki Paroli bieten zu können. Trotz eines Schubes nationaler Mobilisierung war die «verspätete» ukrainische Nation nicht gefestigt und vermochte die mehrheitlich russischen und jüdischen Arbeiter und Stadtbewohner, aber auch die Masse der Bauern nicht zu integrieren. Der erste moderne ukrainische Nationalstaat scheiterte auch an der fehlenden Unterstützung von außen. Gegen die Übermacht der russischen Kommunisten und Antikommunisten, die beide die Existenz eines ukrainischen Nationalstaats in Abrede stellten, hätte er nur dann eine Chance gehabt, wenn er von außen massiv unterstützt worden wäre. Deutschland und Polen unterstützten die Ukraine phasenweise, um sie als Schachfigur gegen Sowjetrussland auszuspielen. Die Alliierten stellten sich jedoch hinter die konterrevolutionären «Weißen». Dennoch bewirkte die Ukrainische Revolution, dass die Ukraine erstmals seit dem 17. und 18. Jahrhundert als geopolitisches und kulturelles Subjekt auf der Landkarte Europas erschien. Die Errichtung eines unabhängigen Staates scheiterte jedoch, und die Ukrainer waren nach 1918 das größte Volk Europas ohne Nationalstaat.

Wie werden die russische und die ukrainische Revolution von 1917 bis 1921 heute bewertet? In sowjetischer Zeit wurden sowohl die «Weißen» wie die nationalen Regierungen als Konterrevolutionäre verteufelt. Im heutigen Russland wird das Zarenreich idealisiert und folgerichtig die Februar- und die Oktoberrevolution vorwiegend negativ bewertet. Die Haltung gegenüber den Bolschewiki ist ambivalent. Einerseits lehnt man ihre Ideologie mehrheitlich ab, und der letzte Zar Nikolaus II., der ihnen zum Opfer fiel, wird als Märtyrer und Heiliger verehrt. Andererseits waren Lenin, Trockij und Stalin Bewahrer des Imperiums, an das Russland heute anknüpft. Hierin haben sie Konkurrenten in den «weißen» Generälen, die im heutigen Russland von vielen als Helden gepriesen werden. Die ukrainische Revolution wird dagegen ganz überwiegend abgelehnt und der kleine ukrainische Bruder als Abtrünniger verurteilt.

In der Ukraine herrscht unter den nationalen Kräften eine negative Bewertung der Oktoberrevolution wie der gesamten Sowjetherrschaft vor. Die Zentralrada und die UNR werden dagegen als erster ukrainischer Nationalstaat und als Vorläufer der heutigen unabhängigen Ukraine meist positiv beurteilt. Das drückt sich auch darin aus, dass man von ihr Symbole wie das Wappen des Dreizacks, die blau-gelbe Flagge, die Nationalhymne und die Währung Hryvnja übernommen hat. Die ukrainische nationale Revolution ist als Gegenstand der Erinnerung und offiziellen Verehrung an die Stelle der Russischen Revolution getreten. Dies gilt nicht für alle Bürger der heutigen Ukraine, denn nicht wenige bewerten die «Petljuristen» negativ und verklären die Sowjetunion nostalgisch. Im jüdischen Narrativ werden gemeinhin die UNR und Petljura als Urheber der Massenmorde erinnert, was zum Stereotyp des ukrainischen Antisemiten beiträgt.

Für die Geschichte der russisch-ukrainischen Wechselbeziehungen waren die Jahre 1917 bis 1921 dadurch gekennzeichnet, dass der große Bruder wie schon zur Zarenzeit die Emanzipation seines kleinen Bruders nicht akzeptierte und ihn in der gemeinsamen Familie zu halten versuchte. Dies galt für alle drei politischen Richtungen, für die liberal-sozialistische Provisorische Regierung, die eine zentralisierte nationale Republik nach französischem Muster anstrebte, für die Sowjetregierung, die zwar das Selbstbestimmungsrecht der Völker bis hin zur staatlichen Lostrennung verkündete, dieses jedoch auf das Proletariat beschränkte und die UNR als «bürgerlich-nationalistisch» militärisch bekämpfte, und erst recht für die gegenrevolutionären nationalistischen «Weißen».

Die Ukrainische Revolution scheiterte, doch hinterließen der Ukrainische Staat und die UNR, die beiden ersten modernen ukrainischen Nationalstaaten, ein Erbe, das die Sowjetregierung in Rechnung stellen musste und an das die neue Ukraine nach dem Ende der Sowjetunion anknüpfte.

# 8. Kapitel

## Russen und Ukrainer in der sowjetischen «Völkerfamilie»

Im Jahr 1922 schlossen sich die Russländische Sowjetische Föderative Sozialistische Republik (RSFSR), die Ukrainische Sozialistische Sowjetische Republik (USRR), die Weißrussische und die Transkaukasische (Föderative) Sowjetrepublik zur Sowjetunion zusammen. Fast siebzig Jahre später, im Dezember 1991, brach der Sowjetstaat auseinander. Entscheidend dafür war die Loslösung Russlands, personifiziert in Boris Jelzin (El'cin), dem Präsidenten Russlands, von der Sowjetunion in der Person von Michail Gorbačev, dem sowjetischen Präsidenten. Der dritte Akteur, der wesentlich zum Zusammenbruch der Sowjetunion beitrug, war die Ukraine in der Person ihres Präsidenten Leonid Kravčuk.

Der Zusammenstoß Russlands mit der untergehenden Sowjetunion war eine Überraschung, denn in der Öffentlichkeit setzte und setzt man noch heute die Sowjetunion mit Russland und ihre Bevölkerung mit den ethnischen Russen weitgehend gleich. Dies gilt vor allem für das westliche Ausland, aber auch viele Russen identifizierten und identifizieren sich mit der Sowjetunion. Andere Stimmen behaupten, dass das Volk der Russen der Leidtragende des Sowjetsystems gewesen sei, dass es den Aufbau des Landes, besonders die Alimentierung der wirtschaftlich schwachen Randgebiete, die Kosten der imperialen Außenpolitik und die Hauptlast des Sieges über Nazideutschland auf seinen Schultern getragen habe und deshalb in seiner Mehrheit arm und rückständig geblieben sei. Die These vom Imperium als Hemmschuh der russischen Nationsbildung vertrat Geoffrey Hosking schon in seiner Geschichte des vorrevolutionären Russland, und er setzte in einem zweiten Buch diese Erzählung für die Sowjetzeit fort.[127] Daraus folgt, dass man nicht unbesehen von einem Gegensatz der Ukraine zu Russland (in der Form der Sowjetunion) ausgehen kann, sondern im Auge behalten muss, dass, um mit Hosking zu sprechen, sowohl unter den Herrschenden wie unter den Opfern Russen *und* Ukrainer waren.

## Die Gründung der Ukrainischen und der Russländischen Sowjetrepublik

Die Sowjetunion wurde 1922 als Föderation von zunächst vier (ab 1936 elf) Republiken gegründet. Sie wurde *de facto* zum Erben des Zarenreichs. Um sich vom zarischen «Völkergefängnis» abzugrenzen, hatten die Bolschewiki den Nationalitäten des Reiches «das Selbstbestimmungsrecht bis zur Lostrennung und zur Bildung eines selbständigen Staates» versprochen. Als die meisten Randregionen die Sezession vollzogen, hielt sich die Sowjetregierung nicht an ihr Versprechen, sondern eroberte die meisten dieser «bürgerlich-nationalistischen» Staaten und gliederte sie dem neuen Sowjetstaat ein. Dieser wurde administrativ nicht nach rein territorialen Prinzipen wie Frankreich oder nach historischen Regionen wie Deutschland, sondern nach Sprachnationen gegliedert. Dies mag überraschen, denn die Kategorie «Nation» hatte im Marxismus eine untergeordnete Bedeutung. Sie war an die bürgerlich-kapitalistische Gesellschaftsformation gebunden und würde, so nahm man an, nach der Etablierung des Sozialismus automatisch verschwinden. Deshalb war die Aufgliederung nach Nationen eine Konzession auf Zeit, die den einzelnen Nationalitäten Gelegenheit geben sollte, diese notwendige Phase zu durchlaufen und dabei den Nationalismus zu entschärfen, bevor sie zum Sozialismus gelangten. Vor allem aber war es ein Zugeständnis an die Nationsbildungen und Nationalstaaten der Jahre 1917 bis 1921, unter ihnen die UNR. Man entschied sich gegen die vom Austromarxismus propagierte national-kulturelle Personalautonomie und gewährte allen Nationalitäten, auch den kleinen ethnischen Gruppen, territoriale Autonomie. Die territorialen Einheiten standen in einem hierarchischen Verhältnis, von den Sowjetrepubliken über die Autonomen Republiken, Autonomen Gebiete bis hin zu nationalen Sowjets, die nur ein Dorf umfassen konnten.[128]

Sowjetrussland war 1918 als föderative Republik konstituiert worden und die Union der Sowjetischen Sozialistischen Republiken (UdSSR) schloss 1922 daran an. Ihre Teilrepubliken waren *de jure* souveräne Nationalstaaten mit eigenen Parlamenten (Sowjets), Regierungen und Gerichten und dem (theoretischen) Recht der Sezession. Die Kernbereiche der Armee, der Außenpolitik, des Außenhandels und der Wirtschaftsplanung blieben allerdings der Zentrale vorbehalten. Die ukrainische Parteiführung erreichte immerhin, dass der Ukrainischen Republik mindestens auf dem Papier eigene Außenbeziehungen zugestanden wurden. Eine Spätfolge davon zeigte sich nach dem Zweiten Weltkrieg, als die Ukrainische Sowjetrepublik neben Weißrussland und paradoxerweise der Sowjetunion (zu der sie ja *de facto* gehörte) Gründungsmitglied der UNO wurde. Die wichtigsten Entscheidungen fällten die Führungsorgane der zentralistisch organisierten «Kommunistischen All-Unionspartei», der die Parteien in den Republiken untergeordnet waren. Die Kommunistische Partei war die entscheidende politische Kraft, aus der die staatlichen Funktionsträger rekrutiert wurden. Dennoch hatte die noch von Lenin eingeleitete Gründung der Sowjetunion langfristig eine große Bedeutung. Wenn die Republiken einfach in die RSFSR eingegliedert worden wären, wie dies Stalin ursprünglich beabsichtigte, wäre die Sowjetunion 1991 möglicherweise gar nicht oder jedenfalls in andere Staaten zerfallen.

Die Grenzziehung zwischen den einzelnen Republiken erwies sich als schwierig, denn die Sprachgruppen lebten oft in einer Gemengelage, und Zweisprachigkeit und hybride Sprachformen und

Identitäten waren verbreitet. In den Regionen, in denen die Städte russisch, die Dörfer nichtrussisch geprägt waren, wie in weiten Teilen der Ukraine, gab die zahlenmäßig überwiegende Landbevölkerung den Ausschlag für die territoriale Zuordnung. In den Gebieten, in denen Russen und Ukrainer auch auf dem Land gemischt siedelten wie dem Donbass und Teilen des heutigen Südrussland, war die Grenzziehung besonders schwierig. Schon die UNR hatte auf von Ukrainern bewohnte Regionen im Süden der Gouvernements Brjansk, Kursk und Voronež, am unteren Don und am Kuban' im Kaukasusvorland Ansprüche erhoben, die 1925 in einer Grenzkorrektur teilweise berücksichtigt wurden. Den Forderungen auf das ehemalige Gebiet der Kuban'-Kosaken wurde nicht stattgegeben. Die damals zwischen der Ukrainischen und der Russländischen Sowjetrepublik gezogene Grenze wurde nach dem Zusammenbruch der Sowjetunion zur Staatsgrenze zwischen der Ukraine und der Russländischen Föderation. Die Autonome Republik Krim wurde damals allerdings nicht der Ukrainischen, sondern der Russländischen Sowjetrepublik zugeordnet. Diskutiert wurde auch über die Rechte der 1926 etwa sieben Millionen Ukrainer, die in der RSFSR lebten. Gegen den Widerstand der lokalen russischen Behörden wurden dort etwa 4000 ukrainische Dorfsowjets mit muttersprachigen Schulen gegründet.

Mit der Ukrainischen Sozialistischen Sowjetrepublik (USRR), die ab 1936 Ukrainische Sowjetische Sozialistische Republik (Ukraïns'ka Radjans'ka Socialistiyčna Respublika, URSR) hieß, besaßen die Ukrainer erstmals ein vom Zentrum anerkanntes nationales Territorium, das die meisten ethnischen Ukrainer umfasste und über eigene politische Institutionen und Symbole verfügte. Im Gegensatz zur Zarenzeit, als die «Kleinrussen» als Teil des «allrussischen» Volkes galten, wurden sie nun als eigenständige Nation mit einer eigenen Sprache anerkannt. Zwar war die USRR kein souveräner Nationalstaat, doch bildete sie den Rahmen für eine Fortsetzung der Nationsbildung. Der große Bruder gab dem kleinen Bruder Auslauf, darauf achtend, dass dieser sich nicht zu sehr aus seiner Obhut löste.

Die Russen erhielten ebenfalls eine eigene Sowjetrepublik, die jedoch supranational (russländisch) und nicht ethnisch (russisch) definiert war. Die RSFSR war selbst eine Föderation, der zunächst auch die späteren Unionsrepubliken Kasachstan und Kirgistan zugeschlagen wurden. 12 (später 15) nichtrussische Ethnien der RSFSR besaßen eigene Autonome Republiken. Millionen von Russen lebten außerhalb ihrer Grenzen, vor allem in der Ukraine und in Kasachstan. Die RSFSR verfügte nicht über alle Institutionen, die die übrigen Unionsrepubliken hatten. Ihre Ministerien unterstanden den gesamtsowjetischen, sie besaß mit Moskau dieselbe Hauptstadt wie die Sowjetunion, sie besaß keine eigene Kommunistische Partei und keine Akademie der Wissenschaften. Im Gegensatz zu den anderen Nationalitäten hatten die Russen kein ethnisch definiertes Territorium, kein *national homeland.* Außerdem wurden die in den anderen Sowjetrepubliken lebenden Russen dort in der Regel nicht als Minderheiten anerkannt. Im Volkskommissariat für Nationalitäten, das von Josef Stalin (1878–1953) geleitet wurde und bis 1923 bestand, waren die Russen als einzige nicht vertreten. Yuri Slezkine hat diese Situation an dem Bild einer Gemeinschaftswohnung (*kommunalka)* veranschaulicht, in der jede Nationalität ein Zimmer bewohnte, außer den Russen, die in der Küche, im Bad und im Korridor hausten, keinen eigenen geschützten Raum besaßen, aber überall präsent waren.[129]

Man hat dies als Diskriminierung der ethnischen Russen gedeutet. Hosking bezeichnete sie als Waisen oder schwächliche Riesen, die keine Institution hatten, die ihre Interessen vertrat. Umgekehrt kann man argumentieren, dass die RSFSR den sowjetischen Gesamtstaat, in dem ethnische Russen und die russische Sprache dominierten, verkörperte. Der Sieg der Revolution und die erfolgreiche Rückgewinnung der meisten Territorien des Zarenreichs schufen die Voraussetzungen für ein Wiederaufleben der russländischen imperialen Nation, das 1926 in Stalins Konzept des «Sozialismus in einem Land» seinen Ausdruck fand. Dennoch ist Hosking zuzustimmen, dass der institutionelle Rahmen der Sowjetunion der Formierung einer ethnischen russischen Nation nicht förderlich war.

## *Korenizacija* und Ukrainisierung

Die Nationalitätenpolitik der 1920er Jahre grenzte sich von der Zarenzeit ab. Sie ist von Terry Martin als positive Diskriminierung der Nichtrussen, als *affirmation action empire,* interpretiert worden. Die einzelnen Nationen wurden als gleichberechtigt anerkannt, die Asymmetrie der Beziehungen zwischen den Russen und den meisten Nichtrussen sollte beseitigt, ihr ökonomisches und sozio-kulturelles Niveau angeglichen werden, um damit die Ursachen für nationale Antagonismen zu beseitigen. Ein Instrument dieser Politik war die 1923 verkündete sogenannte Einwurzelung (*korenizacija).* Anstatt Russen, die in der Regel einen höheren Bildungsstand und einen größeren Anteil an Kommunisten aufwiesen als die Nichtrussen, in die Randregionen zu schicken, ergriff man Maßnahmen, um den Anteil der Nichtrussen in der Partei und in den Behörden der einzelnen Republiken zu erhöhen. Gleichzeitig wurden die nichtrussischen Idiome als offizielle Sprachen in den Schulen und in der Verwaltung aller nationalen Gebietseinheiten eingeführt. Die Förderung der nationalen Kulturen und muttersprachlichen Schulen sollte auch der Verbreitung sozialistischer Werte dienen, die Kulturen waren «national in der Form und sozialistisch im Inhalt».

In deutlicher Absetzung von der Zarenzeit wurde der «Kampf mit dem großrussischen Chauvinismus» zur Hauptaufgabe erklärt: «Kratze manch einen Kommunisten, und du wirst auf einen großrussischen Chauvinisten stoßen. … Er steckt in vielen von uns, und ihn muss man bekämpfen», hatte Lenin schon 1919 geäußert.[130] Drei Jahre später rief er dazu auf, zwischen unterdrückenden und unterdrückten Nationen zu unterscheiden. Stalin sekundierte und sprach von «den Überresten des Großmachtchauvinismus, der eine Widerspiegelung der ehemals privilegierten Stellung der Großrussen ist. … Praktisch finden sie ihren Ausdruck in der hochnäsig-geringschätzigen und seelenlos-bürokratischen Einstellung russisch sowjetischer Beamtentypen gegenüber den Nöten und Bedürfnissen der nationalen Republiken. … Deshalb ist die entschlossene Bekämpfung der Überreste des großrussischen Chauvinismus die erste Tagesaufgabe unserer Partei.»[131] Die neue Nationalitätenpolitik sollte ebenso wie die Neue Ökonomische Politik, die eine kontrollierte Marktwirtschaft zuließ, der Stabilisierung der nach dem Bürgerkrieg zerrütteten Verhältnisse dienen und die Loyalität der Nichtrussen zum Sowjetstaat stärken.

Die Ukraine spielte Terry Martin zufolge «die zentrale Rolle in der Entwicklung der sowjetischen Nationalitätenpolitik.»[132] Ihre herausgehobene Stellung ergab sich schon aus der großen Zahl der Ukrainer, die 21,3 Prozent der Bevölkerung und fast die Hälfte der Nichtrussen der Sowjetunion ausmachten. Dazu kamen ihre wirtschaftliche Bedeutung als Agrarproduzentin und als wichtigster Standort der Schwerindustrie sowie ihre geostrategische Lage an der Grenze zu Polen. Die Politik der Ukrainisierung sollte als Aushängeschild dienen und der ukrainischen Minderheit in Polen, die zwischen 4 und 5 Millionen zählte und dort nicht als Nation anerkannt wurde, die Vorzüge des Sowjetsystems demonstrieren.

Die Politik der Ukrainisierung wurde energisch vorangetrieben. Die Privilegierung der ukrainischen Sprache begründete man damit, dass eine Gleichstellung mit dem Russischen faktisch dessen Dominanz festschreiben würde – ein Argument, das nach 1991 in der unabhängigen Ukraine wiederkehrte. Mitglieder der Kommunistischen Partei in Moskau und in der Ukraine, von denen manche an der traditionellen Verachtung der ukrainischen Bauernkultur festhielten, protestierten gegen die Ukrainisierungspolitik und gegen die Missachtung der Rechte der ethnischen Russen in der Ukraine, doch konnten sie sich mindestens vorerst nicht durchsetzen. Sie erreichten immerhin, dass in der Ukrainischen Republik nicht nur Juden, Polen, Deutsche, Griechen und Bulgaren, sondern auch die Russen nationale Subterritorien erhielten. Dies wurde allerdings nicht auf die Städte angewendet, in denen ethnische Russen besonders stark vertreten waren.

Im Jahr 1920 wurde das Ukrainische als obligatorische Schulsprache eingeführt, nachdem es im Zarenreich keine einzige ukrainischsprachige Schule gegeben hatte. Die Kommunisten konnten sich auf Lenin berufen, der im Juni 1917 in der Parteizeitung Pravda geschrieben hatte: «Der verfluchte Zarismus hat die Großrussen in Henker und Folterknechte des ukrainischen Volkes verwandelt, indem er in ihm den Hass auf die nährte, die den Ukrainern sogar verboten, auf Ukrainisch zu reden und zu lernen.»[133] Diese pointierte Aussage Lenins stand allerdings isoliert und wurde nach 1917 nicht wieder aufgegriffen.

Die Politik der Ukrainisierung zeitigte eindrückliche Resultate. Schon 1923 besuchten 76 Prozent, 1929 97 Prozent der ethnischen Ukrainer muttersprachliche Schulen. 1933 erfassten ukrainischsprachige Schulen 88 Prozent der Schülerinnen und Schüler in der Republik. Diese Zahl lag über dem Anteil der Ukrainer an der Gesamtbevölkerung von 80 Prozent. Dies bedeutete, dass nicht nur alle Ukrainer, von denen nicht wenige sprachlich mindestens zum Teil russifiziert waren, sondern auch zahlreiche Russen und Vertreter anderer Ethnien ukrainischsprachige Schulen besuchten – ein Ausdruck der positiven Diskriminierung der Ukrainer als «Staatsvolk». Dennoch wurden auch für die Minderheiten der Russen, Juden, Deutschen und Polen muttersprachliche Schulen eingerichtet. Die Bevorzugung des Ukrainischen förderte die Alphabetisierung, und der Anteil der lese- und schreibfähigen Ukrainer verdoppelte sich in den 1920er Jahren. Die Ukrainisierung der Fach- und Hochschulen ging weniger rasch voran, und an den Universitäten führte man das Ukrainische als Arbeitssprache erst im Jahr 1930 ein. Die Anzahl ukrainischsprachiger Publikationen in der Republik stieg zwischen 1923 und 1930 von 27 auf 80 Prozent an. Die Auflage der ukrainischsprachigen Zeitungen erhöhte sich im selben Zeitraum von 12 auf 90 Prozent, die der russischsprachigen Periodika nahm entsprechend ab. Allerdings wurden in der Ukraine auch in Russland gedruckte Bücher und gesamtsowjetische russischsprachige Zeitungen viel gelesen.

Dank der relativ liberalen Politik erlebte die Kultur in der gesamten Sowjetunion in den Zwanzigerjahren eine Blütezeit. Die russische Literatur knüpfte an das «Silberne Zeitalter» an, das am Ende des 19. Jahrhunderts begonnen hatte. Einige seiner Protagonisten wie Ivan Bunin, Zinaida Gippius und Dmitrij Merežkovskij emigrierten, andere wie Anna Achmatova, Andrej Belyj, Maksim Gor'kij, Vladimir Majakovskij, Osip Mandel'štam und Boris Pasternak setzten ihr Schaffen fort und schufen in den Zwanzigerjahren einige ihrer bedeutendsten Werke. Dazu kamen neue Namen wie Michail Bulgakov, Andrej Platonov, Michail Šolochov und Evgenij Zamjatin. Eine modernistische, eine neo-klassische und eine proletarisch-sozialistische Ausrichtung wetteiferten miteinander. Die große Musiktradition wurde fortgesetzt im Schaffen von Komponisten von Weltgeltung wie Sergej Prokof'ev, der allerdings erst 1935 endgültig in die Sowjetunion zurückkehrte, und Dmitrij Šostakovič. Auch das russische Theater schloss an vorrevolutionäre Traditionen an, wofür die Namen Vsevolod Meyerhold und Konstantin Stanislavskij standen. Filmschaffende wie Sergej Eisenstein (Ejzenštejn) und Vsevolod Pudovkin und Architekten wie Vladimir Tatlin gehörten weltweit zur Avantgarde.

Auch die Ukraine erlebte in den 1920er Jahren eine kulturelle Blüte, die ebenfalls an vorrevolutionäre Traditionen anknüpfte, durch die Ukrainisierung aber neue Impulse erhielt. In der ukrainischen Literatur traten junge Autoren wie Maksym Ryl'skyj und Volodymyr Sosjura, die 1926–1928 in der «Freien Akademie proletarischer Literatur» zusammengeschlossenen Mykola Chvyl'ovyj, Mykola Kuliš und Pavlo Tyčyna und der Regisseur Les' Kurbas hervor. Das Werk Ševčenkos behielt seine Popularität bis hin zu einem wahren Ševčenko-Kult, wobei man darüber diskutierte, ob er als nationaler oder revolutionärer Dichter zu gelten habe. Wenn man die ukrainische Kultur der 1920er Jahre mit der russischen vergleicht, wird allerdings deutlich, dass die kurze Zeit nicht ausreichte, um die Asymmetrie im Bereich der Hochkultur zu beseitigen. Weltgeltung erlangte nur der ukrainische Film im Schaffen von Oleksandr Dovženko. Allerdings ließen sich im kulturellen Leben Ukrainisches und Russisches nicht immer klar voneinander abgrenzen. Beispiele dafür waren der jüdisch-russisch-ukrainische Schriftsteller Isaak Babel', die weißrussisch-ukrainisch-russische Malerin Oleksandra Ekster und der polnisch-ukrainisch-russische Maler Kazimir Malevič. Charkiv, das bis 1934 Hauptstadt der Ukrainischen Sowjetrepublik war, wurde zu einem Zentrum modernistischer Architektur. Die unter neuem Namen fortlebende All-Ukrainische Akademie der Wissenschaften entfaltete eine rege Tätigkeit. Emigrierte ukrainische Wissenschaftler kehrten in die Ukraine zurück. Unter ihnen war Mychajlo Hruševs'kyj, der vor der Revolution die dominante russische Geschichtserzählung herausgefordert hatte und in den Jahren 1917 und 1918 Vorsitzender der Zentralrada gewesen war. Er übernahm nach seiner Rückkehr im Jahr 1924 die Leitung der historisch-philologischen Abteilung der ukrainischen Akademie.

Die Zugeständnisse in der Sprach- und Kulturpolitik fanden ihre Grenze dort, wo primäre politische Ziele betroffen waren. Hierzu gehörte die Kirchen- und Religionspolitik. In der Ukraine wie in Russland entstanden nach 1917 mehrere konkurrierende orthodoxe Kirchen, die vom Sowjetstaat gegeneinander ausgespielt wurden. In der ganzen Sowjetunion wurden die Bischöfe und Priester verfolgt, viele wurden verhaftet und die Kirchenorganisationen weitgehend zerschlagen. Die Pfarrgemeinden auf dem Land blieben vorerst erhalten. Die repressive Religionspolitik traf auch die sowjetischen Juden und Muslime.

1923 wurde in der Ukrainischen Sowjetrepublik das Ukrainische als Amtssprache eingeführt. Öffentlichen Angestellten, die nicht innerhalb eines Jahres Ukrainisch lernten, wurde die Entlassung angedroht. 1925 wurden allerdings erst 20 Prozent der Amtsgeschäfte auf Ukrainisch durchgeführt. Parteichef Lazar' Kaganovič (1893–1991) verschärfte den Druck, worauf sich dieser Prozentsatz in einem Jahr auf 65 Prozent erhöhte. Das Ukrainische etablierte sich nun als Sprache des öffentlichen Lebens. Überall, sogar in mehrheitlich russischsprachigen Städten wie Odessa, hatten Straßenschilder, Stempel und Briefköpfe jetzt statt russischen ukrainische Aufschriften. Ein Ziel bestand darin, russifizierte Ukrainer zu re-ukrainisieren. Hohe Funktionäre wie Grigorij Petrovskij, der in einem ukrainischen Dorf aufgewachsen war, seine Ukrainischkenntnisse aber verloren hatte, gingen mit gutem Beispiel voran. Auch Kaganovič, der jüdischer Herkunft war, lernte nun ukrainisch.

Die offiziellen Zahlenangaben zu den Ergebnissen der Ukrainisierung sind allerdings mit Vorsicht zu genießen. Vieles blieb an der Oberfläche, und die Qualität der Ukrainischkenntnisse ließ oft zu wünschen übrig, wie Tests bei Staatsangestellten zeigten. Im Gebiet Odessa hatten, wie 1926 berichtet wurde, 45 000 Angestellte Ukrainischkurse absolviert, doch lediglich 22 Prozent erreichten gute Sprachkenntnisse, bei den höheren Posten waren es sogar nur 11 Prozent. Im Donbass verfügten 1930 nur 8 Prozent der Angestellten über gute Ukrainischkenntnisse.[134] Viele Russen und russischsprachige Ukrainer übten passiven Widerstand, und in der mündlichen Kommunikation blieb in den Städten die Dominanz des Russischen erhalten. In der Republikführung verstummten die Diskussionen um die Zweckmäßigkeit der Ukrainisierung nicht. Ende der Zwanzigerjahre, als mit der forcierten Industrialisierung neue Prioritäten gesetzt wurden, verlor sie an Schwung, ohne dass sie abgeblasen worden wäre.

Die Kommunistische Partei war traditionell von Nichtukrainern (vornehmlich Russen und Juden) dominiert und wurde deshalb von den Ukrainern als fremd wahrgenommen. Im Zuge der *korenizacija* stieg in den 1920er Jahren der Anteil der Ukrainer in der Partei und in den Behörden stark an, allerdings ohne ihren

Prozentsatz an der Gesamtbevölkerung (80%) zu erreichen. 1922 hatten sie nur 22 Prozent der Parteimitglieder der Republik (gegenüber 54% Russen) gestellt, 1933 waren es schon 61 Prozent (gegenüber 23% Russen). In den lokalen Parteiorganisationen war ihr Anteil erheblich höher, im Zentralkomitee (ZK) niedriger. In den staatlichen Behörden erreichten die ethnischen Ukrainer 1929 auf der Ebene der Rayons 76 Prozent, auf Republikebene dagegen nur 36 Prozent. Der Anteil der Ukrainer an der Stadtbevölkerung der Republik stieg von 32 Prozent im Jahr 1920 auf 41 Prozent im Jahr 1926 und erhöhte sich im Lauf der Industrialisierung weiter.

Die Politik der Ukrainisierung erreichte zwar ihre ehrgeizigen Ziele nicht und konnte sie innerhalb eines Jahrzehnts auch nicht erreichen. Dennoch gelang es, die Asymmetrie zwischen Russen und Ukrainern zu verringern. Das Ukrainische wurde aus einer nur als Dialekt betrachteten bäuerlichen Umgangssprache zur offiziellen Sprache der Republik. In der Praxis behielt das Russische allerdings eine wichtige Stellung. Zweisprachigkeit verbreitete sich, wobei viele Stadtbewohner nur passive Kenntnisse des Ukrainischen hatten. Trotz all ihrer Mängel brachte die Ukrainisierung der 1920er Jahre einen Schub der Nationsbildung. Nachdem die Ukrainer im Zarenreich als Teil des all-russischen Volkes gegolten hatten, waren sie nun als Nation anerkannt, besaßen ein nationales Territorium (ohne Souveränität) mit eigenen Institutionen und Symbolen, und ihre Sprache fasste in Schulen, Behörden und der Presse Fuß. Es eröffneten sich Möglichkeiten des sozialen Aufstiegs ohne Verlust der nationalen Identität. Damit wurden die Ukrainer zu einer «sozial vollständigen» Nation mit einer politischen und kulturellen Elite, einer rasch wachsenden Stadtbevölkerung und einer ebenso rasch zunehmenden Industriearbeiterschaft.

Schon am 10. Parteitag von 1921 hatte die Sowjetführung deutlich gemacht, dass die Konzessionen in der Wirtschafts- und der Nationalitätenpolitik keine Liberalisierung des politischen Systems nach sich ziehen würden. Ganz im Gegenteil festigte die Kommunistische Partei ihre Stellung und verbot die Fraktionsbildung. Vermeintliche oder tatsächliche politische Gegner wurden verfolgt und in Straflager verschickt. Stalin baute als Generalsekretär der Partei seine Macht zusehends aus und entledigte sich nacheinander seiner wichtigsten Konkurrenten.

Die Bolschewiki hatten angenommen, dass die kulturellen Konzessionen an die nichtrussischen Nationalitäten im Verein mit der Durchsetzung des Sozialismus dem Nationalismus den Wind aus den Segeln nehmen würden. Hierin täuschten sie sich, denn im Gegenteil regten sich in mehreren Republiken nationale Kräfte, die die Partei herausforderten. Da die Konkurrenten der Kommunisten weitgehend ausgeschaltet worden waren, kamen diese Bestrebungen aus der Mitte der Partei. Man hat deshalb später von Nationalkommunismus gesprochen. Nachdem als erster der wolgatatarische Kommunist Mirsaid Sultan Galiev nationale Forderungen erhoben hatte und deshalb schon 1923 kritisiert und aus der Partei ausgeschlossen worden war, traten die ukrainischen Nationalkommunisten in den Vordergrund. Ihre Aktivitäten wurden von der Geheimpolizei und von Stalin von Anfang an mit Argwohn beobachtet.

Im Bürgerkrieg hatten sich in der Kommunistischen Partei der Ukraine unterschiedliche Richtungen herausgebildet. Zahlenmäßig bedeutsam waren die aus den linken Sozialrevolutionären hervorgegangenen, nach ihrer Zeitung Borot'ba (Der Kampf) benannten *Borot'bisty*. Ihre Partei wurde 1920 aufgelöst, und die meisten ihrer Mitglieder traten in die Kommunistische Partei ein, wurden aber nach einem Jahr mehrheitlich wieder ausgeschlossen.

Die ehemaligen *Borot'bisty* befürworteten eine möglichst weitgehende Autonomie der USRR, und einige der führenden Bolschewiki vertraten in den 1920er Jahren ähnliche Positionen. Ihnen standen andere ukrainische Kommunisten entgegen, die ihre Basis meist im Bergbaugebiet der Südostukraine hatten und dafür eintraten, dass das Proletariat nicht die «rückständige ukrainische Bauernkultur» annehmen, sondern sich an die «fortschrittliche» russische Kultur anpassen sollte.

Zum Sprecher der sogenannten Autonomisten wurde Oleksandr Šums'kyj (1890–1946), ein ehemaliger *Borot'bist*, der 1924 zum Bildungsminister der USRR ernannt wurde und aktiv an der Umsetzung der Ukrainisierung mitwirkte. Šums'kyj trat dafür ein, dass die Kommunistische Partei der Ukraine vermehrt von ethnischen Ukrainern statt von Russen geführt werden sollte, und kritisierte den langsamen Verlauf der Ukrainisierung. Gleichzeitig äußerte der Schriftsteller Mykola Chvyl'ovyj (1893–1933) noch radikalere Gedanken. In einem Pamphlet stellte er die Frage «Ukraine oder Kleinrussland?» und forderte, dass sich die ukrainische Kultur an Europa orientieren und die psychologische Abhängigkeit von Moskau, «diesem Zentrum des Allunions-Philistertums», überwinden müsse.[135] Stalin selbst reagierte sofort und kritisierte Šums'kyj und Chvyl'ovyj. Darauf wurde Šums'kyj entlassen und als Bildungsminister durch den alten Bolschewiken Mykola Skrypnyk (1872–1933) ersetzt, der in Moskau und Charkiv wichtige Positionen bekleidet hatte. Er war schon 1917 in Petrograd als einer der Anführer des Oktoberumsturzes in Erscheinung getreten. In der Ukraine begann eine Kampagne gegen die «nationalistische Abweichung» des «Šums'kyj-ismus».

Die Kampagne wurde in den folgenden Jahren fortgesetzt. Ins Kreuzfeuer der Kritik geriet 1928 der junge Wirtschaftswissenschaftler Mychajlo Volobujev, der die These vertrat, dass die Ukraine von Moskau kolonial ausgebeutet werde. Im selben Jahr wurde Matvij Javors'kyj, der führende marxistische Historiker der Ukraine, der nationalistischen Abweichung bezichtigt. Im Dezember 1929 wurden 700 Personen verhaftet, denen man vorwarf, einen konterrevolutionären «Bund zur Befreiung der Ukraine» mit separatistischen Zielen gegründet zu haben. Eine Organisation dieses Namens hatte es zwar während des Ersten Weltkriegs in Wien gegeben, jetzt handelte es sich aber um eine Erfindung der Geheimpolizei. Im Frühjahr 1930 wurden 45 Angeklagte, unter ihnen viele Wissenschaftler, in einem Schauprozess abgeurteilt und mehrheitlich zu Freiheitsstrafen von drei bis zehn Jahren verurteilt.

Unterdessen kündigte sich eine allmähliche Abkehr von der Ukrainisierung an. Zwar hielt man offiziell an der Politik der *korenizacija* fest, doch kritisierte man anstelle des russischen Großmachtchauvinismus nun vermehrt den ukrainischen Nationalismus und prangerte die angebliche Diskriminierung der russischen Minderheit in der Ukraine an. Der finale Schlag gegen die «Nationalkommunisten» vollzog sich 1932/33 mit der Verhaftung Tausender angeblicher ukrainischer Nationalisten. Er traf auch Mykola Skrypnyk, der sich für die Fortsetzung der Ukrainisierungspolitik eingesetzt hatte. Als er immer heftigeren Angriffen ausgesetzt wurde, beging er am 7. Juli 1933 Selbstmord. Chvyl'ovyj hatte sich schon im Mai des Jahres selbst getötet. Unterdessen hatten sich die Rahmenbedingungen grundlegend verändert. Mit der 1928 einsetzenden forcierten Industrialisierung und der im Winter 1929 beschlossenen Zwangskollektivierung der Landwirtschaft setzte Stalin neue Prioritäten.

Es war kein Zufall, dass Moskau auf angeblich nationalistische Tendenzen in der Ukraine früher reagierte als bei den anderen Nationalitäten. Mit ihrer großen Zahl, ihrer kulturellen Nähe zum russischen Brudervolk und ihrer Lage an der sensiblen Grenze zu Polen hatten die Ukrainer eine Ausnahmestellung. Die Konstellation erinnerte an die repressive Politik der Zarenregierung, die auf die Anfänge einer Nationalbewegung ebenfalls mit Repressionen reagiert hatte. Allerdings hatte der Stalinsche Terror ein quantitativ und qualitativ ungleich größeres Ausmaß als die Sprachverbote und vereinzelten Strafverschickungen im Zarenreich.

## Industrialisierung, Zwangskollektivierung und Hungersnot

Ende der 1920er Jahre wurde die Neue Ökonomische Politik abgebrochen, an die Stelle von Marktbeziehungen trat die zentralgeleitete Planwirtschaft. In einer «Revolution von oben» sollte die Sowjetunion rasch in einen modernen Industriestaat verwandelt werden, der als Voraussetzung einer sozialistischen Ordnung galt. Zwar wurden die utopischen Vorgaben der ersten beiden Fünfjahrpläne (1928–1937) nicht erfüllt, dennoch wies die sowjetische Industrieproduktion sehr große Wachstumsraten auf. Dies wurde erreicht durch den Großeinsatz und die Disziplinierung von Arbeitskräften, die Verschwendung von Ressourcen und den Konsumverzicht der breiten Bevölkerung. Allerdings blieb die Qualität der Erzeugnisse hinter der Quantität zurück. Der Schwerpunkt lag auf der Schwer- und Rüstungsindustrie, während die Produktion von Konsumgütern nicht Schritt hielt.

Die Ostukraine mit der Achse von den Steinkohlerevieren des Donbass zu den Eisenlagerstätten von Kryvyj Rih am unteren Dnjepr blieb wie schon vor dem Ersten Weltkrieg das wichtigste Zentrum der Montan- und Schwerindustrie und wies erneut sehr hohe Wachstumsraten auf. 1933 produzierte die Ukraine je 70 Prozent der Steinkohle und des Eisenerzes und 63 Prozent des Stahls der Sowjetunion. In der zweiten Hälfte der Dreißigerjahre gingen diese Anteile etwas zurück, da mit dem Ural-Kuzneck-Kombinat im Osten ein zweites Zentrum der Schwerindustrie aufgebaut wurde. Im Zuge der forcierten Industrialisierung wuchs die Stadtbevölkerung vor allem in der Ostukraine sprunghaft an: So erhöhte sich die Zahl der Einwohner von Stalino, wie Juzovka (das spätere Donec'k) seit 1924 hieß, in den Dreißigerjahren von 105 000 auf 462 000. Zahlreiche ukrainische Bauern strömten in die Stadt, und Ende der Dreißigerjahre stellten die ethnischen Ukrainer 58 Prozent der Stadtbevölkerung und 66 Prozent der Industriearbeiter der Ukraine. Damit war der traditionelle Gegensatz «russische Stadt – ukrainisches Dorf» überwunden. Allerdings vollzog sich weniger eine Ukrainisierung der Stadt als eine (zumindest sprachliche) Russifizierung der zugewanderten ukrainischen Bauern. Im Osten der Ukraine verbreitete sich eine russisch-ukrainische Mischsprache (*suržyk*), die sich bis heute erhalten hat.

Gleichzeitig mit der Industrialisierung wurde die Landwirtschaft kollektiviert. Auslöser waren Probleme in der Getreideversorgung der Städte und der Industriearbeiterschaft, für die man die Bauern verantwortlich machte. Seit Dezember 1929 wurden die sowjetischen Bauern zwangsweise in Kollektivwirtschaften (Kolchosen) eingegliedert, in denen sie gemeinschaftlich zu arbeiten hatten. Der Privatbesitz an Grund und Boden wurde abgeschafft, Land, Geräte und Großvieh vergesellschaftet. Um den Klassenkampf im Dorf zu entfesseln, wurde die «Liquidierung des Kulakentums als Klasse» verkündet. «Kulak» (ukr. Kurkul) bezeichnete den reicheren Bauern, wurde dann aber auf alle Bauern übertragen, die sich der Kollektivierung widersetzten. Hunderttausende «Kulaken» wurden nach Sibirien und Zentralasien deportiert, Zehntausende kamen ums Leben, die übrigen wurden diskriminiert.

Im Zuge der Kollektivierung erfolgte der entscheidende Schlag gegen die Orthodoxe Kirche, die im Dorf ihren Rückhalt hatte. Die meisten Kirchen und Klöster wurden geschlossen und fortan als Lagerhäuser oder Kinos genutzt und die Glocken eingeschmolzen. Viele Geistliche wurden verhaftet. Sie fielen in der zweiten Hälfte der Dreißigerjahre dem Terror zum Opfer.

Die Kollektivierung sollte ursprünglich in wenigen Monaten abgeschlossen werden, doch erst im Jahr 1936 waren mehr als 90 Prozent der Höfe in der Sowjetunion in Kolchosen organisiert. Zahlreiche Bauern widersetzten sich, schlachteten etwa die Hälfte ihres Viehs ab und zerstörten ihr Inventar, manche wandten Gewalt an und töteten sowjetische Funktionäre. Der Widerstand wurde mit Gewalt gebrochen, zahlreiche Bauern wurden verhaftet und umgesiedelt. Die Landwirtschaft erlitt eine Krise, und die Getreideproduktion sank unter den Wert von 1913. Um die Städte und Industriearbeiter mit Lebensmitteln zu versorgen und die für die Finanzierung der Industrialisierung notwendigen Getreideexporte zu garantieren, griff man wie schon im Kriegskommunismus zum Mittel der zwangsweisen Beschlagnahmung, die durch die Einrichtung der Kolchosen erleichtert worden war. Die Folge war eine schreckliche Hungersnot, die in den Jahren 1932/33 weite Teile im Süden der Sowjetunion heimsuchte.[136] Sie wurde vom Chaos infolge der Zwangskollektivierung und einer Dürre im Jahr 1931 mit verursacht, die Hauptverantwortung trug indes die sowjetische Politik und damit Stalin selbst. Obwohl man von den geringeren Ernteerträgen wusste, wurden die Getreiderequisitionen mithilfe bewaffneter Einheiten der politischen Polizei durchgeführt, ohne Rücksicht auf die hungernden Bauern zu nehmen. Dahinter standen nicht nur ökonomische Überlegungen, sondern man nutzte die Gelegenheit, die Bauern, die als «kleinbürgerliches Element» betrachtet und bisher als einzige Großgruppe von der Partei nicht kontrolliert wurden, als eigenständige Kraft auszuschalten. Dieses Ziel der Kollektivierung wurde erreicht, während sie wirtschaftlich ein Misserfolg war.

Die Zwangskollektivierung in der Ukraine folgte den gesamtsowjetischen Mustern. Der Widerstand der ukrainischen Bauern war heftiger als der der russischen Bauern, deren Umteilungsgemeinde kollektivistische Elemente aufwies, während im ukrainischen Dorf das bäuerliche Eigentum an Grund und Boden stärker etabliert war. Im März 1930 wurden aus der Ukraine nicht weniger als 2945 größere Bauernrevolten gemeldet, was 45 Prozent ihrer Gesamtzahl in der Sowjetunion entsprach (bei einem ukrainischen Bevölkerungsanteil von etwa 20%), im gesamten Jahr 1930 entfielen immerhin noch 30 Prozent der größeren ländlichen Unruhen auf die Ukraine.[137]

Die Quoten für die Getreidebeschaffung wurden aufgrund der guten Ernte von 1930 berechnet und lagen für die fruchtbaren Schwarzerdegebiete höher als für die weniger ertragreichen Regionen. Da die Ernten in den Jahren 1931/32 überall gering ausfielen, wurden deshalb die fruchtbaren Regionen von den Requisitionen härter getroffen. Der Hunger erfasste den ganzen Schwarzerdegürtel von der unteren Wolga bis zum mittleren Dnjepr, der in erster Linie von russischen und ukrainischen Bauern besiedelt war. Die Zahl der Hungertoten war in der Ukraine besonders hoch. Von den 6 bis 7 Millionen Opfern der Hungersnot von 1932/33 entfielen etwa 3,5 Millionen, also mindestens die Hälfte, auf die Ukrainische Sowjetrepublik. Damit kamen etwa 10 Prozent der Bevölkerung, die überwiegende Mehrheit von ihnen ukrainische Bauern, ums Leben. Ein zweiter Schwerpunkt war das zur RSFSR gehörende Kuban'-Gebiet im Nordwestkaukasus, das mehrheitlich von Ukrainern besiedelt war, mit etwa 500 000 Opfern. Die in Relation zur Gesamtbevölkerung größten Verluste mit etwa 1,5 Millionen erlitten die Kasachen, die mit Gewalt zur Sesshaftigkeit gezwungen wurden. Daraus ergibt sich, dass mehr als drei Viertel der Hungertoten von 1932/33 Nichtrussen, vor allem Ukrainer und Kasachen, waren.

Der weit überproportionale Anteil an ukrainischen Opfern wirft die Frage auf, ob die sowjetische Führung mit der von ihr herbeigeführten Hungersnot nicht nur allgemein die Bauern, sondern spezifisch die ukrainischen Bauern und damit die Basis der ukrainischen Nation treffen wollte. Direkte Beweise für eine solche Absicht hat man bisher in den Archiven nicht gefunden, doch gibt es dafür eine Reihe von Indizien:

1. In der Ukraine war der bäuerliche Widerstand gegen die Kollektivierung, wie erwähnt, heftiger als in den meisten anderen Regionen.

2. Nur in der Ukraine und im Kuban'-Gebiet wurden systematisch Sperren errichtet, die verhinderten, dass die Hungernden in andere Gebiete auswichen.

3. Die Hungersnot fiel zeitlich zusammen mit der Abrechnung mit den Nationalkommunisten. In Briefen, die Stalin schon im Sommer 1932 an Kaganovič schickte, verband er seine Kritik an der

ungenügenden Durchführung der Getreidebeschaffung mit Kritik an der Parteiführung und der Warnung vor polnischen Agenten. Am 11. August schrieb er: «Das wichtigste ist jetzt die Ukraine. Um die Angelegenheiten in der Ukraine steht es sehr schlecht. … Wenn wir uns jetzt nicht daran machen, die Lage in der Ukraine zu korrigieren, können wir die Ukraine verlieren. Haben Sie im Auge, dass Piłsudski nicht trödelt, … dass man in der Ukrainischen KP (500 000 Mitglieder, ha-ha!) nicht wenige (ja, nicht wenige!) verfaulte Elemente, bewusste und unbewusste Petljuristen und auch direkte Agenten Piłsudskis findet. Sobald die Dinge schlimmer werden, werden diese Elemente nicht zögern, eine Front innerhalb und außerhalb der Partei und gegen die Partei zu eröffnen.» Am 16. August ergänzte er: «Wir halten es für unumgänglich, für die Ernte unverzüglich Truppen heranzuziehen.»[138]

Stalin misstraute also den Ukrainern, besonders den angeblichen ukrainischen Nationalisten (Petljuristen), und befürchtete sogar den Abfall der Ukraine vom Sowjetstaat und eine mögliche Annexion durch Polen. Das Stereotyp der verräterischen Mazepisten war noch immer lebendig. Es spricht deshalb vieles dafür, dass Stalin die Gelegenheit der Krise der Getreidebeschaffung nutzte, um nicht nur die Bauern, sondern die ukrainische Nation als Ganzes zu treffen. Die weitaus meisten Opfer des Hungers waren ukrainische Bauern, weniger die Bevölkerung der Städte und der Gebiete im Nordwesten der Republik, wo die Getreideerträge niedriger waren. Dass Stalin die Strafaktion gegen die Ukrainer von langer Hand plante, ist unwahrscheinlich. Deshalb ist es meines Erachtens problematisch, von einem Genozid am ukrainischen Volk zu sprechen und die Hungersnot auf eine Stufe mit den Völkermorden an den Juden und den Armeniern zu stellen.

Die ukrainische Hungersnot von 1932/33, für die sich der ukrainische Begriff Holodomor (Hungerkatastrophe) eingebürgert hat, wurde in der Sowjetunion totgeschwiegen und auch im Westen lange nur sporadisch wahrgenommen. In der unabhängigen Ukraine ist sie zum zentralen Erinnerungsort geworden, dem in Veranstaltungen und mit zahlreichen Denkmälern gedacht wird. Der Holodomor wurde im Jahr 2006 vom Parlament offiziell als Genozid bezeichnet und seine Leugnung unter Strafe gestellt. Das Bewusstsein, als Nation Opfer des Sowjetkommunismus zu sein, ist heute ein wichtiges Element des ukrainischen Nationalbewusstseins.

Diese Deutung lehnen russische, aber auch etliche westliche Historiker ab, die behaupten, dass lediglich die Kollektivierung und die Missernten für den Hunger verantwortlich waren, dass andere Regionen der Sowjetunion gleichermaßen vom Hunger heimgesucht worden seien, dass sich also die Politik der sowjetischen Regierung nicht spezifisch gegen die Ukrainer gerichtet habe. In diese Auseinandersetzung mischte sich 2008 der damalige Präsident Dmitrij Medved'ev ein, als er in einem Brief an den ukrainischen Präsidenten Juščenko dessen Einladung zu einer Veranstaltung zum Gedenken an den «sogenannten Holodomor» ablehnte. Die ukrainische Interpretation der Hungersnot ziele darauf ab, Russland die Schuld zuzuschieben, obwohl von Russen bewohnte Gebiete genauso betroffen und die ukrainischen Funktionäre für die Getreidebeschaffung verantwortlich gewesen seien. Man wolle einen Keil zwischen Russen und Ukrainer treiben und «unsere Völker, die über Jahrhunderte durch historische, kulturelle und spirituelle Bande, besondere Gefühle der Freundschaft und des gegenseitigen Vertrauens verbunden waren, entzweien».[139] Man fragt sich, weshalb sich der Präsident Russlands in die inneren Angelegenheiten der Ukraine einmischte und weshalb sich russische Historiker, Publizisten und Politiker fast einhellig gegen die These wehren, dass sich Stalins Gewaltpolitik in den Jahren 1932/33 spezifisch gegen die Ukrainer richtete. Das heutige Russland hat mit der sowjetischen Gewaltpolitik im Grunde nichts zu tun, und an die Stelle geschichtspolitischer Kontroversen könnte die gemeinsame Aufarbeitung des Stalinismus treten.

## Sowjetpatriotismus, Völkerfreundschaft und die Rückkehr des «Großen Bruders»

Die Abrechnung mit den ukrainischen Nationalkommunisten war ein Signal dafür, dass die Politik der *korenizacija* ihren Zenit überschritten hatte. Industrialisierung und Kollektivierung hatten nach offizieller Meinung dem Sozialismus in der Sowjetunion zum Durchbruch verholfen. Stalins Formel vom «Sozialismus in einem Land» hatte der weltrevolutionären Utopie eine Absage erteilt. Neben den abstrakten proletarischen Internationalismus, der die Massen nur schwer mobilisieren konnte, trat als neue populistische Integrationsideologie der sogenannte Sowjetpatriotismus oder Nationalbolschewismus.[140]

Stalin hatte schon 1931 das sowjetische Vaterland, das gegen äußere Feinde verteidigt werden müsse, gepriesen. Der Sowjetpatriotismus wurde begleitet von dem in den Dreißigerjahren zunehmend propagierten Stalinkult. Um die Kultur breiteren Volksschichten zugänglich zu machen, brach man die modernistischen Experimente ab und ersetzte sie durch den Sozialistischen Realismus. Die öffentliche Meinung wurde gleichgeschaltet und durch Propagandakampagnen gelenkt. Sie feierten die Erfolge des Sozialismus und den «neuen Sowjetmenschen» und beeinflussten besonders die jungen Menschen. Zwei der Musterknaben stammten aus der Ukraine. Nikolaj Ostrovskij (Mykola Ostrovs'kyj), der in einem Dorf in Wolhynien aufgewachsen und im Bürgerkrieg schwer verwundet worden war, verfasste als Invalide den (autobiographischen) Roman «Als der Stahl gehärtet wurde», der 1932 in russischer Sprache publiziert wurde und zur Bibel der Sowjetjugend wurde. Aleksej Stachanov, Bergmann aus dem Donbass, der im Jahr 1935 sein Plansoll um das Dreizehnfache übererfüllt hatte, wurde zum Helden der sozialistischen Arbeit stilisiert.

Der Sowjetpatriotismus knüpfte an den Reichspatriotismus der Zarenzeit an, Stalin selber lobte die Zaren dafür, dass sie einen großen Staat geschaffen hätten, «den wir beerbt haben.»[141] Peter der Große und die Generäle, die Russland gegen fremde Eroberer verteidigten, traten neben die Helden der Volksaufstände und die Revolutionäre. Das imperiale historische Narrativ mit der Stufenfolge Kiew–Moskau–Petersburg wurde wieder aufgenommen und durch die letzte Station Moskau ergänzt, und die imperiale Expansion Russlands, die in den Zwanzigerjahren verurteilt worden war, wurde nun positiv konnotiert. Damit einher ging eine Neubewertung der Rolle der Russen: Der «Große Bruder» kehrte zurück. Seit 1933 hob Stalin die Verdienste der russischen Nation, der russischen Sprache und Literatur besonders hervor. In den Dreißigerjahren setzte eine Essentialisierung des Nationsverständnisses ein, die 1932 ihren Ausdruck darin fand, dass die Nationalität als offizielle Kategorie im Inlandspass eingetragen wurde.

Die Skrypnyk-Affäre gab das Signal dafür, dass allgemein nicht mehr der «Kampf gegen den großrussischen Chauvinismus», sondern der «Kampf gegen den lokalen Nationalismus» zur Hauptaufgabe der Partei erklärt wurde. Damit kam die Politik der «positiven Diskriminierung» der Nichtrussen an ihr Ende. Die Familie der Sowjetvölker war durch Brüderlichkeit verbunden, 1933 wurde «die Blüte der USRR in der brüderlichen Familie der Sowjetunion» beschworen.[142] Seit Dezember 1935 setzte sich dafür die Metapher der Völkerfreundschaft durch, worunter man vor allem die «ewige» Freundschaft der Nichtrussen mit dem russischen Volk verstand. 1936 wurde in der Parteizeitung Pravda das russische Volk als «erstes unter gleichen» bezeichnet.[143] Das russische kulturelle Pantheon wurde zum gesamtsowjetischen und Puškin zum «Nationaldichter aller Sowjetvölker» erklärt.

Die RSFSR, die gegenüber den anderen Republiken mit unvollständigen Institutionen ausgestattet worden war, wurde nun «russifiziert», indem die meisten lokalen nationalen Einheiten, vor allem die Dorfsowjets, mit ihren muttersprachlichen Schulen aufgelöst wurden. Das betraf auch die Ukrainer in der RSFR. Ihre Zahl sank zwischen 1926 und 1939 von 7,9 auf 3,1 Millionen, besonders dramatisch im Kuban'-Gebiet (von 3 Millionen auf 200 000). Dieser Rückgang kann mit den hohen Zahlen von Hungertoten, mit den Deportationen, aber auch mit dem Übergang von Ukrainern zur russischen Nationalität erklärt werden.

Die Wende zurück zum imperialen russländischen Nationalismus bedeutete zunächst keine Rückkehr zur sprachlichen Russifizierungspolitik. Zwar wurde 1938 das Russische als Zweitsprache an allen Schulen der Sowjetrepubliken schon ab der 2. Klasse eingeführt, doch blieb die Sprache der namengebenden Nationalität als Unterrichtssprache erhalten. Dennoch gewann die russische Sprache im öffentlichen Leben an Boden. 1938 wurde das Russische einzige Kommandosprache in der Roten Armee. Der Anteil ukrainischsprachiger Publikationen in der URSR ging in den Dreißigerjahren von 79 auf 42 Prozent, die der Zeitungen in ukrainischer Sprache von 92 auf 65 Prozent zurück. Auch das zweite Element der *korenizacija*, die gezielte Förderung loyaler einheimischer Eliten, wurde gegen Ende der Dreißigerjahre aufgegeben. Jetzt rückten Russen wieder vermehrt in Führungspositionen auf. Die Zahl der ethnischen Russen in der Ukraine nahm zwischen 1926 und 1939 von 2,7 Millionen (7,3%) auf 4,9 Millionen (11,8%) zu, was zum Teil auf die russische Immigration in die Industriegebiete, zum Teil auf den Rückgang der Zahl der Ukrainer infolge der Hungersnot zurückzuführen war. Zu den Immigranten gehörte Nikita Chruščev, ein an der russisch-ukrainischen Grenze geborener und im Donbass aufgewachsener ethnischer Russe, den Stalin zum ukrainischen Parteichef ernannte und der im Januar 1938, mitten im «Großen Terror», in Kiew ankam.

Im Unterschied zu der Russländischen und den meisten anderen Sowjetrepubliken hatte in der Ukraine eine erste Welle des Terrors bereits in den Jahren 1932/33, gleichzeitig mit der von Stalin herbeigeführten Hungersnot, stattgefunden. Allein im Dezember 1932 kam es zu 16 000 Verhaftungen und 108 Todesurteilen. Es war die größte «Säuberung» in der Sowjetunion seit dem Kriegskommunismus, was die Bedeutung unterstreicht, die die Ukraine und der ukrainische Nationalkommunismus in den Augen der sowjetischen Führung hatten. Opfer des Terrors waren in erster Linie Parteifunktionäre, lokale Führungskräfte und Intellektuelle (Lehrer, Wissenschaftler, Schriftsteller, Künstler). Etwa 100 000 ukrainische Kommunisten wurden aus der Partei ausgeschlossen, drei Viertel der Parteiführung ausgewechselt. Skrypnyk und andere Mitglieder der Regierung wurden nationaler Abweichungen bezichtigt und als Petljuristen und ausländische Agenten bezeichnet.

Der Massenterror der Jahre 1937/38 traf alle Gebiete und Nationalitäten der Sowjetunion. Es scheint, dass Russen und Ukrainer gleichermaßen von den Verhaftungen, Verurteilungen, Deportationen in Straflager und Hinrichtungen betroffen waren. Der Terror erfasste die politischen Eliten in Partei und Verwaltung, die Kulturschaffenden und die nationalen Minderheiten (besonders Polen und Deutsche). Die meisten Opfer des Terrors waren aber einfache Bauern und Arbeiter, die denunziert oder aufgrund früherer Verurteilungen, etwa als «Kulaken», erneut vor Gericht gezogen wurden.

Die Opferzahlen des sowjetischen Terrors sind seit der Öffnung der Archive bekannt, obwohl mit einer Dunkelziffer nicht registrierter Todesfälle zu rechnen ist.[144] Während des «Großen Terrors» der Jahre 1937/38 wurden in der Sowjetunion 1,5 Millionen Menschen aus politischen Gründen verhaftet, 1,4 Millionen verurteilt und die Hälfte von ihnen hingerichtet. 85 Prozent der zwischen 1921 und 1953 registrierten Hinrichtungen entfielen auf den Großen Terror. Von den 140 im Jahr 1934 eingesetzten Mitgliedern des Zentralkomitees der Kommunistischen Partei waren im Herbst 1937 noch 15 auf freiem Fuß, bevor eine weitere Welle der «Säuberungen» einsetzte. In den Straflagern Sibiriens und des Hohen Nordens kamen von den Dreißigerjahren bis in die Fünfzigerjahre Hunderttausende ums Leben.

In der Ukraine wurden in den Jahren 1937/38 270 000 Menschen verhaftet und 122 000 hingerichtet. Damit betrug die Zahl der Opfer des Großen Terrors in der Ukraine 4 Prozent der Hungertoten von 1932/33, was die ungleich wichtigere Rolle, die der Holodomor im kulturellen Gedächtnis der Ukrainer spielt, erklärt. Das Zentralkomitee der Kommunistischen Partei der Ukraine wurde in mehreren Wellen «gesäubert», von seinen 102 Mitgliedern und Kandidaten überlebten nur drei den Großen Terror. Die Spitzenfunktionäre verschwanden alle bis auf Petrovs'kyj. Auch der langjährige Parteichef, der ethnische Pole Stanislav Kosior wurde 1938 verhaftet und im Jahr darauf erschossen. Für die Ukrainer, die traditionell unter den politischen und wirtschaftlichen Eliten unterrepräsentiert waren, rissen die mehrfachen «Säuberungen» besonders schmerzhafte Lücken.

Der Massenterror versetzte das ganze Land in Angst und Schrecken. Stalin schaltete jeden realen oder vermuteten Widerstand aus. Aufgrund des gewaltigen Aderlasses an Führungskräften, zuletzt auch in der Armee, stellte sich die Frage, ob die Sowjetunion die Bewährungsprobe des Krieges, der ein Jahr nach dem Abbruch des Massenterrors begann, bestehen würde.

## Großer Vaterländischer Krieg oder antisowjetischer Befreiungskampf

Der Große Vaterländische Krieg, der Sieg über das nationalsozialistische Deutschland, war der wichtigste Gedächtnisort und (zusätzlich zur Oktoberrevolution) die essenzielle Legitimation der späten Sowjetunion mit einer identitätsstiftenden Funktion. Den Stolz, das Vaterland gerettet und dafür ungeheure Opfer gebracht zu haben, teilten die meisten Sowjetbürger. Bis in die Gegenwart hat der Sieg im Zweiten Weltkrieg im kollektiven Gedächtnis der Russen, Ukrainer und meisten anderen postsowjetischen Völker einen herausragenden Platz und eine große Symbolkraft. Heute nimmt allerdings Russland den Sieg weitgehend für sich in Anspruch, und der Westen hat diese Deutung zum Teil übernommen. Das zeigt sich etwa darin, dass oft die Rede ist von «den Russen», die Berlin und Wien befreiten, obwohl es in Wirklichkeit die Sowjetarmee war, in der auch zahlreiche Ukrainer und andere Nichtrussen kämpften.

Der deutsche Überfall auf die Sowjetunion im Juni 1941, der rasche Vormarsch der Wehrmacht, die gewaltigen Verluste der Roten Armee und die Besetzung eines großen Teils des sowjetischen Territoriums, darunter der gesamten Ukraine, brachten das Land an den Rand des Abgrunds.[145] Umso eindrücklicher war der Gegenschlag der Roten Armee, die bis zum Herbst 1944 das gesamte Gebiet der Sowjetunion befreite und anschließend weiter nach Westen marschierte. Das Land bestand diese Bewährungsprobe trotz des vorangegangenen Massenterrors, der auch die militärischen Führungskräfte weitgehend eliminiert hatte, und trotz der schwachen wirtschaftlichen Basis. Der rassenideologische Vernichtungskrieg Nazi-Deutschlands gegen die Juden und die slawischen «Untermenschen» führte zu einer Massenmobilisierung der Bevölkerung, die sich hinter ihr Land und seinen Führer Stalin scharte und unter Aufbietung aller Kräfte den Feind besiegte. Dazu trugen auch die strenge Überwachung durch die Geheimdienste an der Front und im Hinterland und die Gewalt gegen reale oder vermeintliche Verräter, Spione und Deserteure bei.

Die ideologische Umorientierung der Dreißigerjahre trug Früchte. Es war nicht der Kampf für den Sozialismus und die Weltrevolution, der das Land einte, sondern der Sowjetpatriotismus und die Verteidigung der Heimat gegen die fremden Eroberer. Stalin stellte den Großen Vaterländischen Krieg in eine Reihe mit dem Vaterländischen Krieg gegen Napoleon und anderen Abwehrkämpfen in der Geschichte Russlands, zurück bis zum Sieg Alexander Nevskijs über die deutschen Kreuzritter. Nicht nur die russische, sondern auch die ukrainische Geschichte wurde aufgewertet und im Zeichen der Völkerfreundschaft mit der nationalen russischen Geschichtserzählung verbunden. Danylo von Galizien-Wolhynien wurde als ukrainischer Herrscher Alexander Nevskij zur Seite gestellt, wobei seine engen Kontakte zu Mitteleuropa heruntergespielt wurden. Als wichtigste Leitfigur lancierte man Bohdan Chmel'nyc'kyj, zunächst in einem 1941 produzierten Film, 1943 mit einem Orden. Stalin vollzog auch einen Schulterschluss mit der zuvor unbarmherzig verfolgten Russischen Orthodoxen Kirche, die nun zum «heiligen Krieg» aufrief. Im Gegenzug war das Regime zu Konzessionen bereit, so durfte 1943 wieder ein Patriarch gewählt werden.

Im Krieg traten die russischen und russländischen Elemente des Sowjetpatriotismus deutlich hervor. Er wurde gemeinhin als Kampf der Russen gegen die Deutschen wahrgenommen und propagiert. An die Stelle der Internationale trat 1943 eine neue Nationalhymne, in der die Rolle der Rus' für die Einigung des Landes betont wurde, aber auch Stalin nicht fehlte. Ihre Melodie wurde 2001 als Nationalhymne Russlands übernommen. In seinem Trinkspruch am 24. Mai 1945 erhob Stalin sein Glas nicht nur «auf das Wohl des Sowjetvolkes», sondern «vor allem auf das Wohl des russischen Volkes, weil es die hervorragendste Nation unter allen zur Sowjetunion gehörenden Nationen ist. Ich bringe einen Toast auf das Wohl des russischen Volkes aus, weil es sich in diesem Krieg die allgemeine Anerkennung als die führende Kraft der Sowjetunion unter allen Völkern unseres Landes verdient hat. Ich bringe einen Toast auf das Wohl des russischen Volkes aus, nicht nur weil es das führende Volk ist, sondern auch weil es einen klaren Verstand, einen standhaften Charakter und Geduld besitzt.»[146]

Alle Völker der Sowjetunion hatten im Krieg gewaltige Verluste an Menschenleben zu beklagen. Etwa 9 Millionen sowjetische Soldaten wurden getötet, darunter mehr als 2 Millionen Ukrainer, was ihrem Anteil an der Gesamtbevölkerung entsprach. Etwa 3,6 Millionen Sowjetbürger, unter ihnen 1,3 Millionen Ukrainer, gerieten in deutsche Kriegsgefangenschaft, wo mehr als die Hälfte ums Leben kam. Die Verluste unter den ukrainischen Kriegsgefangenen waren niedriger als unter den russischen, die besonders schlecht behandelt wurden. Die Zahl der Opfer unter der Zivilbevölkerung wird auf 18 Millionen geschätzt, unter ihnen 4 Millionen in der Ukraine. Von den etwa 3 Millionen Zwangsarbeitern, mehrheitlich Mädchen und Frauen, die ins Deutsche Reich verschickt wurden, waren 2,3 Millionen Ukrainer. Im Jahr 1941 hatte man mehr als 3 Millionen Ukrainer, in ihrer Mehrheit Industriearbeiter, Fachleute und Funktionäre, und mit ihnen wichtige Industriebetriebe ins Innere der Sowjetunion evakuiert.

Trotz dieses gemeinsamen Anteils an Krieg, Leid und Sieg gegen Nazi-Deutschland ist der Zweite Weltkrieg heute Gegenstand heftiger erinnerungspolitischer Kontroversen zwischen Russland und der Ukraine. Auch innerhalb der Ukraine wird der Zweite Weltkrieg unterschiedlich bewertet. Die wichtigste Ursache für diese Kontroversen liegt darin, dass die Bevölkerung der Westukraine, die erst 1939 gewaltsam in die Sowjetunion eingegliedert worden war, wenig Loyalität gegenüber Moskau zeigte.

Im Gefolge des Hitler-Stalin-Paktes (und seines Zusatzprotokolls) besetzte die Rote Armee im September 1939 das östliche Polen und mit ihm Galizien und West-Wolhynien. Galizien hatte nie zum Zarenreich gehört, sondern jahrhundertelang zum Königreich Polen-Litauen, zwischen 1772 und 1918 zu Österreich und danach zur Republik Polen. Die überwiegende Zahl der Ukrainer Galiziens bekannte sich zur mit Rom unierten Griechisch-Katholischen Kirche, unterschied sich also konfessionell von den Russen und den übrigen Ukrainern. Moskau begründete die Annexion mit der traditionellen Formel der brüderlichen Hilfe und mit der «Wiedervereinigung» des seit Jahrhunderten getrennten ukrainischen Volkes. 1940 wurde Rumänien gezwungen, die Nordbukowina an die Sowjetunion abzutreten, am Ende des Krieges kam die ungarische Karpato-Ukraine hinzu, die jahrhundertelang zu Ungarn und in der Zwischenkriegszeit zur Tschechoslowakei gehört hatte, sodass 1945 erstmals praktisch alle Ukrainer in einem Staat, der Sowjet-Ukraine, vereint waren.

Nach der Besetzung Galiziens setzte sofort die Sowjetisierung ein. Man verstaatlichte Industrie und Handel, enteignete den

Großgrundbesitz und begann mit der Kollektivierung der Landwirtschaft und der Ukrainisierung des bis dahin polnisch geprägten öffentlichen Lebens. Die meisten Vertreter der (polnischen, jüdischen und ukrainischen) Eliten wurden verhaftet, und mehr als eine Million Menschen wurden in den Osten der Sowjetunion deportiert. Sie wurden durch Russen und Ukrainer, die aus anderen Gebieten der Sowjetunion stammten, ersetzt. Als die deutschen Truppen im Sommer 1941 in Galizien einmarschierten, wurden sie deshalb von weiten Teilen der ukrainischen Bevölkerung als Befreier begrüßt. Mit den Deutschen zogen Milizen der Organisation Ukrainischer Nationalisten (OUN) in Lemberg ein.

Die OUN war 1929 in Galizien begründet worden mit dem Ziel, bewaffneten Widerstand gegen die Diskriminierung der Ukrainer und die Politik der Polonisierung zu leisten. In ihrer undemokratischen ethno-nationalistischen Ideologie und ihrer Militanz trug sie Züge einer faschistischen Bewegung. Diese waren besonders deutlich in den Ideen eines nationalen Führerstaats, wie sie ihr wichtigster Ideologe Dmytro Doncov formulierte, der trotz seiner ethnisch-russischen Herkunft einen extremen Antirussismus vertrat. Die OUN erhielt in Galizien großen Zulauf vor allem unter jungen Menschen. Ihre Mitglieder, unter ihnen der junge Stepan Bandera (1909–1959), verübten Attentate auf polnische Politiker und auf ukrainische «Kollaborateure», was ihnen lange Haftstrafen eintrug. Nach Kriegsbeginn wurden sie von den Deutschen aus den polnischen Gefängnissen befreit, und in der Folge spaltete sich die Organisation. Die radikalere, von Bandera angeführte Gruppe rief am 30. Juni 1941 in Lemberg einen unabhängigen ukrainischen Staat aus. Deutschland setzte dieser Aktion nach wenigen Tagen ein Ende und ließ Bandera und andere Aktivisten verhaften und in Konzentrationslager einliefern.

Manche der verbliebenen Mitglieder der OUN stellten sich in den Dienst der deutschen Besatzungsmacht. Schon kurz nach dem deutschen Einmarsch waren ihre Milizen an der Ermordung von Juden in Lemberg und anderen Orten beteiligt. In der Folge versuchten sie das kulturelle Leben in der gesamten Ukraine wiederzubeleben, wurden aber bald zurückgebunden. Aus der OUN ging 1942 die Ukrainische Aufstandsarmee (Ukraïns'ka Povstans'ka Armija, UPA) hervor, die in der Nordwestukraine einen Guerillakrieg führte. Zeitweise kämpfte sie gegen die deutschen Besatzer, zeitweise arbeitete sie mit ihnen zusammen. Im Jahr 1943 ermordeten von ukrainischen Bauern unterstützte Einheiten der UPA in Wolhynien 50 000 bis 60 000 Polen, um mit einer «ethnischen Säuberung» Platz für ukrainische Siedler zu schaffen. Als die Rote Armee nach Westen vorrückte, wurde sie von Partisanen der UPA bekämpft, erst in den frühen 1950er Jahren wurde diese Widerstandsbewegung endgültig erstickt. Dies verschaffte der UPA und ihrem Anführer Roman Šuchevyč in der Westukraine den Nimbus nationaler Freiheitskämpfer. Auch der 1959 in München von einem sowjetischen Agenten ermordete Bandera wurde zum nationalen Märtyrer. Im Jahr 1943 wurde aus Freiwilligen, die teilweise der OUN angehörten, die SS-Division «Galizien» gebildet, deren Bezeichnung mehrfach wechselte. Ihre 13 000 bis 20 000 Soldaten wurden gegen die Rote Armee und die polnische und jüdische Zivilbevölkerung eingesetzt und waren an Kriegsverbrechen beteiligt.

Nicht nur in der Westukraine, sondern auch in den zentralen Regionen, die als Reichskommissariat Ukraine organisiert wurden, und im Osten, der der Militärverwaltung unterstellt war, arbeiteten zahlreiche Ukrainer als Hilfswillige für die Deutschen, in der Hilfspolizei, in Schutzmannschaften und in der Lokalverwaltung. Dabei wurden sie in der Regel gegenüber ethnischen Russen bevorzugt. Unter der breiten Bevölkerung zerstörte die brutale deutsche Besatzungspolitik aber rasch anfängliche Illusionen. Die weit überwiegende Mehrheit der Ukrainer waren keine Kollaborateure, sondern versuchten einfach, den mörderischen Krieg zu überleben.

Die heftigen Debatten um die Kollaboration von Ukrainern mit Nazi-Deutschland lassen zuweilen vergessen, dass auch unter den meisten anderen Sowjetvölkern Gruppen waren, die sich in den Dienst der deutschen Besatzer stellten. Das betraf vor allem die drei baltischen Völker, aber auch die Muslime und die Russen.

In der russischen Emigration hatten sich rechtsextreme Gruppen formiert, die die Zusammenarbeit mit dem Nationalsozialismus suchten und sich im Krieg gegen die Sowjetunion auf die Seite Deutschlands stellten. Zahlreiche Russen (und Ukrainer) wurden aus den Kriegsgefangenen rekrutiert, die sich mehrheitlich nicht aus Überzeugung anwerben ließen, sondern um zu überleben. Schon seit 1941 nahmen Verbände mehrheitlich russischer Kosaken an deutschen Feldzügen teil. Bis zum Kriegsende umfassten sie zwischen 50 000 und 70 000 Mann. Sie wurden auch mit Spezialaufgaben wie der Partisanenbekämpfung betraut und begingen dabei Kriegsverbrechen. Aus einzelnen militärischen Verbänden, die auf deutscher Seite kämpften, wurde im November 1944 eine «Russische Befreiungsarmee» gebildet, die unter dem Kommando des ehemaligen sowjetischen Generalleutnants Andrej Vlasov stand. In den besetzten Gebieten arbeiteten Russen als Angehörige der Hilfspolizei und in der Lokalverwaltung mit den Besatzern zusammen. Trotzdem war im Ganzen gesehen das Ausmaß der Kollaboration bei den Ukrainern, vor allem den Westukrainern, größer als bei den Russen.

Angesichts der herausragenden Bedeutung des Großen Vaterländischen Krieges im kulturellen Gedächtnis der Russen und vieler Ukrainer ist es kein Wunder, dass die Rolle ukrainischer Nationalisten während dieser Zeit im Zentrum der aktuellen erinnerungspolitischen Debatten steht. Die Kollaboration von Russen wird dagegen nur selten thematisiert. In der Sowjetunion und im postsowjetischen Russland war und ist die Vorstellung von den Ukrainern als Kollaborateuren und «Banderisten» (banderovcy), die an das Stereotyp der Mazepisten und Petljuristen anknüpfen kann, weit verbreitet. Sie wird von der russischen Propaganda geschürt, die den Krieg gegen die Ukraine als Neuauflage des Krieges gegen «die ukrainischen Faschisten» und «geistigen Erben Banderas, des Handlangers von Hitler im Zweiten Weltkrieg», inszeniert.[147]

In der Ukraine wird ihre Rolle unterschiedlich bewertet. Während OUN und UPA in Galizien von vielen Ukrainern als Helden im Befreiungskampf gegen die sowjetische Herrschaft verehrt wurden und noch werden, galten und gelten sie vielen Ukrainern im Osten und Süden des Landes als Verräter. Präsident Juščenko initiierte eine offizielle Neubewertung des Zweiten Weltkriegs, der auch als nationaler Befreiungskampf der Ukraine gegen die Sowjetunion anerkannt werden sollte. Sie gipfelte in der postumen Verleihung des Titels «Held der Ukraine» an Šuchevyč (2007) und an Bandera (2010). Dies löste in Russland, aber auch in Polen, Deutschland und anderen Ländern, heftige Proteste aus. Im Jahr 2011, nach der Wahl von Viktor Janukovyč zum ukrainischen Präsidenten, wurden die beiden Auszeichnungen annulliert.

In der Revolution des Euro-Majdan stellten sich einige nationalistische Gruppen in die Nachfolge von OUN und UPA, und im Zuge des russisch-ukrainischen Krieges wurden Bandera und die UPA zu Helden des nationalen Widerstands aufgewertet. Das zeigte sich in den im April 2015 vom Parlament beschlossenen Geschichtsgesetzen, die dekretierten, dass die beiden Organisationen neben anderen Gruppen als Helden des nationalen Befreiungskampfs anerkannt werden sollten. Die öffentliche Meinung und die Geschichtsforschung in der Ukraine bewerten den Zweiten Weltkrieg aber bis heute uneinheitlich. Dem trug die Regierung Rechnung, als sie im Jahr 2015 beschloss, das Ende des Zweiten Weltkriegs in zwei Feiern zu begehen. Die traditionelle Feier am 9. Mai ist wie in Russland dem Sieg im Großen Vaterländischen Krieg der Jahre 1941 bis 1945 gewidmet. Der 8. Mai, der auch in den westlichen Ländern gefeiert wird, wird als «Tag des Gedenkens und der Versöhnung» begangen und betrifft den ganzen Zweiten Weltkrieg, der in der Ukraine nicht wie in Russland erst 1941, sondern schon 1939 begann. Das offizielle Russland mit Präsident Putin an der Spitze hatte dagegen den «Tag des Sieges» am 9. Mai

2014 nicht nur in Moskau, sondern demonstrativ auch auf der Krim gefeiert. Die Krim werde niemals «Bandera-Land», hatte er schon im März verkündet.[148]

## Von der Völkerfamilie zum Sowjetvolk

Die Sowjetunion ging zwar als Weltmacht aus dem Zweiten Weltkrieg hervor und beherrschte bald ganz Osteuropa, doch waren Land und Leute im Jahr 1945 völlig am Boden. Die sowjetische Bevölkerung war durch die Höllen der Zwangskollektivierung und der Hungersnot, des «Großen Terrors» und des Zweiten Weltkriegs gegangen und bei aller Begeisterung über den Sieg erschöpft. Die Kriegsschäden und eine Missernte führten 1947 erneut zu einer Hungersnot, der mehr als eine Million Menschen, etwa 100 000 davon in der Ukraine, zum Opfer fielen. Die Landwirtschaft erholte sich auch in der Folge nur langsam und erreichte den Vorkriegsstand der Produktion bis zur Mitte der 1950er Jahre nicht.[149]

Priorität hatte erneut der Wiederaufbau der Schwerindustrie, und schon im Jahr 1950 war hier der Vorkriegsstand erreicht. Dies betraf auch die Industrie in der Ukraine, die im Krieg fast völlig zerstört bzw. in andere Regionen verlagert worden war. Wiederaufgebaut wurde auch das stalinistische Terrorsystem, das im Krieg gelockert worden war. Die zurückkehrenden Kriegsgefangenen und Zwangsarbeiterinnen, die antisowjetischer Haltungen verdächtigt wurden, wurden von der politischen Polizei überprüft und Hunderttausende Unschuldiger nach Sibirien verschickt. Das gleiche Schicksal traf 200 000 Westukrainer, die des Nationalismus bezichtigt wurden. 1946 wurde die Ukrainische Griechisch-katholische Kirche aufgelöst und zwangsweise in die Russische Orthodoxe Kirche eingegliedert.

Im März 1953 starb Stalin, und schon bald setzte sich Nikita Chruščev (1894–1971) an die Spitze der Partei. Der ethnische Russe Chruščev hatte, wie schon erwähnt, seine Jugend in der Ostukraine verbracht, war dann Vorsitzender der Parteiorganisation der Stadt Moskau, bevor er 1938 zum Chef der ukrainischen KP bestimmt wurde. Ein Jahr später wurde er ins Politbüro aufgenommen. 1949 kehrte er nach Moskau zurück und wurde Sekretär des Zentralkomitees. Chruščev hatte seine Karriere in den Jahren des Terrors gemacht und Funktionen von Parteileuten übernommen, die den «Säuberungen» zum Opfer gefallen waren. Dennoch war er es, der 1956 eine Abkehr vom Stalinismus einleitete und in seiner Politik den Wünschen der Bevölkerung Rechnung trug.

Die Sowjetunion vollzog seit den späten 1920er Jahren einen beschleunigten Wandel von der Agrar- zur Industriegesellschaft. Dabei legte Stalin den Schwerpunkt einseitig auf Schwer- und Rüstungsindustrie, während Konsumgüterindustrie und Landwirtschaft vernachlässigt wurden. Dies änderte sich unter Chruščev, was zu einer Verbesserung des Lebensstandards, vor allem der Nahrungsmittelversorgung und der Wohnverhältnisse, führte. Doch die Wachstumsraten der Schwerindustrie blieben hoch. Dies galt auch für die Ukraine, obwohl sie gegenüber den Industriegebieten im Ural und in Sibirien weiter an Boden verlor, vor allem als man seit den 1960er Jahren vermehrt auf die Erschließung und Ausbeutung der westsibirischen Erdöl- und Erdgasvorkommen setzte. Der Anteil der Ukraine an den sowjetischen Kapitalinvestitionen ging zwischen 1950 und 1980 von 18 auf 14 Prozent zurück.

Die Bevölkerung der Sowjetunion hatte 1926 147,1 Millionen betragen und wuchs bis 1939 auf 170,6 Millionen an.[150] Trotz der großen Kriegsverluste (und teilweise dank der Gebietsgewinne) betrug sie 1959 208,8 Millionen und erreichte 1989 285,7 Millionen. Aufschlussreich sind die Veränderungen in der Entwicklung der russischen und der ukrainischen Bevölkerung. Die Zahl der ethnischen Russen nahm stetig zu, von 77,8 Millionen (1926) auf 99,6 Millionen (1939) bis auf 114,1 Millionen (1959). Die Zahl der Ukrainer nahm dagegen zwischen 1926 und 1939 um 3,1 Millionen ab, von 31,2 Millionen auf 28,1 Millionen, und stieg dann bis 1959 auf 37,3 Millionen (im um die Westukraine erweiterten Territorium) an. Ganz überwiegend sind die großen Bevölkerungsverluste zwischen 1926 und 1939 auf die Hungersnot von 1932/33 zurückzuführen; dazu kommt eine unbestimmte Anzahl von Ukrainern, die zwischen 1926 und 1939 von der ukrainischen zur russischen Nationalität übergingen. In der Folge stieg die Zahl der Russen wie der Ukrainer kontinuierlich an und erreichte 1989 145,2 bzw. 44,2 Millionen. Zwischen 1959 und 1989 ging ihr Anteil an der sowjetischen Gesamtbevölkerung allerdings zurück, von 54,6 auf 50,8 Prozent bei den Russen bzw. von 18,6 auf 15,5 Prozent bei den Ukrainern. Der Grund dafür waren die stark rückläufigen Geburtenraten bei relativ hohen Sterberaten (vor allem der Männer), während gleichzeitig die Zahl der Muslime in der Sowjetunion sehr stark zunahm. Dies weckte vor allem in Russland Ängste vor einer «Überfremdung», die bis heute nicht verschwunden sind.

In der URSR sank der Anteil der Ukrainer zwischen 1926 und 1939 von 80,0 auf 73,5 Prozent, stieg dann bis 1959 auf 76,8 Prozent an und ging in der Folge wieder bis auf 73 Prozent (1989) zurück, während der Anteil der Russen stetig wuchs, von 9,2 Prozent (1926) auf 12,9 Prozent (1939) und 16,9 Prozent (1959) bis auf 22,1 Prozent im Jahr 1989. Dieser starke Anstieg ist einerseits durch eine verstärkte Zuwanderung von Russen zu erklären, die als Fachkräfte und Kader in die Industriegebiete und großen Städte kamen. Andererseits veränderten sich die Relationen, da die anderen Nationalitäten während und nach dem Zweiten Weltkrieg weitgehend verschwanden. Nach der Ermordung der Juden und der Aussiedlung der Polen und Deutschen wurde die Ukraine aus einem multiethnischen ein vorwiegend bi-ethnisches, ein ukrainisch-russisches Land.

Mit der Industrialisierung der Sowjetunion ging eine rasche Urbanisierung einher. In der RSFSR stieg der Anteil der Stadtbevölkerung stetig von 18 Prozent (1926) auf 33 Prozent (1939), 52 Prozent (1959) bis auf 74 Prozent (1989). In der URSR lagen die Anteile 1926 und 1939 auf etwa derselben Höhe, in den Jahren 1959 und 1989 dann um 6 Prozent unter den Werten der RSFSR. Erheblich größer waren die Unterschiede in der Urbanisierung der beiden ethnischen Gruppen. 1926 lebten 21 Prozent der Russen der Sowjetunion in Städten, aber nur 10 Prozent der Ukrainer. In beiden Gruppen stieg der Anteil der Stadtbevölkerung in der Folge stark an, doch vergrößerte sich der Abstand bis zum Jahr 1979 auf 74 (Russen) zu 56 Prozent (Ukrainer). Obwohl nun mehr als die Hälfte der Ukrainer in Städten lebten, war der schon in der Zarenzeit bestehende Gegensatz «russische Stadt – ukrainisches Dorf» noch nicht völlig überwunden. Dies spiegelte sich in der Sozialstruktur wider. Im Jahr 1979 waren 63 Prozent der Russen und 56 Prozent der Ukrainer Arbeiter, 21 Prozent der Ukrainer und nur 6 Prozent der Russen Kolchosbauern. In der Kategorie der Angestellten, die unter anderem die Eliten in Staat und Wirtschaft umfasste, lagen die Russen mit 31 Prozent deutlich vor den Ukrainern mit 23 Prozent.

Die Alphabetisierung der sowjetischen Bevölkerung wurde in den Zwanziger- und Dreißigerjahren rasch vorangetrieben und war bei Russen und Ukrainern bis zum Zweiten Weltkrieg im Wesentlichen abgeschlossen. Die Zahl der Studierenden, besonders der Studentinnen, stieg stetig an, wobei sich der anfänglich große Abstand zwischen Russen und Ukrainern verringerte. Dennoch stellten die Russen bis zum Ende der Sowjetunion einen größeren Anteil an Spezialisten mit höherer Bildung als die Ukrainer. Außerdem kam es wie schon im 18. und 19. Jahrhundert zu einem *Brain Drain*, indem qualifizierte Ukrainer vermehrt nach Moskau und in andere Städte Russlands abwanderten.

Im Ganzen gesehen erlebte die Sowjetunion seit den 1930er Jahren eine stürmische Modernisierung, die bei den Ukrainern besonders eindrucksvoll war, ohne dass die seit dem 19. Jahrhundert bestehende Asymmetrie gegenüber den Russen ganz beseitigt worden wäre. Dennoch war von großer Bedeutung, dass es nach der weitgehenden Auslöschung der ukrainischen Elite in den 1930er Jahren jetzt wieder eine immer breitere, gut ausgebildete Führungsschicht gab. Dies trug zur Nationsbildung bei, und es konnte nicht ausbleiben, dass diese neue Elite sich politisch artikulierte.

Der soziale Aufstieg und die Masseneinwanderung von Bauern in die vorwiegend russisch geprägten Städte hatten aber auch gegenläufige Auswirkungen. Sie verstärkten den Trend zur Russifizierung, der in den späten Dreißigerjahren die Ukrainisierung abgelöst hatte. Die Zahl der ethnischen Ukrainer, die in den Volkszählungen Russisch als Muttersprache angaben, stieg an. Russisch wurde in der Ukraine wieder zur *lingua franca* und dominierte in der Industrie, der Zentralverwaltung, den Naturwissenschaften und allgemein in den großen Städten vor allem im Süden und Osten, während das Ukrainische auf die Landwirtschaft, die Lokalverwaltung, die Geisteswissenschaften und regional auf die Westukraine zurückgedrängt wurde. Allein während der Siebzigerjahre sank der Anteil ukrainischsprachiger Zeitschriften und Bücher in der Republik von 46 auf 10 Prozent bzw. von 49 auf 24 Prozent. Mit Ausnahme der Westukraine wurde das Ukrainische damit wie in der Zarenzeit wieder zur Sprache der Bauern und der national engagierten Intelligenz. Zur Russifizierung trug auch ein 1958 erlassenes, scheinbar liberales Schulgesetz bei, das es den Eltern überließ, ob sie ihre Kinder in eine nichtrussische oder russische Schule schickten. Dies führte in den Städten zu einem Rückgang der ukrainischsprachigen Schulen, da viele Eltern sich für die russische Schule entschieden, um ihren Kindern bessere Karrierechancen zu eröffnen.

Der offizielle russisch-sowjetische Patriotismus erinnerte an den imperialen Nationalismus der Zarenzeit. Er verband den Mythos des Großen Vaterländischen Krieges mit dem Gründungsmythos der Revolution. Aus der «brüderlichen Familie» sollte sich durch eine allmähliche «Annäherung und Verschmelzung», die in einem dialektischen Verhältnis zum «Aufblühen der Nationen und Kulturen» standen, das «Sowjetvolk als neue historische Gemeinschaft» herausbilden. Dieser von Chruščev 1961 geprägte Begriff fand 1977 Eingang in die neue Verfassung der Sowjetunion.[151] Auch jenseits des leeren Pathos der Propaganda hatten tatsächlich immer mehr

Menschen ein supranationales sowjetisches Bewusstsein. Das wirkt, wie Umfragen zeigen, bis in die Gegenwart nach.

Während die Politik der positiven Diskriminierung der ukrainischen Sprache endgültig an ihr Ende gekommen war, knüpfte Chruščev an die Politik der *korenizacija* an. Der Anteil der Ukrainer in Führungspositionen der Partei und des Staates, der seit Mitte der Dreißigerjahre zurückgegangen war, nahm wieder zu. Chruščev, dessen Hausmacht in der Ukraine lag, setzte Ukrainer (und ethnische Russen aus der Ukraine) vermehrt in Führungspositionen ein. Die Ukrainer wurden «Juniorpartner im Familienunternehmen Sowjetunion». Aus der Sicht der nicht-slawischen Nationalitäten der Sowjetunion hatten die Ukrainer damals imperiale Funktionen und wurden weithin als Russen wahrgenommen.[152]

Nachdem im Jahr 1940 nur 40 Prozent der leitenden Kader der Republikspartei Ukrainer gewesen waren, waren es 1956 schon 68 Prozent, während der Anteil der Russen entsprechend zurückging. 1953 wurde mit Oleksij Kyryčenko erstmals ein ethnischer Ukrainer Parteichef der Ukraine. Er wurde 1955 ins Präsidium des ZK berufen, wie das Politbüro damals hieß, und galt als möglicher Nachfolger Chruščevs, bevor er 1960 abgesetzt wurde. Ihm folgten in der Ukraine mit Mykola Pidhornyj (Podgornyj) und Petro Šelest (1908–1996) zwei weitere Ukrainer. Der Anteil von Ukrainern im Zentralkomitee der KPdSU stieg zwischen 1952 und 1961 von 7 auf 17,7 Prozent auf mehr als das Doppelte. Im Jahr 1964 gehörten dem elfköpfigen Präsidium des ZK nicht weniger als drei Ukrainer an. Dazu kam mit Leonid Brežnev (1906–1982) ein Russe, der seine Karriere in der Ukraine gemacht und sich vorübergehend sogar als ethnischer Ukrainer deklariert hatte. Seine Hausmacht bewahrte Chruščev nicht vor dem Sturz im Herbst 1964. Unter dem neuen Parteichef Brežnev ging der Anteil der Ukrainer in den Führungsgremien zurück, während derjenige der aus der Ukraine stammenden Russen, die man als Dnjepropetrovsk-Mafia bezeichnete, anstieg.

Chruščevs Verbundenheit mit der Ukraine hatte sich schon 1954 gezeigt, als er in Kiew, Moskau und anderen Städten mit großem Pomp das 300-jährige Jubiläum der «Wiedervereinigung der Ukraine mit Russland» feiern ließ. Im selben Jahr wurde die Krim aus der RSFSR aus- und in die URSR eingegliedert, obwohl die ethnischen Russen dort die überwiegende Mehrheit der Bevölkerung stellten. Diese Maßnahme war ökonomisch sinnvoll, hatte doch die Krim keine Landgrenze zur RSFSR. Sie war in sowjetischer Zeit ohne größere praktische Bedeutung und wurde erst nach 1991 politisch relevant. Die Stammbevölkerung der Krimtataren war 1944 unter dem Vorwurf der Kollaboration mit Deutschland nach Zentralasien deportiert worden, und eine Rückkehr blieb ihnen auch verwehrt, als in den Fünfzigerjahren die meisten anderen deportierten Nationalitäten in ihre Heimat zurückkehren durften.

Chruščev rechnete 1956 auf dem 20. Parteitag mit dem Stalinismus ab. Der Massenterror nahm ein Ende, Millionen politischer Häftlinge kehrten aus den Straflagern zurück. Allerdings wurden nicht alle Opfer des Terrors rehabilitiert, und die Entstalinisierung blieb selektiv. So wurden der Holodomor und das Zusatzprotokoll des Molotov-Ribbentrop-Pakts weiterhin totgeschwiegen. Die Liberalisierung löste in der ganzen Sowjetunion ein kulturelles «Tauwetter» aus. In Russland konnten bisher verbotene Bücher erscheinen. Den Höhepunkt bildete die Veröffentlichung von Aleksandr Solženicyns (1918–2008) Lagerroman «Ein Tag im Leben des Ivan Denisovič» im Jahr 1962. Andererseits konnte Boris Pasternaks «Doktor Živago» in der Sowjetunion nicht publiziert werden, und Pasternak durfte den ihm 1957 verliehenen Nobelpreis nicht entgegennehmen. Auch die Orthodoxe Kirche wurde nicht von der Liberalisierung erfasst, sondern weiteren Repressionen ausgesetzt. Nach dem Sturz Chruščevs nahm die Liberalisierung ein Ende. Unter dem neuen Generalsekretär Brežnev verlor die kommunistische Utopie an Anziehungskraft, Stabilität und Sicherheit schlugen in den Siebzigerjahren in Stagnation um, und die wirtschaftlichen Wachstumsraten gingen zurück. Die herrschenden

Eliten, die sogenannte Nomenklatura, waren primär an der Erhaltung ihrer Macht und ihrer Privilegien interessiert.

Auch in der Ukraine brachten die Sechzigerjahre ein «Tauwetter». Die Beschäftigung mit der ukrainischen Sprache, Literatur und Geschichte erlebte einen Aufschwung, und man kritisierte die Russifizierung. Diese Tendenzen wurden vom ukrainischen Parteichef Šelest aufgenommen. Er setzte sich für die Förderung der ukrainischen Sprache ein und kritisierte die Politik der wirtschaftlichen Bevorzugung Sibiriens auf Kosten der Ukraine. Dieser neue Nationalkommunismus war nicht mit einer politischen Liberalisierung verbunden. Dennoch wurde Šelest 1972 abgesetzt und im folgenden Jahr aus dem Politbüro ausgeschlossen. Man warf ihm Förderung des ukrainischen Nationalismus vor, sein 1970 publiziertes Buch «Unsere Sowjetukraine», in dem er die Kosaken glorifizierte, erregte besonderes Missfallen. Wie schon in den 1860er Jahren und in den Jahren 1929 bis 1933 schritt die Zentrale energisch gegen nationale Tendenzen in der Ukraine ein. In den Siebzigerjahren setzte unter dem neuen Parteichef Volodymyr Ščerbyc'kyj, einem Ukrainer aus Breżnevs Dnjepropetrovsk-Mafia, eine Repression ein, die größere Ausmaße annahm als in anderen Sowjetrepubliken.

Die partielle Entstalinisierung führte nicht nur zu einem Aufblühen der nationalen Kulturen, sondern auch zur Formierung einer systemkritischen Intelligenz, die vor allem aus Literaten und Wissenschaftlern bestand. Sie forderten eine politische Liberalisierung des Landes und die Einhaltung der von der Verfassung garantierten Menschen- und Bürgerrechte. Ihr wichtigster Wortführer war der angesehene Kernphysiker Andrej Sacharov (1921–1989). Moskau reagierte schnell, und seit 1966 wurden einzelne «Dissidenten» verhaftet und in Straflager, in psychiatrische Kliniken und später auch ins Exil geschickt. Dennoch setzten kleinere oppositionelle Gruppen ihre Untergrundarbeit fort. Sie schlossen sich in sogenannten Helsinki-Komitees zusammen, die sich auf die 1975 von der Sowjetunion unterzeichnete Schlussakte der KSZE-Konferenz von Helsinki beriefen, die die Menschen- und Bürgerrechte und den Rechtsstaat garantierte. In den Helsinki-Komitees arbeiteten Oppositionelle aus Russland und der Ukraine zusammen. Eine zentrale Figur war der aus der Ukraine stammende frühere Generalmajor Petro Hryhorenko (Petr Grigorenko) (1907–1987), der heftige Kritik an der Parteiführung übte und sich für die Rehabilitierung der Krimtataren einsetzte.

Gleichzeitig trat in Russland und in der Ukraine eine nationale Opposition auf. Russische Schriftsteller und Wissenschaftler setzten sich für eine «Wiedergeburt» Russlands ein, das in der kosmopolitischen Sowjetunion seine Seele verloren habe und vom Imperium ausgebeutet worden sei. Wie schon die Slawophilen des 19. Jahrhunderts suchte man die russische Nation im russischen Dorf und in der Orthodoxie. In der sogenannten Dorfprosa, deren bekannteste Vertreter Valentin Rasputin und Vasilij Belov waren, wurden die von der Sowjetregierung diskriminierten Bauern als Bewahrer russischer Traditionen in einer gottlosen städtischen Welt idealisiert. Manche Gruppen verbanden diese konservative Ideologie mit ökologischen Forderungen, andere mit einem aggressiven Nationalismus und Antisemitismus. Solženicyn, der 1974 aus der Sowjetunion ausgewiesen worden war, plädierte für einen Rückzug Russlands von seinen imperialen Ambitionen und eine Rückkehr vom sowjetisch-russländischen zum russischen Volk, das allerdings Ukrainer und Weißrussen einschloss.

In der Ukraine verfolgte die Bewegung der «Sechziger» überwiegend national-kulturelle Zielsetzungen, die Förderung der ukrainischen Sprache und Literatur und die Enttabuisierung der Nationalgeschichte. Ein Ausdruck dieser Tendenzen war das Buch «Internationalismus oder Russifizierung?» des Literaturkritikers Ivan Dzjuba. Weitergehende national-politische Forderungen gingen vor allem von der Westukraine aus, wo sich im Untergrund nationalistische Gruppen und die Griechisch-Katholische Kirche behauptet hatten. Zu Symbolfiguren wurden dann der aus der Zentralukraine stammenden Vjačeslav Čornovil (1937–1999), ein Journalist, der insgesamt 17 Jahre im Gefängnis verbrachte, und der Dichter

Vasyl' Stus, der 1985 im Straflager ums Leben kam. Die Partei ging gegen die ukrainischen «Dissidenten» mit besonderer Schärfe vor, und die 1972/73 durchgeführte «Säuberung» war die größte Einzelaktion gegen eine politische Opposition seit dem Tod Stalins.

All diese oppositionellen Gruppen blieben auf eine schmale Intelligenzschicht beschränkt. Den Anstoß für eine grundlegende Reform des Sowjetsystems, die im Kollaps der Sowjetunion endete, gab die Moskauer Parteispitze in der Person Michail Gorbačevs.

## Russland und die Ukraine als Totengräber der Sowjetunion

Die Reformen, die der 1985 zum Generalsekretär der KPdSU gewählte Gorbačev (geb. 1931) unter den Slogans Perestrojka (Umbau) und Glasnost' (Transparenz) anstieß und die eine Modernisierung der Sowjetunion, deren wirtschaftliche Rückständigkeit immer offensichtlicher geworden war, zum Ziel hatten, führten in wenigen Jahren zu einer schweren Wirtschaftskrise und zur Delegitimierung der sowjetischen Ordnung. In heftigen Geschichtsdiskussionen fiel ein ideologisches Tabu nach dem anderen, und selbst der Gründungsmythos der Oktoberrevolution und die Person Lenins gerieten unter Beschuss. 1989 wurden erstmals seit 1917 weitgehend freie Parlamentswahlen durchgeführt, ein Jahr darauf wurde mit dem Machtmonopol der Kommunistischen Partei die wichtigste Säule der Sowjetherrschaft beseitigt. Gleichzeitig zog sich die Sowjetunion aus den von ihr beherrschten Ländern Mittel- und Südosteuropas zurück.

Wie viele seiner Zeitgenossen innerhalb und außerhalb des Landes hielt Gorbačev, der eine ukrainische Mutter hatte, die Nationalitätenfrage in der Sowjetunion für gelöst und reagierte deshalb spät und ungeschickt auf die nationalen Bewegungen in den Randgebieten. Zunächst gaben Litauen, Estland, Lettland und Georgien den Ton an und verfolgten schon bald separatistische Ziele. In den Jahren 1988 bis 1990 erklärten alle Sowjetrepubliken ihre Souveränität, was nicht die staatliche Abtrennung, sondern eine weitgehende Autonomie bedeutete. Im März 1990 erklärte Litauen, im Mai 1991 Georgien seine Unabhängigkeit. Von entscheidender Bedeutung war, dass am 11. Juni 1990 überraschend auch die RSFSR ihre Souveränität erklärte:

> «Der erste Kongress der Volksdeputierten … verkündet feierlich die staatliche Souveränität der RSFSR auf ihrem gesamten Territorium und erklärt die Entschlossenheit, einen demokratischen Rechtsstaat im Verband der erneuerten UdSSR zu schaffen.
> 1. Die RSFSR ist ein souveräner Staat, der durch den Zusammenschluss seiner Völker historisch geschaffen worden ist.»[153]

Damit sagte sich Russland erstmals vom Imperium los, Moskau stellte sich gegen Moskau. Die entscheidende Rolle spielte dabei der ehemalige Parteichef der Stadt Moskau Boris Jelzin (1931–2007), der sich mit Gorbačev überworfen hatte und sich in der RSFSR eine eigene Machtbasis schuf. Zum ersten Mal trat damit die von Beginn an diskriminierte Russländische Sowjetrepublik ins Licht der großen Politik. Im Juni 1991 wurde Jelzin in einer Volksabstimmung zum Präsidenten der RSFSR gewählt. Gorbačev war schon 1990 vom sowjetischen Parlament zum Staatspräsidenten der Sowjetunion gewählt worden; ihm fehlte damit die Legitimation einer direkten Volkswahl. Er versuchte, mit einem Referendum und einem Föderationsvertrag die Einheit des sowjetischen Staates zu bewahren, doch machte im August 1991 ein Putsch reaktionärer Kräfte diese Pläne zunichte. Der Putsch scheiterte, nicht zuletzt dank dem entschlossenen Auftreten Jelzins. Jetzt erklärten die meisten Sowjetrepubliken ihre Unabhängigkeit. Die einzige Ausnahme war neben Kasachstan, das im Dezember folgte, Russland. Jelzin zögerte vor dem letzten Schritt einer Trennung Russlands vom Imperium zurück.

Die Ukraine reagierte mit Verspätung auf die tiefe Krise der

Sowjetunion, der konservative Parteichef Ščerbyc'kyj blieb bis in den September 1989 im Amt. Die Katastrophe im Kernkraftwerk Čornobyl' (russ. Černobyl') im Jahr 1986 und das dabei zu Tage getretene Versagen der Führungen in Moskau und Kiew mobilisierten erstmals breitere Kreise. 1989 traten die Bergleute im Donbass mit Massenstreiks hervor. In Galizien setzte sich seit 1987 ein Komitee für die Wiederzulassung der Griechisch-Katholischen Kirche ein und erreichte sein Ziel Ende 1989. Schriftstellerinnen und Schriftsteller traten gegen die Russifizierung im Schulwesen und in der Presse auf und beschäftigten sich mit Tabuthemen wie der Hungersnot von 1932/33 und Person und Werk Hruševs'kyjs. Im September 1989 schloss sich die demokratische Opposition in der «Volksbewegung der Ukraine für die Perestrojka» (*Ruch*, ukr. Bewegung) zusammen, die bald einen Massencharakter annahm. Als ein Anführer der Opposition trat der aus der Haft entlassene Čornovil hervor. Darauf ergriffen Mitglieder der kommunistischen Führung die Initiative und übernahmen die Postulate der Opposition. An ihre Spitze setzte sich der aus der Westukraine stammende Leonid Kravčuk (geb. 1934), der im Zentralkomitee der ukrainischen KP für Propaganda zuständig war. Er wurde im Juli 1990 zum Parlamentspräsidenten gewählt, und im selben Monat erklärte die URSR ihre Souveränität. Am 24. August 1991 folgte die Unabhängigkeitserklärung durch das Parlament. Sie verkündete «in Fortsetzung der ein Jahrtausend alten Tradition der Staatsbildung in der Ukraine [gemeint ist die Kiewer Rus'] und gestützt auf das Selbstbestimmungsrecht ... feierlich die Unabhängigkeit der Ukraine und die Schaffung eines unabhängigen Staates Ukraine. Das Territorium der Ukraine ist unteilbar und unantastbar. Von heute an gelten auf dem Territorium der Ukraine ausschließlich die Verfassung und Gesetze der Ukraine.»[154]

Am 1. Dezember 1991 wurde in einem Referendum in der Ukraine die Unabhängigkeit von 90 Prozent der Abstimmenden bestätigt. Die Wahlbeteiligung betrug 84 Prozent. Alle Regionen sprachen sich für die Unabhängigkeit aus, auch das Gebiet Donec'k

Die Präsidenten Šuchevyč, Kravčuk und Jelzin (von rechts) in Belaveža am 8. Dezember 1991, ganz links der ukrainische Ministerpräsident Vitold Fokin

(mit 85%) und sogar die überwiegend von ethnischen Russen bewohnte Krim (mit 54%). Am selben Tag wurde Kravčuk vom Volk zum Präsidenten der Ukraine gewählt. Er erhielt 61 Prozent der Stimmen, sein Gegenkandidat Čornovil nur 23 Prozent. Damit setzte sich wie in Russland ein ehemaliger Parteifunktionär durch, ein Signal dafür, dass Teile der alten Eliten ihren Platz nicht einfach räumen würden. Russland erkannte einen Tag später, als dritter Staat nach Polen und Kanada, die Unabhängigkeit der Ukraine an. Die Loslösung der nach Russland wichtigsten und bevölkerungsreichsten Republik von der Sowjetunion beschleunigte deren Zerfall entscheidend.

Am Abend des 7. Dezember 1991 trafen sich in einem Jagdhaus der Regierung im Wald von Belaveža in Weißrussland die Präsidenten Russlands, der Ukraine und Weißrusslands Jelzin, Kravčuk und Stanisläu Šuškevič.[155] Jelzin war die treibende Kraft, ihm ging es noch immer um den Machtkampf mit Gorbačev, der die Sowjetunion verkörperte und den er unbedingt ausschalten wollte. Er war sich bewusst, dass dies nur gemeinsam mit der Ukraine möglich war. Beim Abendessen legte Jelzin Kravčuk den Text eines mit Gorbačev ausgehandelten Unionsvertrags zur Unterschrift vor. Der ukrainische Präsident weigerte sich und berief sich darauf, dass die Unabhängigkeit der Ukraine infolge der Volksabstimmung vom 1. Dezember unwiderruflich sei. Jelzin appellierte darauf an die engen freundschaftlichen Beziehungen zwischen Russland und der Ukraine, doch Kravčuk blieb hart. Am nächsten Morgen trafen sich die drei Präsidenten erneut. Die russische und weißrussische Delegation hatten einen Entwurf vorbereitet, doch bestand Kravčuk darauf, dass gemeinsam ein neuer Text aufgesetzt wurde. Um 14 Uhr war man so weit, und die drei Präsidenten unterzeichneten ein Abkommen, das wie folgt begann: «Wir, die Republik Belarus', die RSFSR und die Ukraine, als Gründerstaaten der UdSSR, die 1922 den Unionsvertrag unterschrieben haben, halten fest, dass die UdSSR hiermit ihre Existenz als Subjekt des Völkerrechts und als geopolitische Realität beendet.»[156]

An ihre Stelle trat die lose «Gemeinschaft unabhängiger Staaten» (GUS). Kravčuk hatte durchgesetzt, dass die neue Organisation nicht, wie im Entwurf vorgesehen, als «Union demokratischer Staaten» bezeichnet wurde. Die neue Formulierung unterstrich den Bruch mit der Sowjetunion. Eine Absage an die Sowjetunion war auch die Bestimmung, dass das Koordinationsorgan der GUS seinen Sitz nicht in Moskau, sondern in Minsk haben sollte.

Jelzin orientierte in einem Telefongespräch den amerikanischen Präsidenten George H. W. Bush, Šuškevič Gorbačev. Dieser reagierte wütend, sprach von einem Staatsstreich und bezeichnete Jelzin als Verräter. Am 21. Dezember bekräftigten Vertreter von elf Sowjetrepubliken im Protokoll von Alma-Ata das Ende der Sowjetunion. Alle Republiken außer den drei baltischen Ländern und

Georgien traten der GUS bei. Vier Tage später trat Gorbačev zurück, und am 26. Dezember beschloss das sowjetische Parlament die Auflösung der Sowjetunion am Jahresende. Kurz zuvor trat auch Russland formell aus der UdSSR aus und nahm den Namen Russländische Föderation (Russland) an.

Jelzin und andere führende russische Politiker hatten sich die GUS als locker gefügte Sowjetunion mit neuem Namen und unter russischer Führung vorgestellt. Man hatte schon im Herbst 1991 begonnen, sowjetische Institutionen wie das Finanzministerium und die Akademie der Wissenschaften auf die RSFSR zu übertragen. Jelzin anerkannte zwar die Unabhängigkeit der Ukraine, sprach sich aber mehrfach für eine Union zwischen Russland und der Ukraine aus. Im Nachhinein wurde diese Absicht dadurch bestätigt, dass russische Politiker schon zu Beginn des Jahres 1992 heftig auf die eigenständige Politik der Ukraine und anderer postsowjetischer Länder reagierten. Damit hatten sie auch die Mehrheit der Bürgerinnen und Bürger Russlands hinter sich.

In den Dezembertagen des Jahres 1991 wurde mit drei Federstrichen die Sowjetunion von der politischen Landkarte gelöscht. Für die Öffentlichkeit innerhalb und außerhalb der Sowjetunion war der Zusammenbruch der zweiten Supermacht, die das 20. Jahrhundert wesentlich geprägt hatte, schwer vorstellbar. Wie die zitierten Zeugnisse zeigen, war der Akt von Belaveža nicht von langer Hand geplant, sondern kurzfristig improvisiert. Die drei Präsidenten hatten sich im Vorfeld nicht abgesprochen. Von entscheidender Bedeutung waren das Unabhängigkeitsreferendum der Ukraine und die Rivalität Jelzins mit Gorbačev. Das Sowjetsystem ist Ende der 1980er Jahre kollabiert, aber das Imperium als *Staat* brachten Russland und die Ukraine endgültig zu Fall. Dabei versetzte die Ukraine in der Person ihres Präsidenten Kravčuk dem sowjetischen Staat den Todesstoß. Damit emanzipierte sich der kleine vom großen Bruder. Russland prangerte später den «Verrat» der Ukraine an, und Kravčuk erschien als neuer Mazepa.

Der Kollaps der Sowjetunion, der sich innerhalb weniger Monate vollzog, kam für alle Zeitgenossen überraschend. Das gilt auch für die meisten Russen und Ukrainer, die sich damals der Tragweite der Ereignisse nicht voll bewusst waren. Viele Ukrainer hätten sich wohl mit der Gewährung einer weitgehenden Autonomie zufrieden gegeben. Für die meisten Russen war das Ende der Sowjetunion ein Schock. Viele hatten den Untergang des Kommunismus gutgeheißen, den Zerfall des sowjetischen Staates lehnten sie aber mehrheitlich ab. Sie sahen im russisch-sowjetischen Staat ihr Vaterland, dem sie Identität und Loyalität bewiesen. Dazu kam, dass nun Millionen ethnischer Russen im Ausland lebten.

Überraschend kam der Zusammenbruch der Sowjetunion auch für das Ausland. Westliche Politiker wie George H. W. Bush, Helmut Kohl und François Mitterand hatten sich noch wenige Monate zuvor für den Erhalt der Sowjetunion eingesetzt, um die Stabilität im Osten Europas nicht zu gefährden. Eine noch größere Überraschung war die Entstehung eines unabhängigen ukrainischen Staates. Viele erwarteten, dass damit keine vollständige Unabhängigkeit gemeint war und dass die Gemeinschaft unabhängiger Staaten in die Fußstapfen der von Russland geprägten Sowjetunion treten werde.

Vielleicht hätten die drei Präsidenten den sowjetischen Staat als Bundesstaat, verkleinert um das Baltikum und Südkaukasien, retten können. Denn das Sowjetsystem ist während seines Umbaus zusammengestürzt, der Untergang des sowjetischen Staates war zu diesem Zeitpunkt nicht unvermeidlich. Er wurde von einer Mehrheit der russischen Politiker und auch der Bürger Russlands nicht begrüßt. Vladimir Putin hat sich bis heute nicht damit abgefunden, wie sein viel zitierter Ausspruch vom Untergang der Sowjetunion als «größte geopolitische Katastrophe des 20. Jahrhunderts» und seine Pläne einer Eurasischen Union bezeugen. Geschichte vollzieht sich nicht nach festen Gesetzen, sondern wird oft durch einzelne Ereignisse wesentlich bestimmt. Zu diesen Ereignissen gehören die Verhandlungen im weißrussischen Wald, bei denen die Ukraine erstmals seit 70 Jahren als weltpolitische Akteurin in Erscheinung trat.

## 9. Kapitel

# Feindliche Brüder? Die Konfrontation der beiden postsowjetischen Staaten

Das Verhältnis zwischen Russen und Ukrainern zeichnete sich auch in postsowjetischer Zeit durch Asymmetrie aus. Die meisten Russen erkannten die Ukrainer nicht als eigenständige Nation an, sondern betrachteten sie als Teil einer umfassenden orthodoxen russischen Gemeinschaft, der «russischen Welt» (*russkij mir*). Im Gegensatz zu den Russen besäßen sie keine staatsbildende Kraft. Diese Haltung wurde von nicht wenigen Ukrainern geteilt, die sich die russische Kultur und das russisch-sowjetische kulturelle Gedächtnis angeeignet hatten.

Das westliche Ausland übernahm diese Einschätzung der Ukrainer weitgehend. Die Ukrainer standen ganz im Schatten der Russen. Die Sowjetunion, in der die Russen nur gut die Hälfte der Bevölkerung stellten, wurde in der westlichen Öffentlichkeit überhaupt meist als Russland, ihre multiethnische Bevölkerung als Russen wahrgenommen. Die Ukrainer, die nach den Russen mit Abstand größte Nationalität der Sowjetunion, blendete man weitgehend aus. Die Ukraine und ihre Bewohner waren ein weißer Fleck auf der kognitiven Landkarte der meisten Europäer.

## Die Unabhängigkeit der Ukraine und die Reaktion Russlands

Daran änderte sich wenig, als die Sowjetunion im Jahr 1991 überraschend auseinanderbrach und ein unabhängiger ukrainischer

Staat auf der politischen Landkarte auftauchte.[157] Mit dem Kollaps der Sowjetunion wurden automatisch alle 15 Sowjetrepubliken, unter ihnen die Russländische und die Ukrainische, in ihren aktuellen Grenzen zu souveränen Staaten. Die Gemeinschaft unabhängiger Staaten (GUS), die an die Stelle der Sowjetunion trat, wurde nicht, wie von der russischen Führung beabsichtigt, eine von Russland dominierte Union, sondern lediglich ein loser Zusammenschluss von Nationalstaaten. Dennoch hielt Russland am Anspruch auf Hegemonie über den postsowjetischen Raum fest, der als «Sphäre seiner privilegierten Interessen» oder als «nahes Ausland» bezeichnet wurde.

Dass die eng verwandten Ukrainer (und Weißrussen) nun durch Staatsgrenzen von den russischen Brüdern getrennt waren, schockte die russische Gesellschaft und Politik in besonderem Maß. Die russische Nation war ohne Ukrainer unvollständig. Die meisten Russen betrachteten den ukrainischen Staat als etwas Künstliches und Provisorisches, und im russischen Sprachgebrauch wurde die Unabhängigkeit der Ukraine oft nicht mit dem russischen Wort (*nezavisimost'*), sondern herablassend mit dem ukrainischen Ausdruck (*samostijnist'*) bezeichnet. Man rechnete damit, dass sich die Ukraine über kurz oder lang mit Russland wiedervereinigen werde.[158]

Als die Ukraine im August 1991 ihre Unabhängigkeit ausrief, erklärte der sowjetische Präsident Gorbačev: «Ohne die Ukraine kann es keine Union geben, und es kann auch keine Ukraine ohne Union geben. Diese beiden slawischen Staaten [Russland und die Ukraine] waren für Jahrhunderte die Achse, an der sich ein riesiger multinationaler Staat entwickelte. So wird es auch bleiben.»[159] Auch andere russische Politiker und Publizisten reagierten heftig auf die Unabhängigkeitserklärung. Der Moskauer Politikwissenschaftler Gleb Pavlovskij erklärte pathetisch, dass mit der Schaffung der unabhängigen Ukraine «die russische Geschichte an ihr Ende gekommen» sei.[160] Aus der Umgebung des russischen Präsidenten Jelzin kamen Drohungen, die russisch-ukrainische Grenze zu revidieren. Außenminister Andrej Kozyrev schloss nicht aus, dass militärische Gewalt notwendig sein könnte, um die in den GUS-Staaten, vor allem in der Ukraine und in den baltischen Staaten, lebenden Russen zu schützen.[161] Der liberale Bürgermeister von St. Petersburg Anatolij Sobčak ging so weit, die unabhängige Ukraine als internationales Sicherheitsrisiko und russisch-ukrainische Grenzkonflikte als möglichen Herd eines nuklearen Krieges zu bezeichnen.[162]

Die meisten Russen hatten und haben eine enge emotionale Beziehung zur Ukraine: «Es ist unmöglich, aus unseren Herzen zu reißen, dass die Ukrainer unser eigenes Volk sind. Das ist unser Schicksal – unser gemeinsames Schicksal», so Jelzin im Jahr 1997, und der russische Ministerpräsident Viktor Černomyrdin ein Jahr früher: «Die Ukraine ist nicht nur ein Nachbar für uns. Sie ist Teil unserer Seele, und wir wollen zusammen sein für alle Zeit.»[163] Die Aussagen der beiden Politiker zeigten die zentrale Bedeutung auf, die die Ukraine für die russische Nations- und Staatsbildung hat. So unterschiedliche Persönlichkeiten wie Gorbačev und Jelzin, die genannten liberalen Politiker, der Führer der Kommunistischen Partei Russlands Gennadij Zjuganov und die beiden Literatur-Nobelpreisträger Iosif Brodskij und Aleksandr Solženicyn reagierten konsterniert und alarmiert auf die Abspaltung der Ukraine von Russland und riefen dazu auf, die «drei brüderlichen slawischen Völker» (Russen, Ukrainer und Weißrussen) wieder zu vereinigen. In Verschwörungstheorien wurde die Schaffung des ukrainischen Staates als Komplott der ukrainischen Eliten gegen ihr russlandfreundliches Volk oder als Anschlag des Westens auf Russland gedeutet.[164] Solche Verschwörungstheorien waren unbegründet, denn der Westen war an Stabilität im Osten Europas interessiert und selbst vom Zusammenbruch der Sowjetunion überrascht worden, und das Interesse an der Ukraine war gering.

Die Asymmetrie des Verhältnisses Russlands zur Ukraine brachte 1995 der zweite Präsident der Ukraine Leonid Kučma (geb. 1938) auf den Punkt: «Die Ukraine wollte eine gleichberechtigte Partnerschaft mit Russland ... Aber es gibt Kräfte in Russland, die nicht verstehen wollen, dass die Ukraine ein souveräner Staat ist. Das ist das Hauptproblem in unseren Beziehungen zu Russland.»[165] Wie die Regierungen der Länder Ostmitteleuropas setzte sich auch die ukrainische Führung das Ziel der «Rückkehr der Ukraine nach Europa». Dabei war das historisch belastete Verhältnis zu Polen von zentraler Bedeutung. Polen ging auf die Ukraine zu und erkannte als erster Staat schon am 2. Dezember 1991 die Unabhängigkeit der Ukraine an. Wenn der polnische Präsident Aleksander Kwaśniewski meinte, «Je mehr die Ukraine in Europa ist, desto sicherer ist Europa», dann hatte er ohne Zweifel Russland und die gemeinsamen Sicherheitsinteressen Polens und der Ukraine im Auge.[166]

Auch die meisten Ukrainer waren von der plötzlichen Unabhängigkeit ihres Landes überrascht und konnten sich lange nicht daran gewöhnen, dass Russland zum Ausland geworden war. Während die Präsidenten und Regierungen der Ukraine auf die Unabhängigkeit ihres Landes und auf Gleichberechtigung mit Russland pochten und der Annäherung an die Europäische Union Priorität einräumten, blieben große Teile der Bevölkerung auf Russland orientiert. Die Mehrheit der Ukrainer im Osten und Süden des Landes, Teile der alten Eliten und die Kommunisten, die in den Parlamentswahlen von 1994 mit einem Viertel der Stimmen zur stärksten Partei wurden, hielten an einer sowjetischen Identifikation fest und zogen enge Bindungen an Russland und die GUS einer Westorientierung vor. Eine klare Mehrheit aller Ukrainer erklärte mehreren Umfragen der Jahre 1994 bis 1998 zufolge, dass Russland der Ukraine näher stehe als allen anderen Staaten, dass sie zur selben Nation gehörten, und immerhin ein Drittel befürwortete einen Zusammenschluss der beiden Länder.[167] Die Rede von den «Brudervölkern» war also nicht einfach eine Erfindung der Propaganda, sondern hatte breiten Rückhalt nicht nur in Russland, sondern auch in der Ukraine.

Russland und die Ukraine sind die beiden territorial größten Staaten Europas, die Russländische Föderation ist mit 17,1 Millionen Quadratkilometern fast dreißigmal so groß wie die Ukraine mit 603 700 Quadratkilometern. Die Russländische Föderation zählte zu Beginn der Neunzigerjahre 149,5 Millionen, die Ukraine 52,3 Millionen Einwohner; 25 Jahre später waren es nur noch 142,4 bzw. 45,4 Millionen. Beide Länder verfügten über eine entwickelte Schwer- und Rüstungsindustrie, nur Russland über reiche Erdöl- und Erdgasvorkommen. Beide waren moderne Industriegesellschaften mit einem hohen Urbanisierungsgrad, wobei Russland mit 74 Prozent noch immer deutlich vor der Ukraine (67,5%) lag.

Russland und die Ukraine machten in den Neunzigerjahren die ersten Schritte in der Transformation von der zentralgeleiteten Planwirtschaft zur freien Marktwirtschaft, von der sowjetischen Parteidiktatur zur parlamentarischen Demokratie, vom Informationsmonopol der Partei zur Meinungsvielfalt. Diese Prozesse waren in beiden Ländern mit Schwierigkeiten und Rückschlägen verbunden. Das sowjetische Erbe konnte nicht einfach abgeschüttelt werden, sondern hielt sich in den Mentalitäten und Netzwerken der alten Eliten, die zunächst die Politik dominierten. Ein ständiges Problem waren die Auseinandersetzungen zwischen der von den Staatspräsidenten dominierten Exekutive und dem Parlament, die Reformen erschwerten und in Russland 1993 zu Zusammenstößen führten, die mehr als hundert Todesopfer forderten. In den stürmischen ersten Jahren der Unabhängigkeit profitierten clevere Unternehmer und ehemalige Parteifunktionäre von den ungeklärten Besitz- und Rechtsverhältnissen und kamen, oft mit zweifelhaften Methoden, zu großem Reichtum. Diese sogenannten Oligarchen beherrschten in Russland und der Ukraine bald nicht nur einen bedeutenden Teil der Wirtschaft, sondern nahmen auch Einfluss auf die Politik.

Die Transformation führte zu einem Zusammenbruch der Wirtschaft, deren Leistung bis zur Jahrtausendwende in beiden Ländern auf etwa die Hälfte des Standes von 1989 schrumpfte. Dies hatte ein dramatisches Absinken des Lebensstandards der Bevölkerung und einen Kollaps des Systems sozialer Sicherung zur Folge. Armut und Elend griffen um sich. Russland war wirtschaftlich im Vorteil wegen seiner großen Erdöl- und Erdgasvorräte, deren Ausbeutung aber erst Ende der 1990er Jahre wieder intensiviert wurde und, gefördert durch einen Anstieg der Erdölpreise, zu Beginn des 21. Jahrhunderts ein starkes Wirtschaftswachstum initiierte. Zur gleichen Zeit überwand auch die Ukraine die Krise, doch vollzog sich das Wirtschaftswachstum hier langsamer und von einem niedrigeren Niveau aus. Im Ganzen zeigten sich in der Entwicklung der beiden postsowjetischen Staaten zahlreiche Parallelen. Der wichtigste Unterschied bestand darin, dass Russland, das sich als Nachfolger der Sowjetunion betrachtete, auch deren imperiales Erbe übernahm. Das führte zu zwei blutigen Kriegen gegen die Tschetschenen, die einen unabhängigen Staat anstrebten, und beeinflusste auch Russlands Beziehungen zur Ukraine und zu anderen postsowjetischen Staaten.

Vor diesem Hintergrund gestalteten sich die Beziehungen zwischen den beiden jungen Staaten schwierig. Die wichtigsten Problemkreise waren:

1. Von Beginn an umstritten war die staatliche Zugehörigkeit der Krim. Die Krim war Ende des 18. Jahrhunderts von Russland erobert und im 19. Jahrhundert von zahlreichen Russen, Ukrainern, griechischen und deutschen Kolonisten besiedelt worden, während die Mehrheit der Stammbevölkerung der Krimtataren freiwillig oder unter Zwang ins Osmanische Reich auswanderte. Die Krim erhielt im Jahr 1921 den Status einer Autonomen Republik im Rahmen der Russländischen Sowjetrepublik. In den Zwanzigerjahren wurden die krimtatarische Sprache und Kultur gefördert, dann setzte eine Russifizierung ein. Im Zweiten Weltkrieg besetzten deutsche Truppen die Krim. Nach deren Abzug im Jahr

1944 wurden die Krimtataren pauschal der Kollaboration mit dem Feind beschuldigt und vollständig nach Zentralasien deportiert; die Krimrepublik wurde aufgelöst. Während die meisten anderen deportierten Nationalitäten, unter ihnen die Tschetschenen, nach 1956 in ihre Heimat zurückkehren konnten und man ihre Republiken wiederherstellte, blieb dies den Krimtataren verwehrt. Erst Ende der 1980er Jahre wanderte die Mehrheit der Krimtataren auf die Krim zurück, wo sie im Jahr 2001 eine Minderheit von 12 Prozent ausmachte (gegenüber 58% ethnischen Russen und 24% Ukrainern).[168]

1954 war das Territorium der Krim aus der Russländischen Sowjetrepublik ausgegliedert und der Ukrainischen Sowjetrepublik zugeteilt worden, eine Maßnahme, die im sowjetischen Staat keine praktischen Auswirkungen hatte. Dies änderte sich mit dem Zusammenbruch der Sowjetunion, als die Krim automatisch Bestandteil der unabhängigen Ukraine wurde. Obwohl sich in einer Volksabstimmung vom 1. Dezember 1991 eine knappe Mehrheit der Bevölkerung der Krim für die Unabhängigkeit der Ukraine ausgesprochen hatte, kam es in der ersten Hälfte der Neunzigerjahre zu separatistischen Bestrebungen bis hin zu einer Unabhängigkeitserklärung durch das Parlament der Krim im Jahr 1992. In den Medien und im Parlament Russlands fanden solche Bestrebungen Unterstützung. Die Kiewer Regierung gewährte der Krim 1992 den Status einer Autonomen Republik mit einer gewissen Selbstverwaltung. Dennoch kam es zu ständigen Streitigkeiten mit der Krim-Regierung, die erst 1996 in einem Kompromiss beigelegt werden konnten. Dass die separatistischen Bestrebungen unter der Krimbevölkerung allmählich versandeten, lag auch daran, dass sie vom russischen Präsidenten und seiner Regierung nicht unterstützt wurden. Das änderte sich erst Ende Februar 2014.

2. Eng mit der Krimfrage verknüpft war das Problem der Aufteilung der sowjetischen Schwarzmeerflotte, die in Sevastopol' auf der Krim, also auf dem Hoheitsgebiet der Ukraine, stationiert war. Im Jahr 1992 kam es zu einem heftigen verbalen Schlagabtausch, in

dem von russischer Seite Emotionen geschürt wurden. Die Krim ist in Russland seit dem 19. Jahrhundert ein nationaler Mythos, und Sevastopol' als «Heldenstadt», die im Krimkrieg und im Zweiten Weltkrieg lange überlegenen Belagerern getrotzt hat, ein wichtiger russischer (und sowjetischer) Erinnerungsort. Nach langen Verhandlungen und einer dreijährigen gemeinsamen Kontrolle erreichte man auch hier einen Kompromiss. Die Schwarzmeerflotte und die militärische Infrastruktur wurden zwischen beiden Staaten aufgeteilt, wobei der Ukraine 18 Prozent der Marine zugesprochen wurden. Der größere Teil von Sevastopol' mit der russischen Flottenbasis blieb zwar Staatsgebiet der Ukraine, wurde aber von Russland bis 2017 gepachtet. 2010 wurde der Pachtvertrag bis zum Jahr 2047 verlängert.

3. Thema internationaler Verhandlungen war die Frage der Aufteilung der sowjetischen Kernwaffen. Aus dem Arsenal der Sowjetunion waren in der Ukraine etwa 5000 atomare Waffen stationiert, unter ihnen 176 mit nuklearen Sprengköpfen bestückte Interkontinentalraketen. Die Ukraine war damals die dritte Nuklearmacht der Welt. Schon im Jahr 1994 verzichtete sie auf ihre Kernwaffen. Im Budapester Memorandum vom 5. Dezember 1994 verpflichteten sich Russland, Großbritannien und die Vereinigten Staaten, als Gegenleistung die Souveränität und die bestehenden Grenzen der Ukraine und ihre Unabhängigkeit zu garantieren. Zwei Jahre später verließen die letzten Nuklearwaffen das Territorium der Ukraine.

4. Migrationen zwischen der Ukraine und Russland hatten dazu geführt, dass in der unabhängigen Ukraine 11,3 Millionen ethnische Russen (22,1% der Gesamtbevölkerung) lebten, im Jahr 2001 waren es noch 8,3 Millionen (17,3%). Sie konzentrierten sich auf den Osten und Süden des Landes. Auf der anderen Seite wohnten etwa 3 Millionen ethnische Ukrainer in der Russländischen Föderation, wo sie zwar nur 2 Prozent der Gesamtbevölkerung ausmachten, aber immerhin die drittstärkste Nationalität hinter Russen und Tataren waren. Während das Schicksal der in Russland

lebenden Ukrainer nicht Gegenstand von Kontroversen wurde, instrumentalisierte die Politik Russlands die außerhalb der Russländischen Föderation lebenden Russen. Ständig war jetzt, auch in westlichen Medien, die Rede davon, dass mit dem Ende der Sowjetunion 18 Millionen Russen über Nacht plötzlich im Ausland, außer der Ukraine vor allem in Kasachstan und im Baltikum, aufgewacht seien.

Dabei blieb der Begriff «Russen» mehrdeutig. Um Staatsbürger konnte es sich nicht handeln, denn eine russländische Staatsbürgerschaft gab es erst nach dem Ende der Sowjetunion. Gemeint waren mit «Russen» die Personen russischer Nationalität oder/und die Russischsprachigen. Die Nationalität war nur in der Sowjetunion eine offizielle, in den Volkszählungen erhobene und im Inlandspass eingetragene Kategorie, die in der Regel vererbt wurde, im Fall von Mischehen auch geändert werden konnte. Sie war nicht gleichzusetzen mit der Kategorie der Mutter- oder Umgangssprache, die in den Volkszählungen ebenfalls erhoben wurde. So wurden die Juden der Sowjetunion als eigene Nationalität geführt, obwohl fast alle Russisch als Muttersprache hatten. In der unabhängigen Ukraine machten die Angehörigen der ukrainischen Nationalität 78 Prozent aus, doch war etwa die Hälfte der Gesamtbevölkerung vorwiegend russischsprachig, wobei Zweisprachigkeit weit verbreitet war. Die Kategorie der Nationalität verlor in den postsowjetischen Staaten ihren offiziellen Status, doch wurde sie in den Zählungen weiter erhoben, und sie wurde als politische Waffe eingesetzt.

Mit der Unabhängigkeit der Ukraine erhielten alle auf ihrem Territorium lebenden Personen automatisch die ukrainische Staatsbürgerschaft. Zwar wurde das Ukrainische alleinige Staatssprache, doch wurden in einem Minderheitenschutzgesetz und in der Verfassung die sprachlichen und kulturellen Rechte der ethnischen Russen und der anderen Minderheiten garantiert. In den Städten der Ost- und Südukraine und auf der Krim behielt das Russische seine dominante Stellung. Dennoch war es für viele ethnische Russen nicht leicht, sich damit abzufinden, dass sie nicht mehr zur dominanten Mehrheit des Gesamtstaats gehörten, sondern eine Minderheit in der unabhängigen Ukraine waren.

Das offizielle Russland machte sich zum Anwalt der «Russen» der Ukraine, wobei offen blieb, ob die Nationalität oder die Sprachzugehörigkeit gemeint war. Politiker und Medien prangerten die angebliche Benachteiligung der russischen Sprache und Kultur in der Ukraine an. Die ukrainische Regierung förderte tatsächlich den Unterricht in ukrainischer Sprache, um die subalterne Stellung, die das Ukrainische in der Sowjetunion gehabt hatte, zu überwinden. Man ging jedoch vorsichtig ans Werk, denn da die meisten Russen das Ukrainische nicht als vollwertige Sprache anerkannten, galt ihnen jede Förderung des Ukrainischen auf Kosten des Russischen als Zwangsmaßnahme. Um die Jahrtausendwende besuchten im östlichen Industriegebiet des Donbass und auf der Krim noch immer mehr als 90 Prozent der Kinder russischsprachige Schulen.

5. Russland und die Ukraine standen nach 1991 vor den schwierigen Aufgaben der Staats- und Nationsbildung, was sich auch auf ihre Wechselbeziehungen auswirkte. Das ideologische Vakuum nach dem Kollaps des Sowjetsystems wurde in beiden Ländern mit nationalen Inhalten gefüllt.

In Russland suchten Regierung und Gesellschaft nach einer nationalen Identifikation, und Präsident Jelzin setzte 1997 eigens eine Kommission ein, die nach einer «russischen Idee» zu suchen hatte. Das als Föderation gegründete Russland verstand sich zunächst als supraethnische russländische Staatsbürgernation und folgte dem demokratischen Vorbild des Westens. Damit verband sich zunehmend die Tradition der imperialen Nation in der Nachfolge der Sowjetunion und des Zarenreichs. Ein Anzeichen für eine Rückbesinnung auf die Sowjetunion war die Übernahme der Melodie der sowjetischen Hymne für die Nationalhymne Russlands im Jahr 2000. Die imperiale Tradition bezog Ukrainer und Weißrussen in die «all-russische Nation» mit ein. Als drittes Projekt gewann ein ethnischer russischer Nationalismus zusehends an Boden. Das zeigte sich im Aufkommen ethno-nationalistischer und xenophober Organisationen.

Die Ukraine wurde als zentralisierter Einheitsstaat gegründet, und ihre Verfassung definiert sie als Staatsbürgernation. In der politischen Praxis stand dieses Projekt in Konkurrenz mit dem der ethnischen Nation, die auf der gemeinsamen Sprache und Geschichte beruht. Als drittes Konzept kamen die «Kleinrussen» hinzu, mit denen in Anknüpfung an die offizielle Bezeichnung im Zarenreich diejenigen Ukrainer bezeichnet wurden, die sich als Bestandteil einer «all-russischen Nation» betrachteten. Die Spannung zwischen den konkurrierenden Auffassungen von Nation prägte die Anfänge des russländischen und des ukrainischen Staates und beeinflusste ihr Verhältnis zueinander.

6. Die überwiegende Mehrheit der Russen und Ukrainer sind orthodoxen Glaubens und waren seit dem Jahr 1686, als die ukrainische Kirche in das Moskauer Patriarchat eingegliedert wurde, in einer Kirche vereint. Diese Gemeinsamkeit erhielt in nachsowjetischer Zeit Risse, denn 1992 wurde eine von Moskau unabhängige Ukrainisch-Orthodoxe Kirche (Kiewer Patriarchat) gegründet. Diese Nationalkirche wurde allerdings von den übrigen orthodoxen Kirchen nicht als kanonisch anerkannt. Die Mehrzahl der orthodoxen Gläubigen der Ukraine blieb zunächst dem Moskauer Patriarchat treu, doch gewann das Kiewer Patriarchat allmählich an Boden. In Russland festigte die Russische Orthodoxe Kirche in der Ära Putin ihre Stellung, arbeitete eng mit dem Staat zusammen und war ein Fürsprecher der orthodoxen «russischen Welt», die auch die Ukrainer umfasste. Sie stand dem abtrünnigen Kiewer Patriarchat feindlich gegenüber. Die Beziehungen des Moskauer Patriarchats zur Ukrainischen Griechisch-Katholischen Kirche, die dem Papst unterstellt ist und in der Westukraine dominiert, waren seit jeher gespannt. Im Gegensatz zu den Russen, deren Mehrheit einer Kirche angehört, sind die Ukrainer auf drei, wenn man die kleine Ukrainische Autokephale Orthodoxe und die Römisch-

katholische Kirche dazurechnet, auf fünf christliche Konfessionen aufgespalten.

7. Im Bereich der Wirtschaftsbeziehungen stand das Erbe der engen Verflechtungen in der arbeitsteiligen sowjetischen Wirtschaft im Vordergrund. 1995 schlossen die beiden Länder ein Handels- und Wirtschaftsabkommen, das allerdings nicht verhinderte, dass der bilaterale Handel merklich zurückging. Russland nutzte die Abhängigkeit der Ukraine von den russischen Erdöl- und Erdgaslieferungen erstmals im Winter 1993/94 als politisches Druckmittel und löste damit eine Energiekrise aus, die den dramatischen Einbruch der ukrainischen Wirtschaft noch verstärkte. Das Thema blieb in den folgenden beiden Jahrzehnten auf der Tagesordnung und betraf auch das westliche Ausland, das durch über die Ukraine verlaufende Pipelines mit russischem Erdgas versorgt wird.

Die in den ersten Jahren der Unabhängigkeit auftretenden Spannungen zwischen Russland und der Ukraine konnten immer wieder beigelegt werden. Dies wurde bekräftigt in einem «Vertrag über Freundschaft, Zusammenarbeit und Partnerschaft», den die Präsidenten der beiden Länder Jelzin und Kučma am 31. Mai 1997 unterzeichneten. In der Präambel heißt es:

> «Die Ukraine und die Russländische Föderation, ... gestützt auf die engen historischen Verbindungen und das Verhältnis von Freundschaft und Zusammenarbeit zwischen den Völkern der Ukraine und Russlands ..., in Anbetracht dessen, dass die Stärkung der freundschaftlichen Beziehungen, der guten Nachbarschaft und der wechselseitig ersprießlichen Zusammenarbeit den Grundinteressen ihrer Völker entspricht und der Sache des Friedens und der internationalen Sicherheit dient, mit dem Wunsch, diese Beziehungen mit einer neuen Qualität auszustatten und ihre rechtliche Grundlage zu stärken, erfüllt von der Entschlossenheit, die demokratischen Prozesse in beiden Staaten fortzusetzen und unumkehrbar zu machen, ... haben Folgendes vereinbart:

> Artikel 1: Als befreundete, gleichberechtigte und souveräne Staaten werden die Hohen Vertragspartner ihre Beziehungen auf gegenseitigen Respekt und Vertrauen, auf strategische Partnerschaft und Zusammenarbeit gründen.
> Artikel 2: In Übereinstimmung mit den Bestimmungen der UN-Charta und den Verpflichtungen der Schlussakte der Konferenz über Sicherheit und Zusammenarbeit in Europa, werden die Hohen Vertragspartner ihre jeweilige territoriale Integrität respektieren und die Unverletzlichkeit der bestehenden Grenzen erneut bekräftigen.
> Artikel 3: Die Wechselbeziehungen der Hohen Vertragspartner basieren auf der Grundlage der Prinzipien des gegenseitigen Respekts für ihre souveräne Gleichberechtigung, der territorialen Integrität, der Unverletzlichkeit der Grenzen, der friedlichen Lösung von Konflikten, der Absage an Gewalt oder der Drohung mit Gewalt, einschließlich wirtschaftlicher oder anderer Druckmittel, des Rechts der Völker, ihr Schicksal frei zu bestimmen, der Nicht-Einmischung in innere Angelegenheiten, der Beachtung der Menschenrechte und fundamentalen Freiheiten.»[169]

Es folgen 38 weitere Artikel, die die Beziehungen zwischen Russland und der Ukraine in unterschiedlichen Bereichen regeln.

Der Vertrag, in dem Russland die Ukraine als gleichberechtigte souveräne Partnerin anerkannte, war für die russischen Politiker ein schwerer Brocken, und es dauerte bis Februar 1999, bis ihn die beiden Kammern des Parlaments ratifizierten und in Kraft setzten. 2008 wurde der Vertrag um zehn Jahre verlängert. Bevor er ausgelaufen wäre, war er von Russland vollständig ausgehebelt worden. «Freundschaft, Zusammenarbeit und Partnerschaft» zwischen der Ukraine und Russland waren langfristig zunichte gemacht, statt «Frieden und Eintracht» und «gegenseitigem Respekt und Vertrauen» herrschten Misstrauen, Feindschaft und Krieg. Da Russland auch die Garantie der territorialen Integrität und der Grenzen verletzte, war es konsequent, dass es am 31. März 2014, nach der Annexion der Krim, den Vertrag kündigte.

Nach Abschluss des Grundlagenvertrags verliefen die Wechselbeziehungen zwischen Russland und der Ukraine zunächst in geordneten Bahnen. Leonid Kučma, der 1994 Leonid Kravčuk als Präsident der Ukraine abgelöst hatte, verfolgte eine «multivektorale Außenpolitik», die Äquidistanz zu Russland und dem Westen zu wahren suchte. Russland, das eine schwere Wirtschaftskrise durchmachte und durch den Tschetschenienkrieg in Atem gehalten wurde, betrieb damals eine defensive Außenpolitik, die man ebenfalls als multivektoral bezeichnet hat.

Beide Staaten bauten im Gleichschritt ihre Beziehungen zum Westen aus. So schlossen Russland und die Ukraine 1997 Abkommen mit der NATO, die fünf Jahre später zum NATO-Russland-Rat bzw. zum NATO-Ukraine-Aktionsplan erweitert wurden. Vladimir Putin sprach zu Beginn seiner Präsidentschaft von einem möglichen Beitritt Russlands zur NATO. 1995 wurde die Ukraine und ein Jahr später Russland Mitglied des Europarats. Bereits 1994 unterzeichneten beide Staaten Partnerschafts- und Kooperationsabkommen mit der Europäischen Union, die vier bzw. drei Jahre später in Kraft traten. Die Annäherung beider Staaten an die EU stockte in der Folge, obwohl Präsident Kučma nach seiner Wiederwahl im Jahr 1999 erklärte, dass der Beitritt zur EU das strategische Ziel der Ukraine sei, ohne dass damit die gutnachbarlichen Beziehungen zu Russland aufs Spiel gesetzt würden.

## Die Orange Revolution von 2004: Juščenko, Janukovyč und Putin

Das Jahr 2004 brachte eine Wende in den Beziehungen zwischen Russland und der Ukraine. Unter dem seit August 1999 als Ministerpräsident, seit Anfang 2000 als Staatspräsident amtierenden

Vladimir Putin (geb. 1952) gelang es, Russland politisch zu stabilisieren und ein kräftiges Wirtschaftswachstum zu initiieren.[170] Dies stärkte Putins Popularität, der am 14. März 2004 mit 74 Prozent der Stimmen wiedergewählt wurde. Russland betrieb nun eine gegenüber den anderen postsowjetischen Staaten und gegenüber dem Westen offensivere Politik. Damit reagierte es auch auf die Osterweiterung der NATO und der EU im März und Mai 2004, die mit der Aufnahme der drei baltischen Staaten und Polens bis an die Grenzen Russlands vorrückten.

Den Einschnitt des Jahres 2004 vertiefte die sogenannte Orange Revolution. Präsident Kučma, dessen Amtszeit in diesem Jahr auslief, verfolgte einen zusehends autoritären Kurs, der eine oppositionelle Bewegung auslöste. Er favorisierte als Nachfolger Viktor Janukovyč (geb. 1950), den ehemaligen Gouverneur der Region Donec'k, der von Russland unterstützt wurde. Sein Gegenkandidat Viktor Juščenko (geb. 1954) stand für eine Hinwendung der Ukraine zum Westen und eine Demokratisierung des Landes. Anfang September 2004 wurde Juščenko bei einem Essen mit Angehörigen des ukrainischen Geheimdienstes Opfer eines Giftanschlags, den er schwer verletzt überlebte.

Aus dem ersten Wahlgang am 31. Oktober gingen erwartungsgemäß Janukovyč und Juščenko als Sieger hervor, mit einem leichten Vorsprung Juščenkos. Die Stichwahl vom 21. November gewann Janukovyč mit 49,5 Prozent der Stimmen gegen 46,6 Prozent für Juščenko. Als erster Staatschef gratulierte Putin dem vermeintlichen Sieger. Bald kam ans Licht, dass die Wahlresultate grob gefälscht worden waren. Dies löste eine spontane Volksbewegung aus, die nach der Wahlfarbe Juščenkos als Orange Revolution bezeichnet wurde. Zehntausende strömten auf den Kiewer Unabhängigkeitsplatz (*majdan nezaležnosti*) und erreichten eine Wiederholung der Stichwahl. Diese fand am 26. Dezember statt und endete mit einem klaren Sieg Juščenkos, der 52 Prozent der Stimmen erhielt gegenüber 44 Prozent für Janukovyč. Die Präsidentenwahlen vom Herbst 2004 waren eine schwere Niederlage nicht nur für

Janukovyč, sondern auch für Präsident Putin. Beide strebten in der Folge danach, diese Scharte auszuwetzen.

Unter dem neuen Präsidenten Juščenko und seiner Ministerpräsidentin Julija Tymošenko (geb. 1960) orientierte sich die Ukraine stärker als zuvor nach Westen. Zwar machte Juščenko wie seine Vorgänger den ersten offiziellen Auslandsbesuch in Moskau, doch folgten bald mehrere Reisen in den Westen. Er bekräftigte, dass eine Mitgliedschaft in der EU strategisches Ziel der Ukraine sei, und schon im Februar 2005 wurde ein bilateraler Aktionsplan unterzeichnet. Die EU zeigte der Ukraine allerdings die kalte Schulter, der Aktionsplan enthielt keine Beitrittsperspektive und erfüllte die großen Hoffnungen der Ukrainer nicht. Es dauerte vier Jahre, bis eine Agenda für die Vorbereitung eines Assoziierungs- und Freihandelsabkommens unterzeichnet wurde. Erstmals erklärte die ukrainische Führung, dass man einen Beitritt der Ukraine zur NATO anstrebe. Die Mehrheit der Bevölkerung missbilligte dies, doch kam es zu keiner inneren Zerreißprobe, denn die NATO lehnte das ukrainische Gesuch im Jahr 2008 ab.

Russland protestierte heftig gegen die Hinwendung der Ukraine zur NATO. Im August 2008 marschierten russische Truppen in Georgien ein, das ebenfalls ein Gesuch um Aufnahme in die NATO gestellt hatte, und Russland erkannte in der Folge die Unabhängigkeit der zu Georgien gehörenden Gebiete Abchasien und Süd-Ossetien an. Damit verletzte es erstmals die territoriale Integrität eines anderen Nachfolgestaats der UdSSR. Dies war eine Warnung an die Ukraine; Präsident Juščenko bezeichnete die russische Invasion in Georgien denn auch als Bedrohung der ukrainischen Unabhängigkeit, als hätte er die Annexion der Krim vorausgeahnt. Er machte einen demonstrativen Besuch in Tbilisi. Russland warf der ukrainischen Führung eine russlandfeindliche Politik vor und protestierte auch gegen die «nationalistische Rhetorik» und die Geschichtspolitik Juščenkos, die sich gegen Russland richte.

Juščenko und Tymošenko, die beiden Helden der Orangen Revolution, verspielten ihren politischen Kredit und trugen Machtkämpfe aus, statt die dringend notwendigen Reformen durchzuführen. Die Quittung folgte im Februar 2010, als Janukovyč mit knappem Vorsprung vor Tymošenko doch noch zum Präsidenten der Ukraine gewählt wurde. Damit machten er und sein Protektor Putin die Niederlage wett, die sie im Herbst 2004 erlitten hatten. Das Verhältnis der Ukraine zu Russland verbesserte sich sofort. Bei seinem Antrittsbesuch in Moskau lobte Janukovyč das politische System in Russland als vorbildlich. Er begann, dem Beispiel Putins folgend seine Machtstellung auszubauen und seine Gegner auszuschalten, an ihrer Spitze Julija Tymošenko, die er ins Gefängnis bringen ließ. Nachdem Russland während der Amtszeit Juščenkos erneut das Instrument der Erdgaslieferungen eingesetzt hatte, um die Ukraine unter Druck zu setzen, war es nun zu Kompromissen bereit. Auch wurde über einen möglichen Beitritt der Ukraine zur Zollunion verhandelt, die Russland im Jahr 2010 mit Weißrussland und Kasachstan eingegangen war. Diese war der Nukleus für eine geplante eurasische Wirtschaftsunion, die als Gegenmodell zur EU dienen sollte. Obwohl der Ukraine eine Schlüsselrolle in diesem Projekt zugedacht war, trat sie der Zollunion nicht bei.

Die Annäherung an Russland bedeutete nicht, dass sich die Ukraine von der EU abgewandt hätte. In Anknüpfung an Kučmas Politik der Multivektoralität wies Janukovyč der Ukraine die Rolle «einer Brücke zwischen West und Ost zu, als integralem Teil Europas und gleichzeitig der ehemaligen UdSSR».[171] Die unter Juščenko begonnenen Vorbereitungen für ein Assoziierungs- und Freihandelsabkommen mit der EU wurden im Dezember 2011 abgeschlossen, im Juli 2012 wurde es paraphiert. Obwohl die von der EU im Gegenzug geforderten Reformen nicht vollständig durchgeführt wurden, beschloss man im Frühjahr 2013, den Vertrag im November dieses Jahres zu unterzeichnen.

In Russland baute Vladimir Putin seine Machtstellung weiter aus, und das politische System nahm immer autoritärere Züge an. Zwar durfte er nach Ablauf seiner zweiten Amtszeit im Jahr 2008 nicht mehr zur Wahl antreten, doch wurde nun sein Vertrauter

Dmitrij Medved'ev (geb. 1965) zum Staatspräsidenten gewählt, während Putin diesen als Ministerpräsident ersetzte. Putin behielt die Fäden der Macht in seiner Hand, und die Farce der fragwürdigen Ämterrochade weckte den Widerstand der Zivilgesellschaft. 2010 lancierte die Opposition eine Kampagne «Putin muss gehen!» Der Widerstand verstärkte sich im Gefolge der Parlamentswahlen vom Dezember 2011, in denen die Regierungspartei Einiges Russland knapp die absolute Mehrheit der Stimmen erreichte. Ausländische und inländische Beobachter stellten allerdings zahlreiche Manipulationen zugunsten der Regierungspartei fest. Nach der Wahl kam es zu Massenkundgebungen in Moskau, an denen bis zu 100 000 Personen gegen die Wahlfälschung und den Präsidenten demonstrierten. Diese Massendemonstrationen der Zivilgesellschaft wiederholten sich in etwas geringerem Ausmaß nach der Präsidentenwahl vom März 2012, die Putin zum dritten Mal gewann, die jedoch auch nicht regulär verlief. Jetzt schlugen Putin und die herrschende Elite Alarm, denn es drohte das Szenario der Orangen Revolution, als die Zivilgesellschaft mit Erfolg gefälschte Wahlergebnisse angefochten hatte. Besorgnis erregten auch das sich abzeichnende Ende des Wirtschaftswachstums und Putins sinkende Umfragewerte. Die Anführer der Opposition wurden mit Verhaftungen und Prozessen verfolgt. Der Druck auf die Medien verstärkte sich erheblich, ebenso wie auf die vom Ausland finanziell unterstützten Nichtregierungsorganisationen, die in einem Gesetz vom Juli 2012 als «Agenten» eingestuft wurden.

Einige der bekanntesten russischen Schriftsteller wie Vladimir Sorokin und Ljudmila Ulickaja schlossen sich dem Protest der Zivilgesellschaft an und knüpften damit an die regimekritische Rolle an, die die russische Literatur in der Zarenzeit und in der Sowjetunion gespielt hatte. Ukrainische Schriftsteller setzten sich für Demokratie und für die Öffnung ihres Landes nach Westen ein. Mit den Werken von Jurij Andruchovyč, Oksana Zabužko, Serhij Žadan und den russischsprachigen Romanen Andrej Kurkovs wurde die ukrainische Literatur zum ersten Mal außerhalb der

Ukraine bekannt. Damit nahm die seit dem frühen 19. Jahrhundert bestehende Asymmetrie der russischen und der ukrainischen Kultur ein Ende.

In seiner Außenpolitik strebte Putin danach, die verlorene Weltmachtstellung der Sowjetunion zurückzugewinnen. Russland trat immer mehr in die Fußstapfen der UdSSR und verstärkte seinen Druck auf die anderen postsowjetischen Staaten. Das Verhältnis zum Westen verschlechterte sich. Die Ostexpansion der NATO (2004), die «Rosenrevolution» in Georgien (2003) und die «Orange Revolution» in der Ukraine (2004) wurden als gezielte Maßnahmen der USA und anderer westlicher Mächte zur Schwächung und Einkreisung Russlands bezeichnet. Vor diesem Hintergrund veränderte sich auch die russische Ukrainepolitik. Russland begann nun die Assoziierung der Ukraine an die EU zu kritisieren, doch erst als sich die EU und die Ukraine im Februar 2013 geeinigt hatten, das Abkommen im Herbst dieses Jahres zu unterzeichnen, verschärfte sich die russische Politik. Man versuchte, die Unterzeichnung noch zu verhindern und die Ukraine zum Beitritt zur Zollunion zu bewegen, die im Mai 2013 eigens für die Ukraine den Status eines Beobachters ohne Stimmrecht einrichtete.

Die russische Propaganda appellierte wieder an die traditionelle enge Freundschaft der beiden Völker. Im Juli 2013 feierten die Präsidenten Putin und Janukovyč in Kiew zusammen mit dem Moskauer Patriarchen Kirill das 1025. Jubiläum der Taufe der Rus'. In seiner Rede zu diesem Anlass bekräftigte Putin die geistige Einheit der Völker Russlands und der Ukraine, die gegen jede Destabilisierung gefeit sei. Im September betonte er in einer Rede vor dem internationalen Valdaj-Forum die Zugehörigkeit der Ukraine zur «russischen Welt»: «Wir haben gemeinsame Traditionen, eine gemeinsame Mentalität, eine gemeinsame Geschichte und Kultur. Wir haben sehr ähnliche Sprachen. In dieser Hinsicht, ich wiederhole es, sind wir ein Volk. Natürlich haben das ukrainische Volk, die ukrainische Kultur und die ukrainische Sprache wundervolle Eigenschaften, die die Identität der ukrainischen Nation ausmachen. Und wir respektieren sie nicht nur, sondern, was mich betrifft, ich liebe sie. Die Ukraine ist ein Teil unserer großen russischen, oder russisch-ukrainischen, Welt.»[172]

Im Sommer 2013 verstärkte Russland den wirtschaftlichen Druck auf die Ukraine. Importe aus der Ukraine wurden Beschränkungen unterworfen und im August (und erneut im Oktober) für jeweils eine Woche ganz gestoppt. Im Oktober drohte man damit, die Visumspflicht für Ukrainer einzuführen, eine Maßnahme, die die wirtschaftliche Existenz der zahlreichen Ukrainer, die in Russland arbeiteten, gefährdet hätte. Als «Zuckerbrot» gewährten russische Banken der Ukraine im September einen Kredit von 750 Millionen Euro.

Janukovyč versuchte an seiner Doppelstrategie festzuhalten. Er erklärte am 24. August, dass das Assoziierungs- und Freihandelsabkommen mit der EU für die Ukraine von großer Bedeutung sei, dass man aber auch an der Zusammenarbeit mit der Zollunion festhalten wolle. Ministerpräsident Mykola Azarov bekräftigte noch am 20. November den Willen der Regierung, das Assoziierungsabkommen, wie vorgesehen, am 28./29. November zu unterzeichnen. Am 21. November veröffentlichte das ukrainische Ministerkabinett dann überraschend einen Erlass, der die Vorbereitungen für die Unterzeichnung des Assoziierungsabkommens mit der EU aussetzte. Man begründete dies mit dem Rückgang der Wirtschaftsleistung und besonders des Handels mit Russland. Azarov beteuerte, dass es sich nur um «einen taktischen Rückzug» handle, der an der strategischen Ausrichtung der Ukraine auf die EU nichts ändere. Er schlug die Bildung einer Kommission aus Vertretern der Ukraine, Russlands und der EU vor, um die aufgetretenen Probleme zu lösen.[173] Der ukrainische Ministerpräsident machte damit unmissverständlich klar, dass es der Druck Russlands war, der die ukrainische Regierung zu ihrem Rückzieher veranlasste. Der große Bruder pfiff den kleinen Bruder zurück, als dieser sich anschickte, die Familie zu verlassen.

## Die Revolution des Euro-Majdan

Die Entscheidung der ukrainischen Regierung vom 21. November 2013 löste in der Ukraine Massenproteste aus. Noch am selben Abend kam es auf dem Kiewer Unabhängigkeitsplatz zu spontanen Demonstrationen. Die Kundgebungen weiteten sich rasch aus, und am 24. November gingen schon Zehntausende, am 1. und 8. Dezember jeweils Hunderttausende auf die Straße. Der Euro-Majdan wurde zur größten zivilgesellschaftlichen Massenbewegung in Europa seit der Revolution von 1989. Unter den Demonstranten standen zunächst Studierende und andere Vertreter der jungen Intelligenz im Vordergrund, bald wurden sie von älteren Mitgliedern des Mittelstands abgelöst, die teilweise als junge Menschen schon die Orange Revolution mitgetragen hatten.

Die Staatsmacht reagierte mit dem brutalen Einsatz der Ordnungskräfte, worauf sich die anfangs friedlichen Demonstrationen radikalisierten. Der Protest richtete sich nun nicht mehr nur gegen die Abwendung vom Kurs auf die EU, sondern generell gegen Präsident Janukovyč und sein autoritäres Regime und nahm einen revolutionären Charakter an. Die Führer der drei Oppositionsparteien versuchten ohne Erfolg, die zivilgesellschaftliche Massenbewegung zu lenken. Es waren vielmehr die Revolutionäre des Euro-Majdan, die die Kundgebungen organisierten und den Gang der Ereignisse bestimmten. Demonstranten besetzten vorübergehend einige Verwaltungsgebäude und in Kiew das Haus der Gewerkschaften. Im kalten Winter harrten Zehntausende in Zelten auf dem Kiewer Majdan aus. Sie wurden von der Bevölkerung mit Nahrungsmitteln, heißem Tee, Brennmaterial und Medikamenten versorgt. Die Kundgebungen griffen auf andere Städte vor allem in der Westukraine über, während der Majdan im Osten und Süden des Landes wenig Unterstützung fand. Hier kam es zu Gegendemonstrationen, die allerdings nicht die Ausmaße des Majdan annahmen.

Euromajdan: Massendemonstrationen in Kiew am 8. Dezember 2013

Als die Regierung nicht zurückwich, sondern Ausnahmegesetze erließ, die das Demonstrationsrecht einschränkten, kam es im Januar 2014 zu einer Eskalation. Jetzt wandten auch einzelne Gruppen der Demonstranten, unter ihnen militante rechtsextreme Gruppen wie der «Rechte Sektor», Gewalt an. Zahlreiche Demonstranten und Polizisten wurden verletzt, am Ende des Monats kamen erstmals fünf Menschen ums Leben. Die Regierung gab vorübergehend nach und machte einige Konzessionen an die Aufständischen, die jedoch zu keiner Eindämmung des Protests führten. Darauf ging sie wieder zum Angriff über, und vom 18. bis 20. Februar erreichten die bewaffneten Auseinandersetzungen in Kiew ihren Höhepunkt. Sie kosteten etwa hundert Menschen das Leben, unter ihnen 13 Polizisten. Zum ersten Mal in der Geschichte der unabhängigen Ukraine ging die Regierung mit offener Gewalt gegen ihre Bürger vor, und zum ersten Mal floss auf den Straßen der Ukraine Blut. Nun bröckelte das Regierungslager ab, zahlreiche Parlamentsabgeordnete, Einheiten der Armee und Polizei und einige einflussreiche Oligarchen stellten sich auf die Seite des Majdan, und die Opposition erreichte im Parlament eine

Mehrheit. Nachdem am 21. Februar ein Vermittlungsversuch unter Beteiligung der Außenminister Deutschlands, Frankreichs und Polens und eines russischen Emissärs gescheitert war, gab Präsident Janukovyč auf und flüchtete nach Russland.

Das im Oktober 2012 gewählte ukrainische Parlament ergriff nun die Initiative, enthob den Präsidenten seines Amtes, wählte mit Oleksandr Turčynov einen kommissarischen Präsidenten und schrieb für den Mai Neuwahlen aus. Damit überschritt das Parlament zwar seine in der Verfassung festgelegten Kompetenzen, doch war es dazu gezwungen, um ein Machtvakuum und ein Chaos zu verhindern und den Sieg der Revolution nicht zu gefährden. Am 27. Februar wählte das Parlament eine Übergangsregierung, in der die gemäßigten Reformer dominierten. Die Regierung unterzeichnete am 21. März das Assoziierungsabkommen mit der EU, und sein politischer Teil wurde sofort in Kraft gesetzt. Damit hatte die basisdemokratische Revolution des Euro-Majdan ihre wichtigsten Ziele erreicht.

Zahlreiche Politiker und Oligarchen und hinter ihnen die Mehrheit der Bevölkerung im Osten und Süden des Landes hatten sich allerdings am Majdan nicht beteiligt, unterstützten die Orientierung der Ukraine nach Westen nur halbherzig oder gar nicht und warteten zunächst ab. Unmut erregte hier der am 23. Februar getroffene Beschluss des Parlaments, das unter Janukovyč erlassene Sprachengesetz, das dem Russischen mehr Rechte eingeräumt hatte, aufzuheben. Zwar unterzeichnete Turčynov den Erlass nicht, sodass er nicht in Kraft gesetzt wurde, doch diente der überstürzte Beschluss in der Folge Russland und anderen Gegnern des Majdan als Vorwand, um die angeblich gewaltsame Ukrainisierung der Ost- und Südukraine an die Wand zu malen. Die Beteiligung von militanten Nationalisten an der Revolution und die Aufnahme von vier Mitgliedern der nationalistischen Partei Freiheit (*Svoboda*) in die 21-köpfige Regierung dienten Russland als Anlass, den Majdan und die gesamte neue politische Führung als faschistisch zu diffamieren.

Die meisten Staaten der Europäischen Union und die USA stellten sich früh auf die Seite des Majdan. Die EU erkannte die Amtsenthebung Janukovyč' und die neue Regierung unverzüglich an. In der Folge gewährten der Internationale Währungsfonds, die Weltbank, die USA und die EU der Ukraine umfangreiche Kredite. Russland wandte sich gegen «die Einmischung westlicher Politiker», und in den russischen Medien wurde der Majdan als vom Ausland gesteuerte Aktion gekaufter Söldner bezeichnet. In der Moskauer Diktion war der Machtwechsel in Kiew der «Staatsstreich einer faschistischen Junta» und ein gegen Russland gerichtetes Komplott des Westens.

Es trifft zu, dass vom Ausland finanzierte Nichtregierungsorganisationen in der Ukraine wie in zahlreichen anderen Ländern den Aufbau einer Zivilgesellschaft tatkräftig unterstützten. Der Vorwurf einer zielgerichteten Planung und Durchführung des Euro-Majdan durch die USA und die EU gehört aber ins Reich der Verschwörungstheorien. Der Euro-Majdan war im Kern eine basisdemokratische spontane Massenbewegung gegen eine autoritäre Regierung, die mit dem Zurückziehen der Unterschrift unter den Assoziierungsvertrag ihr Wort gebrochen und mit dem rücksichtslosen Einsatz von Gewalt ihre Legitimität eingebüßt hatte.

## Das militärische Eingreifen Russlands – Versuch einer Deutung

Sechs Tage nach der Flucht von Janukovyč aus Kiew und fünf Tage nach seiner Absetzung besetzten russische Soldaten das Parlament und das Regierungsgebäude der Autonomen Republik Krim. Am 20. März 2014 beschloss das russländische Parlament die Aufnahme der Krim in die Russländische Föderation. Die Annexion der Krim war ein Bruch des Völkerrechts und mehrerer internationaler Abkommen und wurde vom überwiegenden Teil der Völker-

«Krim ist Russland». Soldaten vor dem Krimparlament in Simferopol' am 1. März 2014

gemeinschaft verurteilt und mit Sanktionen gegen Russland beantwortet. Im März und April folgte die Besetzung von Teilen des Donbass durch von Russland unterstützte bewaffnete Milizen. Die ukrainische Armee antwortete mit einem Gegenschlag, und im Sommer 2014 begann der russisch-ukrainische Krieg, der trotz zweier Waffenstillstände noch immer andauert.[174]

Wie ist es zu erklären, dass Russland auf den Sieg des Euro-Majdan und den Sturz des ukrainischen Präsidenten sofort mit einer in der Nachkriegsgeschichte Europas beispiellosen bewaffneten Intervention antwortete, die Russland in eine lange militärische Auseinandersetzung stürzte, dem Land mit der Alimentierung der Krim und des Donbass große Kosten aufbürdete und das Verhältnis zur Ukraine und zum Westen auf Dauer beschädigte, Russland isolierte und das internationale Staatensystem aus den Fugen warf?

Zunächst ist die Kontingenz der Ereignisse vom 21. November 2013 bis zum 27. Februar 2014 zu berücksichtigen, der ungemein dichte, auf nur drei Monate zusammengedrängte, weitgehend überraschende Ablauf des Geschehens, der durch eine schrittweise Eskalation gekennzeichnet war. Auch die Geschichte der Beziehungen zwischen Russland und der Ukraine seit dem Ende der Sowjetunion ist in eine Erklärung einzubeziehen. Sie verliefen, wie oben ausgeführt, in einem Wechsel von Kooperation und Konfrontation, mit Zäsuren in den Jahren 1997, 2004 und 2010.

Zu fragen ist nach den Akteuren. In der Ukraine stand der autoritäre Staatspräsident Janukovyč im Vordergrund, der von Anfang an zwischen der EU und Russland lavierte, dann von der Zivilgesellschaft herausgefordert wurde, mehrfach mit brutalen Einsätzen der Polizei antwortete, den Ereignissen hinterherhinkte und sukzessive seinen Rückhalt verlor, auch in der Bevölkerung im Osten und Süden des Landes und in der von ihm lange kontrollierten Partei der Regionen. Das bedeutete nicht, dass diese Ukrainer sich in ihrer Mehrheit mit der Majdan-Revolution solidarisiert hätten. Sie blieben in kritischer Distanz zum Geschehen in Kiew und in der Westukraine, doch spielten sie im Ganzen gesehen eine passive Rolle. Das änderte sich, als Russland die Krim annektierte, separatistische Milizen mobilisierte und massiv unterstützte, die dann zu wichtigen Akteuren der weiteren Ereignisse wurden. Die Masse der Bevölkerung im Donbass wurde damit nicht zu Befürwortern eines Anschlusses an Russland, aber zu Opfern der militärischen Auseinandersetzungen.

Auf der anderen Seite standen die revolutionären Kräfte, an ihrer Spitze die Organisatoren des Majdan, die den Gang des Geschehens wesentlich bestimmten. Es handelte sich um Männer und Frauen aus der Zivilgesellschaft, die von der Mehrheit der Bevölkerung in Kiew und anderen Städten aktiv unterstützt wurden. Ihnen schlossen sich kleine Gruppen militanter Nationalisten an, die in den bewaffneten Auseinandersetzungen auf dem Majdan (und später im Donbass) eine nicht unwichtige Rolle spielten.

Das westliche Ausland hatte sich in seinem Verhältnis zur Ukraine lange zurückgehalten. Ihr Gesuch um Aufnahme in die

NATO wurde abgelehnt, und die EU kam der Ukraine in der Frage eines Assoziierungsabkommens nur schrittweise entgegen. Zwar wurde die Majdan-Revolution von der Öffentlichkeit mit viel Sympathie verfolgt, doch ließen die westlichen Regierungen Janukovyč lange nicht fallen, sondern handelten noch am 21. Februar 2014 einen Kompromiss zwischen den drei Oppositionsführern und dem ukrainischen Präsidenten aus. Er kam jedoch zu spät. Der Majdan war nicht mehr bereit, mit Janukovyč, der die Demonstranten hatte zusammenschießen lassen, zu reden. In der Folge wurde die neue Führung vom Westen anerkannt.

In einem weiteren Zeithorizont stellt sich die Frage, ob der Westen durch seine Russlandpolitik den bewaffneten Konflikt mit verursachte. So wird argumentiert, dass die USA, die NATO und die EU das postimperiale Trauma Russlands nicht genügend berücksichtigt hätten und ihm nicht auf Augenhöhe entgegengetreten seien. Mit der Osterweiterung der NATO und der EU habe der Westen die Sicherheitsinteressen Russlands missachtet. Diese Argumentation ist nicht von der Hand zu weisen. Allerdings muss berücksichtigt werden, dass Russland nicht einfach mit der Sowjetunion gleichgesetzt werden kann und deshalb auch keinen begründeten Anspruch auf Hegemonie über den postsowjetischen Raum oder gar ganz Osteuropa hatte. Manche der mittel- und osteuropäischen Staaten sahen sich von Russland bedroht. Sie waren es, von denen die Initiative für die Osterweiterung von NATO und EU ausging, und ihre Interessen wogen schwerer als die Rücksicht auf Russland. Dies gilt auch für die Ukraine. Wenn man auch zubilligt, dass der Westen im Umgang mit Russland nicht immer Fingerspitzengefühl walten ließ, so rechtfertigt dies nicht die bewaffnete Intervention Russlands in einem Nachbarstaat, der früher zur Sowjetunion gehörte.

So bleibt als letzter und wichtigster Akteur Russland, und das hieß in den Jahren 2013 und 2014 in erster Linie Vladimir Putin. Der russische Präsident selbst gab in seiner Rede an die Nation vom 18. März 2014 erste Antworten, die den russischen Medien in der Folge als Richtschnur dienten. Er sprach zum Anlass des Beitritts der Krim zur Russländischen Föderation und widmete deshalb der Krim besondere Aufmerksamkeit.[175]

## Putins Begründungen zur Rechtfertigung des Anschlusses der Krim

Zur Rechtfertigung des Anschlusses der Krim an Russland führte Putin mehrere Begründungen an: Erstens berief er sich auf das Selbstbestimmungsrecht der Völker, wie es im [fragwürdigen] Referendum, das am Tag vor der Rede durchgeführt worden war, zum Ausdruck gekommen sei. Er fügte eine für die Rechtfertigung von Expansionen kennzeichnende und schon von der Sowjetunion gern verwendete Formel hinzu: «Russland konnte die Bitte [der Krim] nicht einfach abschlagen, wir konnten die Krim und ihre Bewohner nicht im Stich lassen, alles andere wäre einfach Verrat gewesen.»

Die zweite, ebenfalls geläufige Rechtfertigung war der Anspruch auf Protektion der russischen Minderheit in der Ukraine und besonders auf der Krim. Nach dem Zerfall der Sowjetunion sei «das russische Volk plötzlich eines der größten, wenn nicht das größte geteilte Volk der Welt» geworden. Russland werde die Interessen der Millionen von Russen und Russischsprechenden in der Ukraine «mit politischen, diplomatischen und rechtlichen Mitteln verteidigen». Die ethno-nationalistische Argumentation, die an die revanchistische Politik Deutschlands und anderer Mächte in der Zwischenkriegszeit erinnert, erreichte ihren Höhepunkt, als Putin die Intervention Russlands in der Ostukraine damit begründete, dass die dort lebenden «Landsleute» vor einer angeblichen Zwangsukrainisierung, ja vor einem Genozid, geschützt werden müssten. Putin appellierte hierbei überraschend an das deutsche Volk: «Ich bin überzeugt davon, dass die Europäer, vor allem aber die Deutschen, mich verstehen werden … Unser Land hat das aufrichtige unaufhaltsame Bestreben der Deutschen nach nationaler Einheit unmissverständlich unterstützt. Ich bin mir sicher, dass sie das nicht vergessen haben, und ich baue darauf, dass die Menschen in Deutschland das Bestreben der russischen Welt, des historischen Russland, seine Einheit wiederherzustellen, ebenfalls unterstützen werden.»

Putin setzte damit die Heimholung der Krim mit der deutschen Wiedervereinigung gleich und erklärte offen, dass die «russische Welt» und das «historische Russland» nach Wiedervereinigung strebten. Konkret war damit das historische «Neurussland» gemeint, das, wie er kritisch anmerkte, von den Bolschewiki ohne Rücksicht auf die ethnischen Gegebenheiten unverständlicherweise der Ukrainischen Sowjetrepublik zugeteilt worden sei. Dies war eine offene Drohung, und das Projekt eines zu Russland gehörenden «Neurussland», das nicht nur den Donbass und die Krim, sondern auch die Südukraine mit Odessa umfasste, wurde in den folgenden Monaten offensiv propagiert.

Drittens führte Putin historische Rechtfertigungen an. «Buchstäblich alles auf der Krim ist durchdrungen von unserer gemeinsamen Geschichte, unserem gemeinsamen Stolz». Um zu beweisen, dass die Krim immer «ein untrennbarer Teil Russlands» gewesen sei, ging er bis ins Mittelalter zurück, zur [möglicherweise] auf der Krim erfolgten Taufe des Fürsten Vladimir, der damit die orthodoxe Gemeinschaft Russlands, der Ukraine und Weißrusslands begründet habe. Er beschwor die althergebrachte Freundschaft zwischen Russen und Ukrainern. «Wir sind nicht nur Nachbarn, sondern faktisch, das habe ich schon mehrfach betont, ein Volk, … und wir können nicht ohne den anderen leben.» Mit viel Pathos erinnerte er an die heldenhafte Vergangenheit des «legendären» Sevastopol' und anderer Plätze auf der Krim: «Alle diese Orte sind uns heilig, sie sind Symbole für Kriegsruhm und unerhörten Heldenmut.» Putin kritisierte die Entscheidung Nikita Chruščevs, der 1954 die Krim mit Sevastopol' der Ukraine zusprach und dabei gegen die Verfassung verstoßen habe.

Viertens betonte der russische Präsident die mangelnde Legitimation und die russophobe Politik der neuen ukrainischen Regierung. Er gestand ein, dass Russland und auch er selbst als Präsident die Zugehörigkeit der Krim zur Ukraine anerkannt hätten. Dies sei geschehen im Sinne gutnachbarlicher Beziehungen zum ukrainischen Brudervolk und unter der Voraussetzung, dass «Russen und russischsprachige Bürger in der Ukraine, besonders im Südosten des Landes und auf der Krim, in einem befreundeten, demokratischen und zivilisierten Staat leben und dass ihre Rechte entsprechend den Normen des Völkerrechts gewährleistet würden». Es sei jedoch anders gekommen: «Ein ums andere Mal wurde versucht, die Russen ihres historischen Gedächtnisses, ja selbst ihrer Sprache zu berauben und sie einer forcierten Assimilation auszusetzen.»

Putin äußerte Verständnis für die Demonstranten auf dem Majdan, doch seien sie von radikalen Kräften ausgenutzt worden: «Diese bereiteten einen [nach 2004] weiteren Staatsstreich vor und wollten die Macht an sich reißen. Ohne Rücksicht auf Verluste. Terror, Mord und Pogrome wurden angezettelt. Die treibenden Kräfte des Umsturzes waren Nationalisten, Neo-Nazis, Russenhasser und Antisemiten, und es sind genau diese Leute, die in der Ukraine bis heute in vielerlei Hinsicht das Sagen haben.» Daraus folgerte Putin, dass es in der Ukraine keine legitime Macht und damit auch keinen Ansprechpartner mehr gebe.

Schließlich kritisierte Putin fünftens scharf die Politik des Westens. Nach der Auflösung der Sowjetunion und dem Ende der Bipolarität sei die Stabilität in der Welt verloren gegangen – eine der zahlreichen sowjetnostalgischen Äußerungen Putins. Vor allem die USA hätten eigenmächtig eine aggressive Politik betrieben. Er erinnerte an das völkerrechtswidrige Vorgehen des Westens im Kosovo, in Serbien und im Irak. Obwohl sich Russland ständig um einen Dialog mit den Westmächten bemüht habe, sei die NATO nach Osten erweitert worden. «Wir sind gegen eine Militärallianz, die sich in unserem Hinterhof und in unserem historischen Territorium breitmacht. ... Man versucht ständig, uns in eine Ecke zu treiben, nur weil wir eine unabhängige Position einnehmen. ... Aber alles hat seine Grenzen. In der Ukraine überschritten die westlichen Partner die rote Linie, verhielten sich grob, verantwortungslos und unprofessionell.» Sie hätten Russland in eine Lage gebracht, die es zum Handeln gezwungen habe. Sie müssten endlich anerkennen, dass Russland wie andere Länder auch seine eigenen nationalen Interessen habe, die in Rechnung gestellt und respektiert werden müssten.

Die ersten vier Rechtfertigungen basierten weitgehend auf falschen Behauptungen und Verdrehungen. Dahinter stand ein imperialer und ethnischer Nationalismus, der auf das Zarenreich und die Sowjetunion zurückgriff, und Triebkraft und Instrument von Putins Politik war und ist. Damit hing auch die fünfte, geopolitische Begründung zusammen. Das postimperiale Trauma, das als Demütigung empfundene Verhalten des Westens und das Bestreben, Russland wieder die ihm zustehende Rolle als Großmacht zurückzugewinnen, sind ein wichtiger Faktor zur Erklärung von Putins expansiver Politik.

Die von Putin genannten Begründungen reichen jedoch nicht aus, um zu erklären, weshalb Russland Ende Februar 2014 in der Ukraine bewaffnet eingriff. Neben den außenpolitischen sind innenpolitische Faktoren einzubeziehen. Schon die «Farbrevolutionen» in Georgien und der Ukraine, die 2003 und 2004 zur Ablösung regierender Präsidenten führten, hatten Präsident Putin zutiefst beunruhigt. Die Massendemonstrationen in Moskau in den Jahren 2011/12, die sich wie die Orange Revolution an Wahlfälschungen entzündeten, verstärkten diese Angst. Nur zwei Jahre später wurde die Volksbewegung des Euro-Majdan, die den Präsidenten stürzte und mit einer Abwendung von Russland verbunden war, zum Menetekel für Putin und die herrschenden Eliten. Ein Erfolg der Revolution im Nachbarland Ukraine konnte der russischen Opposition als Vorbild dienen. Deshalb galt es um jeden Preis zu verhindern, dass sich die Ukraine als ein den europäischen

Werten verpflichteter demokratischer Staat etablierte und stabilisierte. Dies war meines Erachtens die ausschlaggebende Ursache für die bewaffnete Intervention Russlands in der Ukraine. Für Autokraten wie Putin hat die Erhaltung der eigenen Macht Priorität.

Mit der Annexion der Krim traf Putin drei Fliegen auf einen Streich. Zum einen fügte er dem für illegitim erklärten Regime in Kiew schweren Schaden zu. Zum zweiten demonstrierte er gegenüber dem Westen Entschlossenheit. Zum dritten mobilisierte er mit seinem Appell an die glorreiche Geschichte Russlands, der Heimholung des nationalen Erinnerungsortes Krim und der Solidarität mit den angeblich wie schon im Großen Vaterländischen Krieg von «Faschisten» bedrohten russischen «Landsleuten» einen ethno-imperialen Nationalismus. Dieser wurde von einer beispiellosen Propaganda, die Desinformationen verbreitete und auch vor direkten Lügen nicht zurückschreckte, orchestriert, erfasste die überwiegende Mehrheit der Russen und ließ die zuvor stark gefallenen Umfragewerte Putins von 60 Prozent Zustimmung zu Beginn des Jahres 2014 auf über 80 Prozent unmittelbar nach der Annexion der Krim und danach angeblich auf über 90 Prozent emporschnellen. Die zivilgesellschaftliche Opposition, die sich zum großen Teil auf die Seite des Euro-Majdan geschlagen hatte, steht seither mit dem Rücken zur Wand.

Im Gegensatz zu Russland waren die zivilgesellschaftlichen Massenbewegungen in der Ukraine zweimal erfolgreich. Die Ukraine ist kein «gescheiterter Staat» (*failed state*), wie in Russland und im Westen oft behauptet wird. Zwar stand und steht die Ukraine vor gewaltigen wirtschaftlichen und sozialen Problemen, die Rechtsstaatlichkeit ist noch immer nicht garantiert, die Korruption allgegenwärtig, die Macht der Oligarchen nicht gebrochen. Andererseits hob sich die politische Entwicklung der letzten 25 Jahre positiv von derjenigen Russlands ab. In keinem anderen postsowjetischen Staat mit Ausnahme des Baltikums wurde eine parlamentarische Demokratie mit korrekten Wahlen, die zu Machtwechseln führten, und weitgehend freien Medien etabliert. Es gelang, den jungen Staat nach außen zu sichern und im Innern zu konsolidieren, ohne dass es zu bewaffneten Auseinandersetzungen gekommen wäre, wiederum im Gegensatz zu Russland. Das änderte sich erst im Winter 2013/14 und mit dem von Russland entfachten Krieg, der die (relative) Erfolgsgeschichte der Ukraine in Frage stellt.

# 10. Kapitel

## Russland, die Ukraine und Europa

Die Geschichte der russisch-ukrainischen Wechselbeziehungen war und ist bis heute von Asymmetrien geprägt. Russland und die Russen haben seit dem späten 18. Jahrhundert die Ukraine und die Ukrainer nicht als gleichberechtigte Partner anerkannt. Der größere Bruder liebt seinen kleineren Bruder, der schön singt und tanzt, doch bevormundet er ihn und zwingt ihm seinen Willen und seine Sprache auf. Will der Kleinere sich aus der Obhut des Größeren befreien, reagiert dieser heftig und versucht das mit allen Mitteln zu verhindern.

Besonders deutlich zeigte sich das im 19. Jahrhundert. Die gebildeten Russen, die die Ukraine entdeckten, malten sie und ihre Bewohner zunächst in hellen Farben. Diese Ukrainophilie fand ihr Ende, als die Ukrainer begannen, sich als eigenständige politische Gemeinschaft zu imaginieren. Russland antwortete mit dem Anspruch der all-russischen Nation, in der Großrussen, Ukrainer und Weißrussen eine unauflösbare Einheit bildeten, und mit dem Verbot der ukrainischen Sprache in Publizistik und Schule. Die Verbindungen der Ukrainer zu den Ruthenen im österreichischen Galizien wurden argwöhnisch beobachtet und behindert. Das Verhältnis Russlands und der Russen zu den Ukrainern Galiziens mit ihrer jahrhundertelangen Zugehörigkeit zu Polen-Litauen und ihrer «häretischen» Konfession blieb von wechselseitigem Misstrauen bestimmt, auch als Stalin alle Teile des ukrainischen Volkes mit dem großen russischen Bruder «wiedervereinigt» hatte.

Als das Zarenreich 1917 gestürzt wurde und anschließend zerfiel, ergriffen ukrainische Politiker die Gelegenheit, einen unabhängigen Staat auszurufen. Dieser wurde zwar weder von den bolschewistischen Roten noch von den gegenrevolutionären Weißen noch von den Westmächten unterstützt, doch musste die Sowjetregierung nach der Eroberung der Ukraine auf diese Emanzipationsbestrebungen Rücksicht nehmen. In den 1920er Jahren wurde die Ukraine als Nation anerkannt, erhielt ein Territorium mit festen Grenzen und konnte sich im Rahmen der Sowjetordnung kulturell entfalten. Als ukrainische Nationalkommunisten begannen, politische Forderungen zu erheben, griff der Staat ein und terrorisierte die junge ukrainische Nation mit Hungertod und «Säuberungen». Trotz mancher Avancen Chruščevs blieb die russisch-ukrainische Asymmetrie bis zum Ende der Sowjetunion und darüber hinaus erhalten. Russland hat die Ukraine bis heute nicht als eigenständige Nation akzeptiert, sondern betrachtet sie als Teil der sogenannten russischen Welt.

Während die russische und die ukrainische Nationsbildung in der Sowjetunion gehemmt wurden, entfalteten sich nach 1991 mehrere konkurrierende Projekte. In Russland standen sich die Staatsbürgernation und die imperiale Nation gegenüber. Die imperiale Nation gewann zu Beginn des neuen Jahrtausends die Oberhand und wurde in der Folge zunehmend ethnisiert. Trotz ihres Vielvölkercharakters verwandelt sich die Russländische Föderation allmählich in einen russischen Nationalstaat. Im ukrainischen Nationalstaat konkurrierte das Projekt der ethnischen Nation mit dem der Staatsbürgernation, die sich im Euro-Majdan und in der Abwehr der äußeren Gefahr konsolidierte, und mit dem Kleinrussentum, das infolge des russisch-ukrainischen Kriegs an Boden verlor.

Das westliche Ausland übernahm die Vorstellung des großen und des kleinen Bruders. Die Ukraine wurde nicht als eigenständige Akteurin wahrgenommen, die Politik der Großmächte, besonders Deutschlands und Russlands, ging über sie hinweg. Die Ukraine steht noch immer im Schatten Russlands, das seit mehr als zwei Jahrhunderten die Deutungshoheit über die Geschichte Osteuropas hat.

Weitgehend vergessen ist heute, dass die Ukraine in der Frühen Neuzeit in Europa als eigenständiges Land wahrgenommen wurde.[176] Nachdem sie seit dem 14. Jahrhundert als Bestandteil Polen-Litauens gegolten hatte, weckten die Zaporožer Kosaken und der von ihnen angeführte Volksaufstand das Interesse der ausländischen Öffentlichkeit, und das Kosaken-Hetmanat wurde zu einem eigenständigen politischen und militärischen Akteur. Als sich das Hetmanat dem Moskauer Zaren unterstellte, änderte sich dies nur allmählich. Die Ukraine hatte von der Mitte des 17. bis zur Mitte des 18. Jahrhunderts einen festen Platz auf der mentalen Karte Europas, was sich in zahlreichen Publikationen, in Enzyklopädien und auf Karten widerspiegelte. Den Höhepunkt und gleichzeitig das Ende dieser Phase einer intensiven Ukraine-Perzeption markierte die erste, nach den Maßstäben der Zeit wissenschaftliche Geschichte der Ukraine, die 1796 gedruckte «Geschichte der Ukraine und der ukrainischen Cosaken» von Johann Christian von Engel.[177]

Das heutige Russland war dagegen seit dem Mongolensturm des 13. Jahrhunderts ein weitgehend unbekanntes Land. Im 16. Jahrhundert entdeckte der Westen «Moskowien» schrittweise, doch erst seit der Regierungszeit Peters des Großen wurde Russland als europäische Großmacht wahrgenommen und erhielt einen festen Platz auf der kognitiven Landkarte Europas.

Die im Westen weitgehend vergessene Glanzzeit der ukrainischen Kosaken und ihres Staatswesens nimmt im ukrainischen kulturellen Gedächtnis eine zentrale Stellung ein, und der Kosakenmythos von Gleichheit und Freiheit prägt bis heute das nationale Bewusstsein. Im 17. und frühen 18. Jahrhundert waren die Ukrainer den Russen kulturell mindestens ebenbürtig. Sie hatten Anteil an der gesamteuropäischen Kultur, vom Stadtrecht über den Humanismus bis zu Reformation und Gegenreformation. Sie waren in dieser Zeit der wichtigste Kanal westlicher Einflüsse auf Russland und trugen schon vor Peter dem Großen wesentlich zur «Europäisierung» Russlands bei.

Die westliche Wahrnehmung der mittelalterlichen Kiewer Rus' ist lange vom russischen Narrativ bestimmt worden. Dieses erste Staatswesen auf dem Boden der heutigen Ukraine, Weißrusslands und Russlands galt als russisch, und die Kiewer Periode des 9. bis 13. Jahrhunderts als erste Etappe russischer Staatlichkeit, die später im Moskauer Reich, im Petersburger Imperium und in der Sowjetunion ihre Fortsetzung fand. Obwohl diese Deutung von Historikern schon lange infrage gestellt worden ist und derjenigen der alten Rus', die weder russisch noch ukrainisch war, Platz gemacht hat, ist in der breiteren Öffentlichkeit das «Kiewer Russland» noch immer fester Bestandteil historischer (Halb-)Bildung. Dabei handelt es sich mitnichten um eine Spitzfindigkeit, denn die Usurpation der Geschichte der Rus' durch Russland beraubt die Ukrainer einer eigenständigen mittelalterlichen Geschichte, ihres ersten «Goldenen Zeitalters».

Die ukrainischen Kosaken traten Ende des 18. Jahrhunderts ab, und die westlichen Ukraineperzeptionen betrafen nun nur noch das einfache ukrainische Volk und seine Sitten und Bräuche, wie sie etwa von Johann Gottfried Herder in seinem Reisejournal von 1769 idealisiert wurden, in dem er die Ukraine «als neues Griechenland» pries und prophezeite, dass die kulturelle Erneuerung Europas von den jungen Völkern Osteuropas, unter ihnen die Ukrainer, ausgehen werde.[178] Die Wahrnehmung der Ukrainer als lustiges, musikalisches, aber passives «geschichtsloses» Volk entsprach dem russischen Bild der Kleinrussen, das sich im 19. Jahrhundert verfestigte. Mit der Inkorporation ihres größten Teils in das Zarenreich legte sich der Schatten Russlands über die Ukraine, und das Interesse der westlichen Öffentlichkeit an der Ukraine ging im Lauf des 19. Jahrhunderts schnell zurück. Das Russländische Imperium, das auch Finnland, das Baltikum und weite Teile Polens umfasste, wurde dagegen jetzt als Bestandteil Europas wahrgenommen.

Erst mit dem Ausbruch des Ersten Weltkriegs traten die Ukrainer plötzlich wieder in das Licht der «großen» Geschichte. Das Interesse Deutschlands und Österreich-Ungarns galt allerdings nicht den Ukrainern als eigenständigen Akteuren, sondern sie versuchten, die Ukrainer gegen Russland, die Sowjetunion und Polen auszuspielen.[179] Die Ukrainische Volksrepublik wurde jedoch von den Westmächten, die auf die Wiedererrichtung des Russländischen Imperiums setzten, nicht unterstützt. Die Sowjetukraine wurde erneut zu einem blinden Fleck auf der mentalen Landkarte, und die Hungersnot von 1932/33 wurde im Westen kaum wahrgenommen. Die kurzfristige Instrumentalisierung der Ukrainer durch den Nationalsozialismus blieb Episode. Im Zweiten Weltkrieg kamen viele Deutsche und Österreicher zum ersten Mal persönlich mit Ukrainern in Kontakt. Die Begegnung fand allerdings nicht auf Augenhöhe statt, sondern zwischen «Herrenmenschen» einerseits und Zwangsarbeiterinnen und Zwangsarbeitern sowie Kriegsgefangenen andererseits.

Im Jahrzehnt nach dem Ende des Zweiten Weltkriegs verschwanden die Ukrainer fast vollständig aus dem öffentlichen Bewusstsein. Die Sowjetunion wurde weithin als Russland wahrgenommen, die Nationalitätenfrage galt als gelöst. Auch nachdem die Ukraine ein unabhängiger Staat geworden war, veränderten sich die Wahrnehmungen im westlichen Ausland nur langsam. Die Ukrainer wurden in der Öffentlichkeit, aber auch von vielen Politikern und Historikern, noch immer als Ableger der Russen betrachtet, die keine eigenständige Nation waren, einen russischen Dialekt sprachen und keine eigene Geschichte und Hochkultur besaßen. Russland wurde dagegen gemeinhin mit der Sowjetunion gleichgesetzt, zu der die Ukraine (und Russland) gehört hatten. Die überraschende Massenbewegung der Orangen Revolution brachte im Herbst 2004 die Ukraine über die Fernsehschirme plötzlich in die Wohnstuben. Als der Westen nicht auf die Ukraine zuging und die Orangenblüten bald verwelkten, ging das Interesse an der Ukraine alsbald wieder zurück. Das änderte sich erst im Winter 2013/14, als sich mit der Revolution des Euro-Majdan und dem militärischen Eingreifen Russlands die Scheinwerfer erneut auf die Ukraine richteten.

Dennoch verändert sich die westliche Ukraine-Perzeption auch jetzt nur zögernd. Noch immer sind viele nicht bereit, den ukrainischen Staat als eigenständigen Akteur der Geschichte zu akzeptieren. Für zahlreiche Politiker, Wirtschaftsführer und Diplomaten ist die Ukraine nach wie vor nur als Schachfigur in den Beziehungen zu Russland von Interesse. Dieses Denken in Großmachtkategorien nimmt keine Rücksicht auf die Ukraine und ihre Interessen, diese wird als Objekt und nicht als Subjekt der Geschichte wahrgenommen.

Die Ukraine, die seit mehr als einem Vierteljahrhundert erstmals in ihrer Geschichte für eine längere Zeitdauer unabhängig ist, hat sich auf dem Euro-Majdan von der sowjetischen Vergangenheit und vom russischen großen Bruder verabschiedet. Sie holt die Revolution von 1989 nach und reiht sich in den Kreis der europäischen Nationen ein. Es ist an der Zeit, dass wir der Ukraine einen eigenen festen Platz auch auf der mentalen Landkarte Europas einräumen.

Russland und die Ukraine sind seit jeher Bestandteile Europas und seiner Geschichte. Es liegt in unserem Interesse, dass sich das Verhältnis der beiden Nachbarn wieder verbessert. Das wird nicht einfach sein, denn Propaganda und Krieg haben Hass gesät und Gräben selbst innerhalb von Familien und Freundeskreisen aufgerissen, die nur schwer zu überbrücken sein werden. Ein normales gutnachbarschaftliches Verhältnis wird nur dann hergestellt werden können, wenn Russland sich aus der Ukraine zurückzieht, seine paternalistische Haltung aufgibt und die Ukraine und die Ukrainer als eigenständige gleichberechtigte Partner anerkennt, wenn es also seine Rolle als großer Bruder aufgibt.

# Anmerkungen

1 Ich unterscheide zwischen den Begriffen russländisch (russ. *rossijskij*) für den supra-ethnischen Staat und russisch (*russkij*), der sich auf die ethnische Gruppe der Russen bezieht. Vgl. unten S. 24.

2 Zur jüngsten Entwicklung vgl. Andreas Kappeler: Kleine Geschichte der Ukraine, 4. Aufl. München 2014, S. 334–382; Katharina Raabe, Manfred Sapper (Hg.): Testfall Ukraine. Europa und seine Werte, Berlin 2015; Manfred Sapper u. a. (Hg.): Zerreißprobe. Ukraine: Konflikt, Krise, Krieg (Osteuropa Bd. 64 (2014), H. 5–6); dies. (Hg.): Gefährliche Unschärfe. Russland, die Ukraine und der Krieg im Donbass (Osteuropa Bd. 64 (2014), H. 9–10); Ukraine-Analysen, auf: http://www.laender-analysen.de/ukraine/; Markus Wehner: Putins kalter Krieg. Wie Russland den Westen vor sich hertreibt, München 2016; Andrew Wilson: Ukraine Crisis: What it Means for the West, New Haven 2014.

3 Die Ergebnisse des Projekts wurden in zwei Sammelbänden publiziert: Andreas Kappeler, Zenon E. Kohut, Frank E. Sysyn, Mark von Hagen (Hg.): Culture, Nation, and Identity. The Ukrainian-Russian Encounter (1600–1945), Edmonton u. a. 2003; Peoples, Nations, Identities. Selected Papers from the Fourth Workshop, September 21–23, 1995, New York 1996 (The Harriman Review Bd. 9, 1–2).

4 Vgl. Andreas Kappeler: Russland und die Ukraine. Verflochtene Biographien und Geschichten, Wien u. a. 2012, S. 16 f. (mit weiterführender Literatur).

5 Näheres dazu im 1. Kapitel.

6 Andreas Kappeler: «Great Russians» and «Little Russians». Russian-Ukrainian Relations and Perceptions in Historical Perspective, Seattle 2003 (The Donald W. Treadgold Papers in Russian, East European, and Central Asian Studies No. 39); ders.: Russland und die Ukraine.

7 Kappeler u. a. (Hg.), Culture; Peter J. Potichnyj u. a. (Hg.): Ukraine and Russia in their Historical Encounter, Edmonton 1992; Rossija – Ukraina: Istorija vzaimootnošenij, Moskau 1997; Rossija i Ukraina na perekrestkach istorii. Posobie dlja učitelej istorii, Moskau 2012; Ukraïna i Rosija v istoryčnij retrospektyvi. Bd. 1–3, Kiew 2004.

8 Zenon E. Kohut: Russian Centralism and Ukrainian Autonomy. Imperial Absorption of the Hetmanate 1760 s–1830 s, Cambridge (Mass.) 1988; Mirja Lecke: Westland. Polen und die Ukraine in der russischen Literatur von Puškin bis Babel', Frankfurt a. M. 2015; Aleksej Miller: The Ukrainian Ques-

tion. Russian Nationalism in the 19th Century, Budapest 2003; Serhii Plokhy: The Origins of the Slavic Nations: Premodern Identities in Russia, Ukraine, and Belarus, New York u. a. 2006; ders.: Ukraine and Russia. Representations of the Past, Toronto u. a. 2008; Johannes Remy: Brothers or Enemies: The Ukrainian National Movement and Russia from the 1840s to the 1870s, Toronto u. a. 2016 (ich danke dem Autor, dass er mir eine Datei seines Buches zur Verfügung gestellt hat); David Saunders: The Ukrainian Impact on Russian Culture 1750–1850, Edmonton 1985; Myroslav Shkandrij: Russia and Ukraine. Literature and the Discourse of Empire from Napoleonic to Postcolonial Times, Montreal u. a. 2001; Roman Szporluk: Russia, Ukraine, and the Breakup of the Soviet Union, Stanford 2000.

9 Die Titel dieser Werke finden sich im Literaturverzeichnis.

10 Vossoedinenie Ukrainy s Rossiej. Dokumenty i materialy. Bd. 1, Moskau 1954, S. 47.

11 Družba i bratstvo russkogo i ukrainskogo narodov. Bd. 1–2, Kiew 1982.

12 Taras Kuzio: Ukraine under Kuchma: Political Reform, Economic Transformation and Security Policy in Independent Ukraine, Basingstoke u. a. 1998, S. 195.

13 Zit. in: Elizabeth A. Wood: Performing Memory. Vladimir Putin and the Celebration of WWII in Russia, in: The Soviet and Post-Soviet Review 38 (2011), S. 172–200.

14 Dmitrij Furman: Russkie i ukraincy: Trudnye otnošeniia brat'ev, in: Ders. (Hg.): Ukraina i Rossija: Obščestva i gosudarstva, Moskau 1997, S. 3–18.

15 Die Ergebnisse der Umfragen weichen teilweise voneinander ab, so dass die Zahlen nur als Richtwerte gelten können. Eine Zusammenstellung der wichtigsten Umfragen in: http://www.pravda.com.ua/news/2014/10/4/7039772/ [10.12.2016]. Zu Einzeldaten vgl. die Nummern 60, 72, 88, 98, 125 und 138 der Ukraine-Analysen: http://www.laender-analysen.de/ukraine/. Vgl. auch Winfried Schneider-Deters: Die Ukraine. Machtvakuum zwischen Russland und der Europäischen Union, Berlin 2012, S. 81 f.

16 Zu den Ethnonymen vgl. allg. Kappeler, Russland und die Ukraine, S. 17–23 (mit weiterführender Literatur); A. L. Kotenko, O. V. Martynjuk, A. I. Miller: Maloross, in: Aleksej Miller u. a. (Hg.): Ključevye obščestvenno-političeskie ponjatija v imperskoj Rossii. Bd. 2, Moskau 2012, S. 392–443; Mykola Rjabčuk: Vid Malorosiï do Ukraïny. Paradoksy zapizniloho nacijetvorennja, Kiew 2000.

17 Zur Geschichte der Kiewer Rus' vgl. Simon Franklin, Jonathan Shepard: The Emergence of Rus 750–1200, London u. a. 1996; Carsten Goehrke: Russland. Eine Strukturgeschichte, Paderborn u. a. 2010; Manfred Hellmann (Hg.): Handbuch der Geschichte Russlands, Bd. 1: Von der Kiever Reichsbildung zum Moskauer Zartum (Anfänge bis 1613), Stuttgart 1976–1988; Plokhy, The Origins, S. 10–48.

18 Dazu: Hans Rothe (Hg.): Sinopsis. Facsimile mit einer Einleitung, Köln u. a. 1983.

19 Vgl. Thomas Sanders (Hg.): Imperial Russia. The Profession and Writing of History in a Multinational State, Armonk u. a. 1999; Stephen Velychenko: National History as Cultural Process. A Survey of the Interpretations of Ukraine's Past in Polish, Russian, and Ukrainian Historical Writing from the Earliest Times to 1914, Edmonton 1992.

20 V. O. Ključevskij: Sočinenija, Bd. 2: Kurs russkoj istorii, č. 2, Moskau 1957, S. 114 f.

21 Dmytro Doroshenko: A Survey of Ukrainian Historiography. Annals of the Ukrainian Academy of Arts and Sciences in the United States 5/6 (1957); Zenon E. Kohut: The Development of a Ukrainian National Historiography in Imperial Russia, in: Sanders (Hg.), Imperial Russia, S. 453–477; Serhii Plokhy: Unmaking Imperial Russia. Mykhailo Hrushevsky and the Writing of Ukrainian History, Toronto u. a. 2005.

22 Mychajlo Hruševs'kyj: Zvyčajna schema ‹russkoj› istorii i sprava racional'-noho ukladu istorii Schidnoho Slov'janstva, in: Stat'i po slavjanovedeniju. Bd. 1, St. Petersburg 1904, S. 298–304, zit. S. 299. Deutsche Übersetzung in: Lubomyr R. Wynar: Mychajlo Hruševs'kyj. Biobibliographische Quelle 1866–1934, München 1984, S. 58–65.

23 Putin-Zitate in seinen Reden von September 2013 (http://en.kremlin.ru/events/president/news/19243) [10.12.2016], März 2014 (Osteuropa 64 [2014], 5–6, S. 87–100) und Juli 2015 (http://www.themoscowtimes.com/news/article/moscow-kiew-grapple-with-historic-ties-to-prince-vladimir/526356.html) [10.12.2016].

24 http://gska2.rada.gov.ua/site/postanova/akt_nz.htm [10.12.2016]; englische Übersetzung auf: https://en.wikipedia.org/wiki/Declaration_of_Independence_of_Ukraine#.28Text_of.29_Act_of_Independence [10.12.2016].

25 http://credo.pro/2015/07/138864 (13.8.2018).

26 Mykola Ryabchuk: «Durchwursteln»: Gescheiterter Staat oder Erfolgsgeschichte? In: Andreas Kappeler (Hg.): Die Ukraine. Prozesse der Nationsbildung, Köln u. a. 2011, S. 419–430, hier S. 421 f.

27 Günther Stökl: Das Fürstentum Galizien-Wolhynien, in: Hellmann (Hg.): Handbuch, Bd. 1, S. 484–531.

28 Frithjof Benjamin Schenk: Alexander Nevskij. Heiliger-Fürst-Nationalheld. Eine Erinnerungsfigur im russischen kulturellen Gedächtnis (1263–2000), Köln u. a. 2004.

29 https://de.wikipedia.org/wiki/Alexander-Newski-Orden [10.12.2016]

30 Zur Geschichte Russlands in dieser Periode vgl. Goehrke, Russland; Hellmann (Hg.), Handbuch Bd. 1; Maureen Perry (Hg.): The Cambridge History of Russia. Bd. 1: From Early Rus' to 1689, Cambridge 2006; Günther Stökl, Manfred Alexander: Russische Geschichte. Von den Anfängen bis zur Gegenwart, Stuttgart 2009.

31 Zur Geschichte der Ukraine in dieser Epoche vgl. Kappeler, Kleine Geschichte, S. 41–53; Serhii Plokhy: The Gates of Europe. A History of Ukraine, London 2015, S. 63–96; ders: The Origins, S. 49–202; Orest Subtelny: Ukraine. A History. 3. Aufl., Toronto 2009, S. 69–134. Zu Polen-Litauen vgl. Manfred Alexander: Kleine Geschichte Polens, Stuttgart 2003; Hans-Jürgen Bömelburg (Hg.): Polen in der europäischen Geschichte. Ein Handbuch, hg. von Michael G. Müller, Bd. 2. Frühe Neuzeit, Stuttgart 2011–2014.

32 Žemaiten oder Samogitien ist eine historische Region Litauens.

33 Vgl. Andreas Kappeler: Die Kosaken. Geschichte und Legenden, München 2013.

34 M. P. Dragomanov: Avtobiografija, in: Byloe. God 1, No. 6, ijun' 1906, S. 182–213, zit. S. 197; englische Übersetzung in: Serhiy Bilenky (Hg.): Fashioning Modern Ukraine: Selected Writings of Mykola Kostomarov, Volodymyr Antonovych, and Mykhailo Drahomanov, Edmonton u. a. 2013, S. 276–306, hier S. 296.

35 Zum Folgenden vgl. Zenon E. Kohut: The Question of Russo-Ukrainian Unity and Ukrainian Distinctiveness in Early Modern Ukrainian Thought and Culture, in: Kappeler u. a. (Hg.), Culture, S. 57–86; Plokhy, The Origins, S. 203–353; Hans-Joachim Torke: Moskau und sein Westen. Zur «Ruthenisierung» der russischen Kultur, in: Berliner Jahrbuch für osteuropäische Geschichte 1996, H. 1, S. 101–120.

36 Akty otnosjaščiesja k istorii Zapadnoj Rossii sobrannye i izdannye Archeografičeskoju Kommissieju. Bd. 4, St. Petersburg 1851, S. 47–49; Dopolnenija k Aktam istoričeskim. Bd. 1, St. Petersburg 1846, S. 231.

37 Rossijskij gosudarstvennyj archiv drevnich aktov (RGADA). F. 124. 1625, fevral'. No. 1. Ich danke Angela Rustemeyer für diese Archiv-Recherche.

38 Zur Geschichte Russlands und der Ukraine im 17. und 18. Jahrhundert vgl. die entsprechenden Abschnitte in: Manfred Hildermeier: Geschichte Russlands. Vom Mittelalter bis zur Oktoberrevolution, München 2013; D. C. B. Lieven, Maureen Perrie (Hg.): The Cambridge History of Russia. Bd. 2: Imperial Russia, 1689–1917, Cambridge 2006; Christoph Schmidt: Russische Geschichte 1547–1917, 2. Aufl. München 2009; Kappeler, Kleine Geschichte; Paul R. Magocsi: A History of Ukraine. The Land and its Peoples, 2. Aufl. Toronto 2010; Plokhy, The Gates; Subtelny, Ukraine.

39 Hans-Joachim Torke: The Unloved Alliance: Political Relations between Muscovy and Ukraine in the Seventeenth Century, in: Potichnyj u. a. (Hg.), Ukraine, S. 39–66.

40 Vossoedinenie Bd. 3, S. 566 f.

41 Vgl. John Basarab: Pereiaslav 1654. A Historiographical Study, Edmonton 1984; Plokhy, Ukraine, S. 90–112, 196–212.

42 Tezisy o 300-letii vossoedinenija Ukrainy s Rossiej (1654–1954 gg.). Odobreny CK KPSS, Moskau 1954, S. 11.

43 Guido Hausmann u. a. (Hg.): «Wie ein Schwede bei Poltawa». Die Erinnerung an die Schlacht von Poltawa 1709 und ihre Bedeutung für die Identitätssuche der Ukraine in Europa, Felsberg 2010; Andreas Kappeler: Geschichtspolitik in der Ukraine: Russland, Polen, Österreich und Europa, in: Juliane Besters-Dilger (Hg.): Die Ukraine auf dem Weg nach Europa. Die Ära Juschtschenko, Frankfurt a. M. 2011, S. 211–229, hier S. 215–218; http://pda.pravda.com.ua/news/id_7107793/ [10.12.2016]

44 https://de.wikipedia.org/wiki/Schtsche_ne_wmerla_Ukrajina [10.12.2016]

45 Vgl. Kappeler, Die Kosaken.

46 Kohut, Russian Centralism.

47 Vgl. die populärwissenschaftliche Monographie von Maria Razumovsky: Die Rasumovskys. Eine Familie am Zarenhof, Köln u. a. 1998.

48 Vgl. James Cracraft: The Petrine Revolution in Russian Culture, Cambridge (Mass.) u. a. 2004.

49 Saunders, The Ukrainian Impact.

50 Serhii Plokhy: The Two Russias of Teofan Prokopovyč, in: Giovanna Siedina (Hg.): Mazepa and his Time. History, Culture, Society, Alessandria 2004, S. 333–366.

51 Saunders, The Ukrainian Impact, S. 111.

52 Torke, Moskau, S. 119.

53 Zum imperialen Kontext der Epoche vgl. Andreas Kappeler: Russland als Vielvölkerreich. Entstehung, Geschichte, Zerfall, 4. Aufl. München 2008, S. 70–88.

54 Polnoe Sobranie Zakonov Rossijskoj Imperii (PSZ) sobr. 1. St. Petersburg 1830. Bd. 23, Nr. 17108, S. 410.

55 Zu diesem Kapitel vgl. Paul Bushkovich: The Ukraine in Russian Culture 1790–1860: The Evidence of the Journals, in: Jahrbücher für Geschichte Osteuropas Bd. 39 (1991), S. 339–363; Saunders, The Ukrainian Impact; Shkandrij, Russia; Olcksij Toločko (Tolochko): Fcllows and Travcllcrs. Thinking about Ukrainian History in the Early Nineteenth Century, in: Georgiy Kasianov, Philipp Ther (Hg.): A Laboratory of Transnational History. Ukraine and Recent Ukrainian Historiography, Budapest u. a. 2009, S. 149–168; ders.: Kievskaja Rus' i Malorossija v XIX veke, Kiew 2012. Zusammenfassend: Kappeler, Russland und die Ukraine, S. 269–272.

56 Saunders, The Ukrainian Impact, S. 2; Shkandrij, Russia, S. 71.

57 Shkandrij, Russia, S. 73.

58 A. Levšin, zitiert nach Toločko, Kievskaja Rus', S. 78.

59 Saunders, The Ukrainian Impact, S. 2.

60 Shkandrij, Russia, S. 78–80.

61 Helmuth Plessner: Die verspätete Nation. Über die politische Verführbarkeit bürgerlichen Geistes, 6. Aufl. Frankfurt a. M. 1998. Vgl. Rjabčuk, Vid Malorosiï.

62 Andrew Wilson: The Ukrainians. Unexpected Nation, 3. Aufl. New Haven 2009.

63 Matthias Naß, «Putins Vorgehen ist verständlich». Helmut Schmidt über Russlands Recht auf die Krim, die Überreaktion des Westens und den Unsinn von Sanktionen, in: Die Zeit 14/2014 (27. März).

64 Vgl. Kappeler (Hg.), Die Ukraine, auch zum Folgenden.

65 Geoffrey Hosking: Russland. Nation und Imperium 1552–1917, Berlin 2000.

66 Vgl. dazu Miroslav Hroch: Das Europa der Nationen. Die moderne Nationsbildung im europäischen Vergleich, Göttingen 2005; Kappeler (Hg.), Die Ukraine, S. 2–7 (mit weiterführender Literatur).

67 Vgl. Paul Bushkovitch: What is Russia? Russian National Identity and the State, 1500–1917, in: Kappeler u. a. (Hg.), Culture, S. 144–161; Simon Franklin u. a. (Hg.): National Identity in Russian Culture. An Introduction, Cambridge 2004; Hosking, Russland; Andreas Kappeler: Bemerkungen zur Nationsbildung der Russen, in: Ders. (Hg.): Die Russen. Ihr Nationalbewusstsein in Geschichte und Gegenwart, Köln 1990, S. 19–35; Vera Tolz: Russia. Inventing the Nation, London 2001.

68 Žitie protopopa Avvakuma, im samim napisannoe, i drugie sočinenia, Moskau 1960, S. 159.

69 Vgl. Hans Rogger: National Consciousness in Eighteenth-Century Russia, Cambridge (Mass.)1960.

70 Kohut, The Question; Plokhy, The Origins.

71 Frank E. Sysyn: The Image of Russia and Russian-Ukrainian Relations in Ukrainian Historiography of the Late Seventeenth and Early Eighteenth Centuries, in: Kappeler u. a. (Hg.), Culture, S. 108–143, zit. S. 139.

72 N. Petrov (Hg.): Razgovor Velikorossii s Malorossiej, in: Kievskaja Starina, Bd. 1 (1882), S. 313–365. Vgl. Plokhy, Ukraine, S. 36–40.

73 Dazu Kappeler, Russland als Vielvölkerreich.

74 Zum Folgenden Serhiy Bilenky: Romantic Nationalism in Eastern Europe. Russian, Polish, and Ukrainian Political Imaginations, Stanford 2012; Frank Golczewski, Gertrud Pickhan: Russischer Nationalismus. Die russische Idee im 19. und 20. Jahrhundert. Darstellung und Texte, Göttingen 1998; Hosking, Nation; Kappeler (Hg.), Die Russen; Alexei Miller: The Romanov Empire and Nationalism. Essays in the Methodology of Historical Research, Budapest u. a. 2008; Andreas Renner: Russischer Nationalismus und Öffentlichkeit im Zarenreich 1855–1875, Köln u. a. 2000; Tolz, Russia.

75 Zit. in Nicholas V. Riasanovsky: Nicholas I and Official Nationality in Russia, 1825–1855, Berkeley u. a. 1959, S. 139.

76 Vgl. Alexey Miller: Natsiia, Narod, Narodnost' in Russia in the 19th Century: Some Introductory Remarks to the History of Concepts, in: Jahrbücher für Geschichte Osteuropas Bd. 56 (2008), S. 379–390. Vgl. auch ders.: «Official

Nationality»? A Reassessment of Count Sergei Uvarov's Triad in the Context of Nationalism Politics, in: Ders., The Romanov Empire, S. 139–159.

77 Zum Folgenden Bilenky, Romantic Nationalism; Jaroslav Hrycak: Die Formierung der modernen ukrainischen Nation, in: Österreichische Osthefte Bd. 42 (2000), S. 189–210; Andreas Kappeler: Der schwierige Weg zur Nation. Beiträge zur neueren Geschichte der Ukraine, Wien u. a. 2003; Magocsi, A History; Johannes Remy: Brothers or Enemies: The Ukrainian National Movement and Russia from the 1840s to the 1870s, Toronto u. a. 2016.

78 M. I. Kostomarov: Zakon Božyj (knyha buttja ukrains'koho narodu), Kiew 1991, S. 30, 28, englisch in: Ralph Lindheim, George S. N. Luckyj (Hg): Towards an Intellectual History of Ukraine: An Anthology of Ukrainian Thought from 1710 to 1995, Toronto u. a. 1996, S. 100, 99.

79 Kyrylo-Mefodiïvs'ke tovarystvo. Bd. 2, Kiew 1990, S. 79 f.

80 Vgl. Walter Koschmal: Taras Ševčenko. Die vergessene Dichter-Ikone, München u. a. 2014.

81 Vgl. Michael Moser: Taras Ševčenko und die moderne ukrainische Schriftsprache – Versuch einer Würdigung, München 2008, Zitat S. 73.

82 Taras Schewtschenko: Meine Lieder, meine Träume. Gedichte und Zeichnungen, Berlin u. a. 1987, S. 107–129, zit. S. 124. Original: Taras Ševčenko: Povne zibrannja tvoriv. Bd. 1. Poezija 1837–1847, Kiew 1989, S. 180–191, zit. S. 188.

83 Kyrylo-Mefodiïvs'ke tovarystvo Bd. 2, S. 80, 329.

84 Neskol'ko slov o poėme Gogolja: Pochoždenija Čičikova, ili Mertvye duši (1842), in: K. S. Aksakov, I. S. Aksakov: Literaturnaja kritika, Moskau 1981, S. 141–150, zit. S. 149 f.

85 Die Diskussion um die ethnische Zuordnung Gogol's/Hohol's und seines Werks ist bis heute nicht verstummt. Vgl. Edyta M. Bojanowska: Nikolai Gogol: Between Ukrainian and Russian Nationalism, Cambridge (Mass.) 2007; Lecke, Westland, S. 103–143.

86 V. G. Belinskij: Polnoe sobranie sočinenij. Bd. 7, Moskau 1955, S. 60, 64 f.; Bd. 5. 1954, S. 176–179, 330.

87 Ebd. Bd. 12, 1956, S. 436–442, zit. S. 440 f.

88 Vgl. Andrea Rutherford: Vissarion Belinskii and the Ukrainian National Question, in: The Russian Review Bd. 54 (1995), S. 500–515; Shkandrij, Russia, S. 116–125.

89 Renner, Russischer Nationalismus.

90 Vgl. Faith Hillis: Children of Rus'. Right Bank Ukraine and the Invention of a Russian Nation, Ithaca u. a. 2013.

91 I. S. Aksakov: Pol'skij vopros i zapadno-russkoe delo. Evrejskij vopros. 1860–1886. Stat'i iz «Dnja», «Moskvy» i «Rusi», Moskau 1886 (Sočinenija Bd. 5), S. 21.

92 M. I. Katkov: 1863-j god. Sobranie statej po pol'skomu voprosu pomeščavšichsja v Moskovskich Vedomostjach, Russkom Vestnike i Sovremennoi Letopisi. Bd. 1, Moskau 1887, S. 273, 278. Für die anderen Zitate vgl. David Saunders: Mikhail Katkov and Mykola Kostomarov. A Note on Petr A. Valuev's Anti-Ukrainian Edict of 1863, in: Harvard Ukrainian Studies Bd. 17, H. 3–4 (1993–1996), S. 365–383, zit. S. 372.

93 Vgl. Remy, Brothers, S. 82–84.

94 Vgl. Miller, The Ukrainian Question, zit. S. 263–266; Remy, Brothers, S. 157–169.

95 Vgl. Miller, The Ukrainian Question, zit. S. 349–355; Remy, Brothers, S. 211–222.

96 Vgl. Veronika Wendland: Die Russophilen in Galizien. Ukrainische Konservative zwischen Österreich und Russland 1848–1915, Wien 2000.

97 Petr Struve: Obščerusskaia kul'tura i ukrainskij partikuljarizm. Otvet Ukraincu, in: Russkaia Mysl', Bd. 33 (1912), janvar', S. 65–86, zit. S. 85 f.

98 Shkandrij, Russia, S. 156–158, 163 f.

99 Zur Geschichte des 19. und frühen 20. Jahrhunderts vgl. die entsprechenden Abschnitte in: Heiko Haumann: Geschichte Russlands, 2. Aufl. Zürich 2010; Hildermeier, Geschichte Russlands; Hosking, Nation; Schmidt, Russische Geschichte; Kappeler, Kleine Geschichte; Magosci, A History; Serhy Yekelchyk: Ukraine. Birth of a Modern Nation, Oxford 2007.

100 Alle Zahlenangaben aus: Henning Bauer u. a. (Hg.): Die Nationalitäten des Russischen Reiches in der Volkszählung von 1897. Bd. B, Stuttgart 1991. Vgl. auch Kappeler, Kleine Geschichte, S. 145–164.

101 Zahlen in: Bauer u. a. (Hg.), Nationalitäten.

102 Vgl. https://ru.wikipedia.org/wiki/%D0%9D%D0%B0_%D0%BD%D0%B5%D0%B7%D0%B0%D0%B2%D0%B8%D1%81%D0%B8%D0%BC%D0%BE%D1%81%D1%82%D1%8C_%D0%A3%D0%BA%D1%80%D0%B0%D0%B8%D0%BD%D1%8B (1.5.2018)

103 Vgl. Ricarda Vulpius: Nationalisierung der Religion. Russifizierungspolitik und ukrainische Nationsbildung 1860–1920, Wiesbaden 2005 (Forschungen zur osteuropäischen Geschichte 64).

104 Vgl. Lecke, Westland, S. 249–294.

105 Petr P. Semenov (Hg.): Rossija. Polnoe geografičeskoe opisanie našego otečestva. Nastol'naia i dorožnaia kniga dlja russkich ljudej. Bd. 7: Malorossija, St. Petersburg 1903, S. 102–126, zit. S. 102.

106 Vgl. Volodymyr Potul'nyts'kyj: The Image of Russia and the Russians in Ukrainian Political Thought (1860–1945), in: Acta Slavica Japonica 16 (1998), S. 1–28; Saunders, The Ukrainian Impact, S. 2 f.; Shkandrij, Russia, passim.

107 Nikolaj Kostomarov: Dve russkie narodnosti, in: Sobranie sočinenij. Istoričeskie monografii i issledovanija. Bd. 1, No. 1, St. Petersburg 1903, S. 33–65. Englische Übersetzung in: Bilenky (Hg.), Fashioning, S. 134–174.

108 Vgl. Andreas Kappeler: Mazepisten, Kleinrussen, Chochols: Die Ukrainer in der ethnischen Hierarchie des Russländischen Reiches, in: Ders.: Der schwierige Weg, S. 36–53.

109 Vgl. Thomas M. Prymak: Mykola Kostomarov. A Biography, Toronto u. a. 1996; David Saunders: Mykola Kostomarov (1817–1885) and the Creation of a Ukrainian Ethnic Identity, in: Slavonica Bd. 7 (2001), 1, S. 7–24.

110 Ukrainskaja Žizn' 1914, No. 3, S. 15 f.; V. I. Vernadskij: Dnevniki 1917–1921, Kiew 1994, S. 129.

111 Stranicy avtobiografii V. I. Vernadskogo, Moskau 1981, S. 9 f., 23.

112 V. I. Vernadskij: Ukrainskij vopros i russkoe obščestvo, in: Družba narodov 1990, H. 3, S. 247–254.

113 Vgl. Andreas Kappeler: Zur Charakteristik russischer Terroristen (1878–1887), in: Jahrbücher für Geschichte Osteuropas Bd. 27 (1979), S. 520–547.

114 Encyklopedija istoriï Ukraïny. Bd. 9, Kiew 2012, S. 381 f.; A. Rusov: Kak ja stal členom «Gromady», in: Ukrainskaja Žizn' 1913, No. 10, S. 40–49.

115 Kappeler, Russland und die Ukraine.

116 Stephen Velychenko: The Issue of Russian Colonialism in Ukrainian Thought, in: Ab Imperio 2002, H. 1, S. 323–367.

117 Zitiert bei Borys Lewytzkyj: Politics and Society in Soviet Ukraine 1953–1980, Edmonton 1984, S. 5–7.

118 Vgl. Jürgen Osterhammel, Jan C. Jansen: Kolonialismus. Geschichte, Formen, Folgen, München 2013.

119 Aleksandr Ėtkind: Internal Colonization: Russia's Imperial Experience, Cambridge u. a. 2011.

120 Lecke, Westland; Shkandrii, Russia.

121 Zur Russischen Revolution vgl. Helmut Altrichter: Russland 1917. Ein Land auf der Suche nach sich selbst, 2. Aufl. Paderborn u. a. 2017; Orlando Figes: Die Tragödie eines Volkes. Die Epoche der Russischen Revolution 1891–1924, Berlin 1998; Heiko Haumann (Hg.): Die Russische Revolution 1917, 2. Aufl. Köln u. a. 2016. Allgemein, auch für die Folgezeit, vgl. Haumann, Geschichte; Manfred Hildermeier: Geschichte der Sowjetunion. Entstehung und Niedergang des ersten sozialistischen Staates, München 1998; Dietmar Neutatz: Träume und Alpträume. Eine Geschichte Russlands im 20. Jahrhundert, München 2013.

122 Zur Ukrainischen Revolution liegen zahlreiche neuere Darstellungen in ukrainischer Sprache vor. Die einzige Monographie in einer «westlichen» Sprache ist das vor mehr als 60 Jahren erschienene Buch von John S. Reshetar Jr.: The Ukrainian Revolution, 1917–1920: A Study in Nationalism, Princeton 1952. Vgl. auch ders.: Ukrainian and Russian Perceptions of the Ukrainian Revolution, in: Potichnyj u. a. (Hg.), Ukraine, S. 140–164; Wolfram Dornik u. a.: Die Ukraine zwischen Selbstbestimmung und Fremdherrschaft 1917–1922, Graz 2011; Taras Hunczak (Hg.): The Ukraine, 1917–1921: A Study in

Revolution, Cambridge (Mass.) 1977; Tanja Penter: Odessa 1917. Die Revolution aus der Perspektive der Peripherie, Köln u. a. 2000. Für die Zeit bis 1918 vgl. Mark von Hagen: War in a European Borderland. Occupations and Occupational Plans in Galicia and Ukraine, 1914–1918, Seattle 2007. Außerdem, auch für die Folgezeit, Kappeler, Kleine Geschichte; Magocsi, A History und Yekelchyk, Ukraine.

123 Manfred Hellmann (Hg.): Die russische Revolution 1917. Von der Abdankung des Zaren bis zum Staatsstreich der Bolschewiki, München 1964, S. 237–240. Ukrainischer Urtext auf: http://www.archives.gov.ua/Sections/90AZ/CDAVO/index.php?9#photo [10.12.2016].

124 Hellmann (Hg.): Die russische Revolution, S. 240 f.

125 http://gska2.rada.gov.ua/site/const/universal-4.html [10.12.2016]; englisch in: Hunczak (Hg.), The Ukraine, S. 391–395.

126 A. Denikin: Očerki russkoj smuty. Bd. 1–5, Paris u. a. 1921–1926, zit. Bd. 5, S. 140, Bd. 4, S. 187.

127 Geoffrey Hosking: Rulers and Victims. The Russians in the Soviet Union, Cambridge Mass. u. a. 2006, auch zum Folgenden. Allgemein zur Geschichte der Sowjetunion vgl. Hildermeier, Geschichte der Sowjetunion; Neutatz, Träume.

128 Zum ganzen Kapitel vgl. Terry Martin: The Affirmative Action Empire. Nations and Nationalism in the Soviet Union, 1923–1939, Ithaca u. a. 2001; Gerhard Simon: Nationalismus und Nationalitätenpolitik in der Sowjetunion. Von der totalitären Diktatur zur nachstalinschen Gesellschaft, Baden-Baden 1986; Yekelchyk, Ukraine.

129 Yuri Slezkine: The USSR as a Communal Apartment, or How a Socialist State Promoted Ethnic Particularism, in: Slavic Review Bd. 53 (1994), S. 414–452.

130 Wladimir Iljitsch Lenin: Schlusswort zum Bericht über das Parteiprogramm (19. März 1919) auf: http://ciml.250x.com/archive/lenin/german/lenin_programmentwurf_1919.html [10.12.2016].

131 Josef Stalin: die nationalen Momente im Partei- und Staatsaufbau. Thesen zum XII. Parteitag der KPR(B), auf: http://www.stalinwerke.de/band05/b05–027.html [10.12.2016].

132 Martin, Affirmative Action, S. 24; die folgenden Daten in: Ders., S. 75–124; Simon, Nationalismus, S. 34–77, 432, 448.

133 V. I. Lenin: Polnoe sobranie sočinenij. Bd. 32, S. 342, auf: http://leninvi.com/t32/p342 [10.12.2016].

134 Martin, Affirmative Action, S. 95. Vgl. die Fallstudie von Matthew D. Pauly: «Odessa-Lektionen»: Die Ukrainisierung der Schule, der Behörden und der nationalen Identität in einer nicht-ukrainischen Stadt in den 1920er Jahren, in: Kappeler (Hg.), Die Ukraine, S. 309–318. Vgl. ders.: Breaking the Tongue: Language. Education, and Power in Soviet Ukraine, 1923–1934, Toronto u. a. 2014.

135 Vgl. Shkandrii, Russia, S. 223–231.

136 Vgl. auch zum Folgenden Rudolf A. Mark, Gerhard Simon (Hg.): Vernichtung durch Hunger. Der Holodomor in der Ukraine und der UdSSR, in: Osteuropa 54 (2004), Heft 12; Martin, Affirmative Action; Timothy Snyder: Bloodlands. Europa zwischen Hitler und Stalin, München 2011, S. 43–78.

137 Martin, Affirmative Action, S. 293 f.

138 Stalin i Kaganovič. Perepiska 1931–1936 gg., Moskva 2001, S. 272–274, 281. Vgl. auch Martin, Affirmative Action, S. 296–298.

139 http://www.kremlin.ru/events/president/news/2081 [10.12.2016].

140 Vgl. David Brandenberger: National Bolshevism. Stalinist Mass Culture and the Formation of Modern Russian National Identity, Cambridge, Mass. u. a. 2002; Erwin Oberländer: Sowjetpatriotismus und Geschichte. Dokumentation, Köln 1967; ders.: Sowjetpatriotismus und russischer Nationalismus, in: Kappeler (Hg.), Die Russen, S. 83–90.

141 Zitat: Hosking, Rulers, S. 150.

142 Zitat: Martin, Affirmation Action, S. 353.

143 Brandenberger, National Bolshevism, S. 43.

144 Dazu Jörg Baberowski: Der rote Terror. Die Geschichte des Stalinismus, 2. Aufl. München 2004; ders.: Verbrannte Erde. Stalins Herrschaft der Gewalt, 2. Aufl. München 2012; Simon, Nationalismus; Nicolas Werth: L'ivrogne et la marchande de fleurs. Autopsie d'un meurtre de masse 1937–1938, Paris 2009.

145 Dazu vgl. Karel K. Berkhoff: Harvest of Despair. Life and Death in Ukraine under Nazi Rule, Cambridge (Mass.) 2004; Richard Overy: Russlands Krieg 1941–1945, Reinbek 2003; Dieter Pohl: Die Herrschaft der Wehrmacht. Deutsche Militärbesatzung und einheimische Bevölkerung in der Sowjetunion 1941–1944, München 2008; ders.: Schlachtfeld zweier totalitärer Diktaturen – die Ukraine im Zweiten Weltkrieg, in: Österreichische Osthefte Bd. 42 (2000), S. 339–362; Snyder, Bloodlands.

146 J. Stalin: Über den Großen Vaterländischen Krieg der Sowjetunion, Moskau 1946, auf: http://www.stalinwerke.de/vaterlandkrieg/vk-034.html [10.12.2016]; Kappeler (Hg.), Die Russen, S. 194 f.

147 Rede von Präsident Putin am 18. März 2014, in: Osteuropa 64 (2014), H. 5–6, S. 87–100, hier S. 90.

148 Ebd. S. 96.

149 Vgl. zum Folgenden die entsprechenden Abschnitte in: Hildermeier, Geschichte der Sowjetunion; Kappeler, Kleine Geschichte; Neutatz, Alptraum; Simon, Nationalismus; Szporluk, Russia; Yekelchyk, Ukraine.

150 Die folgenden Zahlenangaben stammen vorwiegend aus Simon, Nationalismus.

151 Vgl. Katrin Boeckh: Das Konzept des «Sowjetvolks» und die ukrainische Nation, in: Kappeler (Hg.), Die Ukraine, S. 349–360.

152 Vgl. Szporluk, Russia, S. XXVIII.

153 Zit. in: Kappeler (Hg.), Die Russen, S. 206f., russ. Original http://constitution.garant.ru/act/base/10200087/.

154 http://gska2.rada.gov.ua/site/postanova/akt_nz.htm [10.12.2016]; englische Übersetzung auf: https://en.wikipedia.org/wiki/Declaration_of_Independence_of_Ukraine#.28Text_of.29_Act_of_Independence [10.12.2016].

155 Dazu unter Auswertung neuer Quellen: Serhii Plokhy: The Last Empire. The Final Days of the Soviet Union, New York 2014, S. 301–316. Vgl. auch schon Wilson, The Ukrainians, S. 169–171.

156 http://www.rusarchives.ru/projects/statehood/10–12-soglashenie-sng.shtml.

157 Für dieses Kapitel verweise ich allgemein auf Kappeler, Kleine Geschichte, S. 255–333; Kuzio, Ukraine; Wilson, The Ukrainians, S. 172–310; Yekelchyk, Ukraine, S. 193–225; Margareta Mommsen: Wer herrscht in Russland? Der Kreml und die Schatten der Macht, 2. Aufl. München 2004; Neutatz, Träume, S. 532–596; Jutta Scherrer: Kulturologie. Russland auf der Suche nach einer zivilisatorischen Identität, Göttingen 2003; Tanja Wagensohn: Russland nach dem Ende der Sowjetunion, München 2001.

158 Vgl. Petro Burkovs'kyj, Oleksij Haran': Konflikt und Kooperation. Die Ukraine und Russland: Eine Beziehungsdynamik, in: Osteuropa Bd. 60 (2010), H. 2–4, S. 331–349; Roman Solchanyk: Ukraine and Russia. The Post-Soviet Transition, Lanham u. a. 2001; Vera Tolz: Rethinking Russian-Ukrainian Relations: A New Trend in Nation-building in Post-communist Russia? In: Nations and Nationalism Bd. 8 (2002), S. 235–253.

159 Solchanyk, Ukraine, S. 56–62, 67–70.

160 Tolz, Russia, S. 231.

161 Solchanyk, Ukraine, S. 72.

162 Tolz, Russia, S. 238.

163 Solchanyk, Russia, S. 17.

164 Tolz, Russia, S. 239.

165 Kuzio, Ukraine, S. 201.

166 Solchanyk, Ukraine, S. 89.

167 Solchanyk, Ukraine, S. 114–116; Tolz, Russia, S. 240.

168 Gwendolyn Sasse: The Crimea Question. Identity, Transition, and Conflict, Cambridge (Mass.) 2007.

169 Englische Übersetzung in: Lubomyr A. Hajda (Hg.): Ukraine in the World. Studies in the International Relations and Security Structure of a Newly Independent State, Cambridge, Mass. 1998 (Harvard Ukrainian Studies 20, 1996), S. 319–329.

170 Zusätzlich zu den oben zitierten Titeln vgl. Pål Kolstø, Helge Blakkisrud (Hg.): The New Russian Nationalism. Imperialism, Ethnicity and Authoritarianism 2000–15. Edinburgh 2016; Walter Laqueur: Putinismus. Wohin treibt Russland?, Berlin 2015; Margareta Mommsen, mit Angelika Nußber-

ger: Das System Putin. Gelenkte Demokratie und politische Justiz in Russland, München 2007; Schneider-Deters, Die Ukraine.

171 Schneider-Deters, Die Ukraine, S. 415.

172 http://en.kremlin.ru/events/president/news/19243 [10.12.2016].

173 Ukraine-Analysen Nr. 124 (26.11.2013), S. 13 f.

174 Vgl. die Ausführungen im Vorwort (S. 9 f., mit Literaturhinweisen)

175 Deutsche Übersetzung der Rede in Osteuropa 64 (2014), 5–6, S. 87–100. Offizielle englische Übersetzung auf: http://en.kremlin.ru/events/president/news/20603 [10.12.2016].

176 Vgl. Andreas Kappeler: German Perceptions of Ukraine since the 17th Century, in: Yaroslav Hrytsak, Martin Schulze-Wessel (Hg.): Revolution and War: Ukraine and the Great Transformation of Modern Europe, Paderborn 2022 (im Erscheinen).

177 Johann Christian von Engel: Geschichte der Ukraine und der ukrainischen Cosaken wie auch der Königreiche Halitsch und Wladimir, Halle 1796.

178 Johann Gottfried Herder: Journal meiner Reise im Jahr 1769 (veröffentlicht 1846), auf: http://gutenberg.spiegel.de/buch/journal-meiner-reise-im-jahr-1769–2011/7 [10.12.2016].

179 Vgl. Frank Golczewski: Deutsche und Ukrainer 1914–1939, Paderborn 2010.

# Literaturverzeichnis


*I. S. Aksakov:* Pol'skij vopros i zapadno-russkoe delo. Evrejskij vopros. 1860–1886. Stat'i iz «Dnja», «Moskvy» i «Rusi», Moskau 1886 (Sočinenija Bd. 5)

*K. S. Aksakov, I. S. Aksakov:* Literaturnaja kritika, Moskau 1981

Akty otnosjaščiesja k istorii Zapadnoj Rossii sobrannye i izdannye Archeografičeskoju Kommissieju. Bd. 4, St. Petersburg 1851

*Manfred Alexander:* Kleine Geschichte Polens, Stuttgart 2003

*Helmut Altrichter:* Russland 1917. Ein Land auf der Suche nach sich selbst, 2. Aufl. Paderborn u. a., 2017

*Martin Aust:* Polen und Russland im Streit um die Ukraine. Konkurrierende Erinnerungen an die Kriege des 17. Jahrhunderts in den Jahren 1934 bis 2006 (Forschungen zur osteuropäischen Geschichte 74), Berlin 2009

*Jörg Baberowski:* Der rote Terror. Die Geschichte des Stalinismus, 2. Aufl. München 2004

*Ders.:* Verbrannte Erde. Stalins Herrschaft der Gewalt, 2. Aufl. München 2012

*John Basarab:* Pereiaslav 1654. A Historiographical Study, Edmonton 1984

*Henning Bauer u. a. (Hg.):* Die Nationalitäten des Russischen Reiches in der Volkszählung von 1897, Bd. A, B, Stuttgart 1991

*V. G. Belinskij:* Polnoe sobranie sočinenij, Bd. 7, Moskau 1955

*Karel K. Berkhoff:* Harvest of Despair. Life and Death in Ukraine under Nazi Rule, Cambridge (Mass.) 2004

*Serhiy Bilenky:* Romantic Nationalism in Eastern Europe. Russian, Polish, and Ukrainian Political Imaginations, Stanford 2012

*Ders. (Hg.):* Fashioning Modern Ukraine: Selected Writings of Mykola Kostomarov, Volodymyr Antonovych, and Mykhailo Drahomanov, Edmonton u. a. 2013

*Katrin Boeckh:* Das Konzept des «Sowjetvolks» und die ukrainische Nation, in: Kappeler (Hg.), Die Ukraine, S. 349–360

*Hans-Jürgen Bömelburg (Hg.):* Polen in der europäischen Geschichte. Ein Handbuch, hg. von Michael G. Müller, Bd. 2: Frühe Neuzeit, Stuttgart 2011–2014

*Edyta M. Bojanowska:* Nikolai Gogol. Between Ukrainian and Russian Nationalism, Cambridge (Mass.) 2007

*David Brandenberger:* National Bolshevism. Stalinist Mass Culture and the Formation of Modern Russian National Identity, Cambridge (Mass.) u. a. 2002

*Petro Burkovs'kyj, Oleksij Haran':* Konflikt und Kooperation. Die Ukraine und Russland: Eine Beziehungsdynamik, in: Osteuropa Bd. 60 (2010), H. 2–4, S. 331–349

*Paul Bushkovitch:* The Ukraine in Russian Culture 1790–1860. The Evidence of the Journals, in: Jahrbücher für Geschichte Osteuropas Bd. 39 (1991), S. 339–363
*Ders.:* What is Russia? Russian National Identity and the State, 1500–1917, in: Kappeler u. a. (Hg.), Culture, S. 144–161
*James Cracraft:* The Petrine Revolution in Russian Culture, Cambridge (Mass.) u. a. 2004
*A. Denikin:* Očerki russkoj smuty, Bd. 1–5, Paris u. a. 1921–1926
Dopolnenija k Aktam istoričeskim, Bd. 1, St. Petersburg 1846
*Wolfram Dornik u. a.:* Die Ukraine zwischen Selbstbestimmung und Fremdherrschaft 1917–1922, Graz 2011
*Dmytro Doroshenko:* A Survey of Ukrainian Historiography, in: Annals of the Ukrainian Academy of Arts and Sciences in the United States 5/6 (1957)
*M. P. Dragomanov:* Avtobiografija, in: Byloe, 1. Jg., Nr. 6, ijun' 1906, S. 182–213; englische Übersetzung in: Bilenky (Hg.): Fashioning, S. 276–306
Družba i bratstvo russkogo i ukrainskogo narodov, Bd. 1–2, Kiew 1982
Encyklopedija istorii Ukraïny. Bd. 1–10, Kiew 2001–2013
*Johann Christian von Engel:* Geschichte der Ukraine und der ukrainischen Cosaken wie auch der Königreiche Halitsch und Wladimir, Halle 1796
*Aleksandr Ėtkind:* Internal Colonization: Russia's Imperial Experience, Cambridge u. a. 2011
*Orlando Figes:* Die Tragödie eines Volkes. Die Epoche der Russischen Revolution 1891–1924, Berlin 1998
*Simon Franklin, Jonathan Shepard:* The Emergence of Rus 750–1200, London u. a. 1996
*Simon Franklin u. a. (Hg.):* National Identity in Russian Culture. An Introduction, Cambridge 2004
*Dmitrij Furman:* Russkie i ukraincy. Trudnye otnošeniia brat'ev, in: Ders. (Hg.): Ukraina i Rossija. Obščestva i gosudarstva, Moskau 1997, S. 3–18
*Carsten Goehrke:* Russland. Eine Strukturgeschichte, Paderborn u. a. 2010
N. V. Gogol' v pis'mach i vospominanijach, Bd. 1, Moskau 1931
*Frank Golczewski:* Deutsche und Ukrainer 1914–1939, Paderborn 2010
*Ders., Gertrud Pickhan:* Russischer Nationalismus. Die russische Idee im 19. und 20. Jahrhundert. Darstellung und Texte, Göttingen 1998
*Mark von Hagen:* War in a European Borderland. Occupations and Occupational Plans in Galicia and Ukraine, 1914–1918, Seattle 2007
*Lubomyr A. Hajda (Hg.):* Ukraine in the World. Studies in the International Relations and Security Structure of a Newly Independent State (Harvard Ukrainian Studies 20, 1996), Cambridge (Mass.) 1998
*Heiko Haumann (Hg.):* Die Russische Revolution 1917, 2. Aufl. Köln u. a. 2016
*Ders.:* Geschichte Russlands, 2. Aufl. Zürich 2010
*Guido Hausmann u. a. (Hg.):* «Wie ein Schwede bei Poltawa». Die Erinnerung an

die Schlacht von Poltawa 1709 und ihre Bedeutung für die Identitätssuche der Ukraine in Europa, Felsberg 2010

*Manfred Hellmann (Hg.):* Die russische Revolution 1917. Von der Abdankung des Zaren bis zum Staatsstreich der Bolschewiki, München 1964

*Ders. (Hg.):* Handbuch der Geschichte Russlands, Bd. 1: Von der Kiever Reichsbildung zum Moskauer Zartum (Anfänge bis 1613), Stuttgart 1976–1988

*Manfred Hildermeier:* Geschichte der Sowjetunion. Entstehung und Niedergang des ersten sozialistischen Staates, München 1998

*Ders.:* Geschichte Russlands. Vom Mittelalter bis zur Oktoberrevolution, München 2013

*Faith Hillis:* Children of Rus'. Right Bank Ukraine and the Invention of a Russian Nation, Ithaca u. a. 2013

*Geoffrey Hosking:* Rulers and Victims. The Russians in the Soviet Union, Cambridge (Mass.) u. a. 2006

*Ders.:* Russland. Nation und Imperium 1552–1917, Berlin 2000

*Miroslav Hroch:* Das Europa der Nationen. Die moderne Nationsbildung im europäischen Vergleich, Göttingen 2005

*Mychajlo Hruševs'kyj:* Zvyčajna schema ‹russkoj› istoriï i sprava racional'noho ukladu istoriï schidnoho slov'janstva, in: Stat'i po slavjanovedeniju. Bd. 1, St. Petersburg 1904, S. 298–304; deutsche Übersetzung in: Lubomyr R. Wynar: Mychajlo Hruševs'kyj. Biobibliographische Quelle 1866–1934, München 1984, S. 58–65

*Jaroslav Hrycak:* Die Formierung der modernen ukrainischen Nation, in: Österreichische Osthefte Bd. 42 (2000), S. 189–210

*Taras Hunczak (Hg.):* The Ukraine, 1917–1921: A Study in Revolution, Cambridge (Mass.) 1977

*Kerstin S. Jobst:* Geschichte der Ukraine, 2. Aufl. Stuttgart 2015

*Andreas Kappeler:* Bemerkungen zur Nationsbildung der Russen, in: Ders. (Hg.): Die Russen, S. 19–35

*Ders.:* Der schwierige Weg zur Nation. Beiträge zur neueren Geschichte der Ukraine, Wien u. a. 2003

*Ders.:* Die Kosaken. Geschichte und Legenden, München 2013

*Ders.:* German Perceptions of Ukraine since the 17th Century, in: Yaroslav Hrytsak, Martin Schulze-Wessel (Hg.): Revolution and War. Ukraine and the Great Transformation of Modern Europe, Paderborn 2017 (im Erscheinen)

*Ders.:* Geschichtspolitik in der Ukraine: Russland, Polen, Österreich und Europa, in: Juliane Besters-Dilger (Hg.): Die Ukraine auf dem Weg nach Europa. Die Ära Juschtschenko, Frankfurt a. M. 2011, S. 211–229

*Ders.:* «Great Russians» and «Little Russians»: Russian-Ukrainian Relations and Perceptions in Historical Perspective (The Donald W. Treadgold Papers in Russian, East European, and Central Asian Studies No. 39), Seattle 2003

*Ders.:* Kleine Geschichte der Ukraine, 4. Aufl. München 2014

*Ders.:* Mazepisten, Kleinrussen, Chochols: Die Ukrainer in der ethnischen Hierarchie des Russländischen Reiches, in: Ders.: Der schwierige Weg, S. 36–53

*Ders.:* Russische Geschichte, 7. Aufl. München 2016

*Ders.:* Russland als Vielvölkerreich. Entstehung, Geschichte, Zerfall, 4. Aufl. München 2008

*Ders.:* Russland und die Ukraine. Verflochtene Biographien und Geschichten, Wien u. a. 2012

*Ders.:* Zur Charakteristik russischer Terroristen (1878–1887), in: Jahrbücher für Geschichte Osteuropas Bd. 27 (1979), S. 520–547

*Ders. (Hg.):* Die Russen. Ihr Nationalbewusstsein in Geschichte und Gegenwart, Köln 1990

*Ders. (Hg.):* Die Ukraine. Prozesse der Nationsbildung, Köln u. a. 2011

*Ders. u. a. (Hg.):* Culture, Nation and Identity: The Ukrainian-Russian Encounter (1600–1945). Edmonton, 2003.

*M. I. Katkov:* 1863-j god. Sobranie statej po pol'skomu voprosu pomeščavšichsja v Moskovskich Vedomostjach, Russkom Vestnike i Sovremennoi Letopisi, Bd. 1, Moskau 1887

*V. O. Ključevskij:* Sočinenija, Bd. 2: Kurs russkoj istorii, Teil 2, Moskau 1957

*Zenon E. Kohut:* Russian Centralism and Ukrainian Autonomy. Imperial Absorption of the Hetmanate 1760 s–1830 s, Cambridge (Mass.) 1988

*Ders.:* The Development of a Ukrainian National Historiography in Imperial Russia, in: Sanders (Hg.), Imperial Russia, S. 453–477

*Ders.:* The Question of Russo-Ukrainian Unity and Ukrainian Distinctiveness in Early Modern Ukrainian Thought and Culture, in: Kappeler. u. a. (Hg.), Culture, S. 57–86

*Pål Kolstø, Helge Blakkisrud (Hg.):* The New Russian Nationalism. Imperialism, Ethnicity and Authoritarianism 2000–15, Edinburgh 2016

*Walter Koschmal:* Taras Ševčenko. Die vergessene Dichter-Ikone, München u. a. 2014

*Nikolaj Kostomarov:* Dve russkie narodnosti, in: Sobranie sočinenij: Istoričeskie monografii i issledovanija, Bd. 1, No. 1, St. Petersburg 1903, S. 33–65; englische Übersetzung in: Bilenky (Hg.), Fashioning, S. 134–174

*M. I. Kostomarov:* Zakon Božyj (knyha buttja ukrains'koho narodu), Kiew 1991

*A. L. Kotenko, O. V. Martynjuk, A. I. Miller:* Maloross, in: Aleksej Miller u. a. (Hg.): Ključevye obščestvenno-političeskie ponjatija v imperskoj Rossii, Bd. 2, Moskau 2012, S. 392–443

*Taras Kuzio:* Ukraine under Kuchma: Political Reform, Economic Transformation and Security Policy in Independent Ukraine, Basingstoke u. a. 1998

Kyrylo-Mefodiïvs'ke tovarystvo, Bd. 1–3, Kiew 1990

*Walter Laqueur:* Putinismus. Wohin treibt Russland?, Berlin 2015

*Mirja Lecke:* Westland. Polen und die Ukraine in der russischen Literatur von Puškin bis Babel', Frankfurt a. M. 2015

*V. I. Lenin:* Polnoe sobranie sočinenij, Bd. 32, auf: http://leninvi.com/t32/p342. [10.12.2016]
*Wladimir Iljitsch Lenin:* Schlusswort zum Bericht über das Parteiprogramm (19. März 1919), auf: http://ciml.250x.com/archive/lenin/german/lenin_programmentwurf_1919.html. [10.12.2016]
*Borys Lewytzkyj:* Politics and Society in Soviet Ukraine 1953–1980, Edmonton 1984
*D. C. B. Lieven, Maureen Perrie (Hg.):* The Cambridge History of Russia, Bd. 2: Imperial Russia, 1689–1917, Cambridge 2006
*Ralph Lindheim u. a. (Hg):* Towards an Intellectual History of Ukraine. An Anthology of Ukrainian Thought from 1710 to 1995, Toronto u. a. 1996
*Paul R. Magosci:* A History of Ukraine. The Land and its Peoples, 2. Aufl. Toronto 2010
*Rudolf A. Mark, Gerhard Simon (Hg.):* Vernichtung durch Hunger. Der Holodomor in der Ukraine und der UdSSR, in: Osteuropa 54 (2004), Heft 12
*Terry Martin:* The Affirmative Action Empire. Nations and Nationalism in the Soviet Union, 1923–1939, Ithaca u. a. 2001
*Alexey Miller:* Natsiia, Narod, Narodnost' in Russia in the 19th Century: Some Introductory Remarks to the History of Concepts, in: Jahrbücher für Geschichte Osteuropas Bd. 56 (2008), S. 379–390
*Ders.:* «Official Nationality»? A Reassessment of Count Sergei Uvarov's Triad in the Context of Nationalism Politics, in: Ders., The Romanov Empire, S. 139–159
*Ders.:* The Romanov Empire and Nationalism. Essays in the Methodology of Historical Research, Budapest u. a. 2008
*Ders.:* The Ukrainian Question. Russian Nationalism in the 19th Century, Budapest 2003
*Margareta Mommsen:* Wer herrscht in Russland? Der Kreml und die Schatten der Macht, 2. Aufl. München 2004
*Michael Moser:* Taras Ševčenko und die moderne ukrainische Schriftsprache – Versuch einer Würdigung, München 2008
*Matthias Naß:* «Putins Vorgehen ist verständlich». Helmut Schmidt über Russlands Recht auf die Krim, die Überreaktion des Westens und den Unsinn von Sanktionen, in: DIE ZEIT 14/2014 (27. März)
*Dietmar Neutatz:* Träume und Alpträume. Eine Geschichte Russlands im 20. Jahrhundert, München 2013
*Erwin Oberländer:* Sowjetpatriotismus und Geschichte. Dokumentation, Köln 1967
*Ders.:* Sowjetpatriotismus und russischer Nationalismus, in: Kappeler (Hg.), Die Russen, S. 83–90
*Jürgen Osterhammel, Jan C. Jansen:* Kolonialismus. Geschichte, Formen, Folgen, München 2013
*Richard Overy:* Russlands Krieg 1941–1945, Reinbek 2003
*Matthew D. Pauly:* Breaking the Tongue. Language. Education, and Power in Soviet Ukraine, 1923–1934, Toronto u. a. 2014

*Ders.:* «Odessa-Lektionen». Die Ukrainisierung der Schule, der Behörden und der nationalen Identität in einer nicht-ukrainischen Stadt in den 1920er Jahren, in: Kappeler (Hg.), Die Ukraine, S. 309–318

*Tanja Penter:* Kohle für Stalin und Hitler. Arbeiten und Leben im Donbass 1929 bis 1953, Essen 2010

*Dies.:* Odessa 1917. Die Revolution aus der Perspektive der Peripherie, Köln u. a. 2000

*Maureen Perry (Hg.):* The Cambridge History of Russia. Bd. 1. From Early Rus' to 1689, Cambridge 2006

*N. Petrov (Hg.):* Razgovor Velikorossii s Malorossiej, in: Kievskaja Starina, Bd. 1 (1882), S. 313–365

*Helmuth Plessner:* Die verspätete Nation. Über die politische Verführbarkeit bürgerlichen Geistes, 6. Aufl. Frankfurt a. M. 1998

*Serhii Plokhy:* The Gates of Europe. A History of Ukraine, London 2015

*Ders.:* The Last Empire. The Final Days of the Soviet Union, New York 2014

*Ders.:* The Origins of the Slavic Nations: Premodern Identities in Russia, Ukraine, and Belarus, New York u. a. 2006

*Ders.:* The Two Russias of Teofan Prokopovyč, in: Giovanna Siedina (Hg.): Mazepa and his Time. History, Culture, Society, Alessandria 2004, S. 333–366

*Ders.:* Ukraine and Russia. Representations of the Past, Toronto u. a. 2008

*Ders.:* Unmaking Imperial Russia. Mykhailo Hrushevsky and the Writing of Ukrainian History, Toronto u. a. 2005

*Dieter Pohl:* Die Herrschaft der Wehrmacht. Deutsche Militärbesatzung und einheimische Bevölkerung in der Sowjetunion 1941–1944, München 2008

*Ders.:* Schlachtfeld zweier totalitärer Diktaturen – die Ukraine im Zweiten Weltkrieg, in: Österreichische Osthefte Bd. 42 (2000), S. 339–362

Polnoe Sobranie Zakonov Rossijskoj Imperii (PSZ) sobr. 1, St. Petersburg 1830

*Volodymyr Potul'nyts'kyj:* The Image of Russia and the Russians in Ukrainian Political Thought (1860–1945), in: Acta Slavica Japonica 16 (1998), S. 1–28

*Thomas M. Prymak:* Mykola Kostomarov. A Biography, Toronto u. a. 1996

*Katharina Raabe, Manfred Sapper (Hg.):* Testfall Ukraine. Europa und seine Werte, Berlin 2015

*Maria Razumovsky:* Die Rasumovskys. Eine Familie am Zarenhof, Köln u. a. 1998

*Johannes Remy:* Brothers or Enemies. The Ukrainian National Movement and Russia from the 1840 s to the 1870 s, Toronto u. a. 2016

*Andreas Renner:* Russischer Nationalismus und Öffentlichkeit im Zarenreich 1855–1875, Köln u. a. 2000

*John S. Reshetar Jr.:* The Ukrainian Revolution, 1917–1920: A Study in Nationalism, Princeton 1952

*Ders.:* Ukrainian and Russian Perceptions of the Ukrainian Revolution, in: Potichnyj u. a. (Hg.), Ukraine, S. 140–164

*Nicholas V. Riasanovsky:* Nicholas I and Official Nationality in Russia, 1825–1855, Berkeley u. a. 1959
*Mykola Rjabčuk:* Vid Malorosiï do Ukraïny. Paradoksy zapizniloho nacijetvorennja, Kiew 2000
*Ders. (Mykola Ryabchuk):* «Durchwursteln»: Gescheiterter Staat oder Erfolgsgeschichte?, in: Kappeler (Hg.), Die Ukraine, S. 419–430
*Hans Rogger:* National Consciousness in Eighteenth-Century Russia, Cambridge (Mass.) 1960
*Rossija – Ukraina:* Istorija vzaimootnošenij, Moskau 1997
Rossija i Ukraina na perekrestkach istorii. Posobie dlja učitelej istorii, Moskau 2012
Rossijskij gosudarstvennyj archiv drevnich aktov (RGADA), Moskau
*Hans Rothe (Hg.):* Sinopsis. Facsimile mit einer Einleitung, Köln u. a. 1983
*A. Rusov:* Kak ja stal členom «Gromady», in: Ukrainskaja Žizn' 1913, Nr. 10, S. 40–49
*Andrea Rutherford:* Vissarion Belinskii and the Ukrainian National Question, in: The Russian Review Bd. 54 (1995), S. 500–515
*Thomas Sanders (Hg.):* Imperial Russia. The Profession and Writing of History in a Multinational State, Armonk u. a. 1999
*Manfred Sapper u. a. (Hg.):* Zerreißprobe. Ukraine: Konflikt, Krise, Krieg, in: Osteuropa Bd. 64 (2014), H. 5–6
*Dies. (Hg.):* Gefährliche Unschärfe. Russland, die Ukraine und der Krieg im Donbass, in: Osteuropa Bd. 64 (2014), H. 9–10
*Gwendolyn Sasse:* The Crimea Question. Identity, Transition, and Conflict, Cambridge (Mass.) 2007
*David Saunders:* Mikhail Katkov and Mykola Kostomarov. A Note on Petr A. Valuev's Anti-Ukrainian Edict of 1863, in: Harvard Ukrainian Studies Bd. 17, H. 3–4 (1993–1996), S. 365–383
*Ders.:* Mykola Kostomarov (1817–1885) and the Creation of a Ukrainian Ethnic Identity, in: Slavonica Bd. 7 (2001), H. 1, S. 7–24
*Ders.:* The Ukrainian Impact on Russian Culture 1750–1850, Edmonton 1985
*Petr P. Semenov (Hg.):* Rossija. Polnoe geografičeskoe opisanie našego otečestva. Nastol'naia i dorožnaia kniga dlja russkich ljudej. Bd. 7. Malorossija, St. Petersburg 1903
*Taras Ševčenko (Schewtschenko):* Meine Lieder, meine Träume. Gedichte und Zeichnungen, Berlin u. a. 1987
*Ders.:* Povne zibrannja tvoriv. Bd. 1. Poezija 1837–1847, Kiew 1989
*Frithjof Benjamin Schenk:* Alexander Nevskij. Heiliger – Fürst – Nationalheld. Eine Erinnerungsfigur im russischen kulturellen Gedächtnis (1263–2000), Köln u. a. 2004
*Jutta Scherrer:* Kulturologie. Russland auf der Suche nach einer zivilisatorischen Identität, Göttingen 2003
*Christoph Schmidt:* Russische Geschichte 1547–1917, 2. Aufl. München 2009

*Winfried Schneider-Deters:* Die Ukraine: Machtvakuum zwischen Russland und der Europäischen Union, Berlin 2012
*Myroslav Shkandrij:* Russia and Ukraine. Literature and the Discourse of Empire from Napoleonic to Postcolonial Times, Montreal u. a. 2001
*Gerhard Simon:* Nationalismus und Nationalitätenpolitik in der Sowjetunion. Von der totalitären Diktatur zur nachstalinschen Gesellschaft, Baden-Baden 1986
*Yuri Slezkine:* The USSR as a Communal Apartment, or How a Socialist State Promoted Ethnic Particularism, in: Slavic Review Bd. 53 (1994), S. 414–452
*Timothy Snyder:* Bloodlands. Europa zwischen Hitler und Stalin, München 2011
*Roman Solchanyk:* Ukraine and Russia. The Post-Soviet Transition, Lanham u. a. 2001
*Josef Stalin:* Die nationalen Momente im Partei- und Staatsaufbau. Thesen zum XII. Parteitag der KPR(B), auf: http://www.stalinwerke.de/band05/b05–027.html. [10.12.2016]
*J. Stalin:* Über den Großen Vaterländischen Krieg der Sowjetunion. Moskau 1946, auf: http://www.stalinwerke.de/vaterlandkrieg/vk-034.html. [10.12.2016]
Stalin i Kaganovič. Perepiska 1931–1936 gg., Moskau 2001
*Günther Stökl:* Das Fürstentum Galizien-Wolhynien, in: Hellmann (Hg.), Handbuch, S. 484–531
*Ders., Manfred Alexander:* Russische Geschichte. Von den Anfängen bis zur Gegenwart, Stuttgart 2009
Stranicy avtobiografii V. I. Vernadskogo, Moskau 1981
*Petr Struve:* Obščerusskaia kul'tura i ukrainskij partikuljarizm. Otvet Ukraincu, in: Russkaia Mysl' Bd. 33 (1912), Januar, S. 65–86
*Orest Subtelny:* Ukraine. A History, 3. Aufl. Toronto 2009
*Frank E. Sysyn:* The Image of Russia and Russian-Ukrainian Relations in Ukrainian Historiography of the Late Seventeenth and Early Eighteenth Centuries, in: Kappeler u. a. (Hg.), Culture, S. 108–143
*Roman Szporluk:* Russia, Ukraine, and the Breakup of the Soviet Union, Stanford 2000
Tezisy o 300-letii vossoedinenija Ukrainy s Rossiej (1654–1954 gg.). Odobreny CK KPSS. Moskau 1954, auf: http://xn--80aagr1bl7a.net/index.php?md=books&to=art&id=863. [10.12.2016]
*Oleksij Toločko (Tolochko):* Fellows and Travellers. Thinking about Ukrainian History in the Early Nineteenth Century, in: Georgiy Kasianov u. a. (Hg.): A Laboratory of Transnational History. Ukraine and Recent Ukrainian Historiography, Budapest u. a. 2009, S. 149–168
*Ders.:* Kievskaja Rus' i Malorossija v XIX veke, Kiew 2012.
*Vera Tolz:* Rethinking Russian-Ukrainian Relations: A New Trend in Nation-building in Post-communist Russia?, in: Nations and Nationalism Bd. 8 (2002), S. 235–253

*Dies.:* Russia. Inventing the Nation, London 2001
*Hans-Joachim Torke:* Moskau und sein Westen. Zur «Ruthenisierung» der russischen Kultur, in: Berliner Jahrbuch für osteuropäische Geschichte 1996, H. 1, S. 101–120
*Ders.:* The Unloved Alliance: Political Relations between Muscovy and Ukraine in the Seventeenth Century, in: Potichnyj u. a. (Hg.), Ukraine, S. 39–66
Ukraïna i Rosija v istoryčnij retrospektyvi. Bd. 1–3, Kiew 2004
Ukraine-Analysen, hg. von der Forschungsstelle Osteuropa an der Universität Bremen und der Deutschen Gesellschaft für Osteuropakunde, Nr. 1–, 2006–. auf: www.ukraine-analysen.de.
*Stephen Velychenko:* National History as Cultural Process. A Survey of the Interpretations of Ukraine's Past in Polish, Russian, and Ukrainian Historical Writing from the Earliest Times to 1914, Edmonton 1992
*Ders.:* The Issue of Russian Colonialism in Ukrainian Thought, in: Ab Imperio 2002, H. 1, S. 323–367
*V. I. Vernadskij:* Dnevniki 1917–1921, Kiew 1994
*Ders.:* Ukrainskij vopros i russkoe obščestvo, in: Družba narodov 1990, H. 3, S. 247–254
*Ders.:* Avtobiografija, siehe: Stranicy
Vossoedinenie Ukrainy s Rossiej. Dokumenty i materialy. Bd. 1–3, Moskau 1954
*Ricarda Vulpius:* Nationalisierung der Religion. Russifizierungspolitik und ukrainische Nationsbildung 1860–1920, Wiesbaden 2005 (Forschungen zur osteuropäischen Geschichte Bd. 64)
*Tanja Wagensohn:* Russland nach dem Ende der Sowjetunion, München 2001
*Markus Wehner:* Putins kalter Krieg. Wie Russland den Westen vor sich hertreibt, München 2016
*Veronika Wendland:* Die Russophilen in Galizien. Ukrainische Konservative zwischen Österreich und Russland 1848–1915, Wien 2000
*Nicolas Werth:* L'ivrogne et la marchande de fleurs. Autopsie d'un meurtre de masse 1937–1938, Paris 2009
*Andrew Wilson:* The Ukrainians: Unexpected Nation, 3. Aufl. New Haven 2009
*Ders.:* Ukraine Crisis: What it Means for the West, New Haven 2014
*Elizabeth A. Wood:* Performing Memory: Vladimir Putin and the Celebration of WWII in Russia, in: The Soviet and Post-Soviet Review 38 (2011), S. 172–200
*Serhy Yekelchyk:* Stalin's Empire of Memory. Russian-Ukrainian Relations in the Soviet Historical Imagination, Toronto u. a. 2004
*Ders.:* Ukraine. Birth of a Modern Nation, Oxford 2007
Žitie protopopa Avvakuma, im samim napisannoe, i drugie sočinenia, Moskau 1960

# Abbildungsnachweis

Die Karten wurden gezeichnet von Peter Palm, Berlin.

Seite 37: © Brenik/Shutterstock
Seite 39: zit. n. Benjamin Frithjof Schenk: Aleksandr Nevskij: Heiliger – Fürst – Nationalheld; eine Erinnerungsfigur im russischen kulturellen Gedächtnis (1263–2000). Köln u. a. 2004
Seite 59: picture alliance
Seite 64 und 65: Wikipedia, public domain
Seite 116 und 117: akg-images
Seite 193: RIA Novosti archive, image #37 986/Yuriy Ivanov
Seite 218: Reuters/Stoyan Nenov
Seite 221: Getty Images/Sean Gallup/Staff

# Personenregister


Achmatova, Anna 156
Aksakov, Ivan 104
Aksakov, Konstantin 98 f.
Aleksej Michajlovič, Zar 23, 28, 44, 51, 55, 57, 59, 61 f., 70, 86, 89
Alexander I., Zar 76
Alexander II., Zar 101, 126
Alexander III., Zar 101
Alexander Nevskij, Großfürst 36, 39–41, 51, 174 f.
Andrej Jaroslavič, Großfürst 40
Andruchovyč, Jurij 214
Anna von Byzanz 26
Antonovyč, Volodymyr 30, 104, 106 f.
Avvakum. Protopope 86
Azarov, Mykola 216

Babel', Isaak 142, 157
Bacon, Francis 73
Bandera, Stepan 177 f., 180 f.
Belinskij, Vissarion 99 f.
Belov, Vasilij 189
Belyj, Andrej 156
Bezborodko, Oleksandr 69
Borec'kyj, Iov 17, 54
Borovykovs'kyj, Volodymyr 71
Bortnjans'kyj, Dmytro 71
Brecht, Bertolt 66
Brežnev, Leonid 186–188
Brodskij, Iosif 118, 199
Budennyj, Semen 142
Bulgakov, Michail 156
Bunin, Ivan 156
Bush, George H. W. 194, 196
Byron, Lord 66

Čajkovskij (Tschajkowski), Petr 66, 116, 121
Čechov (Tschechow), Anton 115
Černomyrdin, Viktor 199
Chmel'nyc'kyj, Bohdan, Hetman 50 f., 59 f., 175
Chomjakov, Aleksandr 99
Chruščev, Nikita 171, 181 f., 185–187, 225, 231
Chvyl'ovyj, Mykola 156, 161 f.
Čornovil, Vjačeslav 189, 192 f.
Čubyns'kyj, Pavlo 104

Daniil, Fürst von Moskau, Sohn Alexander Nevskijs 41
Danylo (Daniil), Fürst von Galizien-Wolhynien 36–40, 174
Delacroix, Eugène 66
Denikin, Anton 141 f.
Descartes, René 73
Divovyč, Semen 89 f.
Dmitrij, angeblicher Sohn Ivans IV. 43
Dmitrij Donskoj, Großfürst 51
Dolgorukov, Ivan 80, 82
Doncov, Dmytro 177
Dostoevskij, Fedor 96, 115
Dovženko, Oleksandr 157
Drahomanov, Mychajlo 53, 104, 106, 122, 135
Dzjuba, Ivan 189

Eisenstein (Ejzenštejn), Sergej 40 f., 156
Ekster, Oleksandra 157
Elisabeth, Zarin 69

Engel, Johann Christian von 232
Ermak, Kosak 67

Fedor Alekseevič, Zar 62
Fedor Ivanovič, Zar 54
Fedorov, Ivan 48
Friedrich Wilhelm III., König von Preußen 71
Furman, Dmitrij 18, 21 f.

Gedimin (Gediminas), Großfürst von Litauen 45
Géricault, Théodore 66
Gertrude von Österreich 38
Giesel, Innozenz (Gizel', Innokentij) 28, 70
Gippius, Zinaida 156
Glinka, Michail 92
Gogol', Nikolaj (Hohol', Mykola) 67, 98 f., 120 f.
Gorbačev, Michail 148, 190 f., 194 f., 198 f.
Gor'kij, Maksim 115, 156
Grotius, Hugo 73

Hegel, Georg Wilhelm Friedrich 99
Herder, Johann Gottfried 233
Herzen (Gercen), Alexander 93, 103
Hitler, Adolf 180
Hosking, Geoffrey 84, 148 f., 152 f.
Hruševs'kyj, Mychajlo 30–33, 107, 119, 122, 127, 135, 157, 192
Hryhorenko, Petro (Grigorenko, Petr) 189
Hugo, Victor 66

Ivan III., Großfürst 42
Ivan IV., «der Schreckliche», Zar 43 f., 52

Jagiełło (Jagajlas), Großfürst von Litauen, König von Polen 45
Janukovyč, Viktor 22, 180, 210–213, 215–217, 219 f., 222 f.
Jaroslav, der Weise, Fürst 26, 33
Jaroslav, Großfürst von Vladimir 40
Javors'kyj, Matvij 161
Javors'kyj, Stefan 71
Jefymenko (geborene Stavrovskaja), Aleksandra 127
Jelzin (El'cin), Boris 148, 191, 193–195, 198 f., 206, 208
Jurij Danilovič, Großfürst von Vladimir 41
Jurij Vsevolodovič, Großfürst von Vladimir 40
Juščenko, Viktor 66, 168, 180, 210–213

Kaganovič (Kahanovyč), Lazar' 158, 166
Kankrin, Egor' 91
Kantemir, Antioch 73
Karamzin, Nikolaj 29, 91 f.
Karl XII., König von Schweden 64 f.
Katharina II., Zarin 66, 68, 75 f., 78, 86, 90 f., 95, 97
Katkov, Michail 102, 104
Kirill, Moskauer Patriarch 215
Ključevskij, Vasilij 29, 31
Kocjubins'kyj, Mychajlo 115
Kočubej, Viktor 69, 73
Kohl, Helmut 196
Kosior, Stanislav 173
Kostomarov, Mykola/Nikolaj 95, 121, 124, 135
Kotljarevs'kyj, Ivan 94
Kozyrev, Andrej 18, 199
Kravčuk, Leonid 142, 148, 192–195, 210
Kučma, Leonid 199, 208, 210 f., 213
Kuliš, Mykola 156
Kurbas, Les' 156
Kurkov, Andrej 214
Kwaśniewski, Aleksander 200
Kyryčenko, Oleksij 186

Lecke, Mirja 129
Lenin, Vladimir 132, 144, 146, 150, 153, 155, 190
Lermontov, Michail 115
Leskov, Nikolaj 120
Lev Danylovyč (Lev Danilovič), Fürst 38
Levyc'kyj, Dmytro 71
Liszt, Franz 66
Lomonosov, Michail 87
Losenko, Anton 71
Lysenko, Mykola 115

Machno, Nestor 143
Majakovskij, Vladimir 156
Maksymovyč, Mychajlo 30
Malevič, Kazimir 157
Mandel'štam, Osip 156
Markevyč, Mykola 98 f.
Martin, Terry 153 f.
Mazepa, Ivan, Hetman 21, 63–66, 71 f., 90, 117 f., 195
Medved'ev, Dmitrij 168, 214
Merežkovskij, Dmitrij 156
Meyerhold, Vsevolod 156
Michail Romanov, Zar 17, 44, 54 f.
Michail von Tver', Großfürst 41
Mickiewicz, Adam 95
Miljukov, Pavel 108
Mitterand, François 196
Mohyla, Petro 48 f., 55
Musorgskij, Modest 116

Napoleon I. 91, 174
Nikolaus I., Zar 96, 101, 104
Nikolaus II., Zar 101, 146
Nikon, Moskauer Patriarch 56

Ol'gerd (Algirdas), Großfürst von Litauen 45
Orlov, Graf Aleksej 96
Ostrovskij, Nikolaj (Ostrovs'kyj, Mykola) 169
Ostroz'kyj, Vasyl'-Konstantin, Fürst 48

Pasternak, Boris 156, 187
Pavlovskij, Gleb 198
Peter I., der Große, Zar 27, 56, 62–66, 68, 71–73, 86 f., 91, 93, 95, 97, 117, 170, 232
Petljura, Symon 140, 142 f., 146
Petrovskij, Grigorij (Petrovs'kyj, Hryhorij) 158, 173
Pidhornyj, Mykola (Podgornyj, Nikolaj) 186
Piłsudski, Józef 142, 167
Platonov, Andrej 156
Plessner, Helmuth 83
Pogodin, Michail 29 f.
Polacki Simjaon (Polockij, Simeon) 70
Porošenko, Petro 10, 33, 66
Prokof'ev, Sergej 156
Prokopovyč, Feofan 72 f.
Pudovkin, Vsevolod 156
Pugačev, Emel'jan 67
Puškin, Aleksandr 66 f., 92, 97, 100, 115–118, 170
Putin, Vladimir 18, 24, 33, 41, 76, 180, 196, 207, 210–215, 223–228
Pypin, Aleksandr 108

Rachmaninov, Sergej 116
Rasputin, Valentin 189
Razin, Stepan (Sten'ka) 62, 67
Razumovskij (Razumovsky), Aleksej 70
Razumovskij, Andrej 70
Razumovskij, Grigorij 70
Repin, Il'ja 121
Rimskij-Korsakov, Nikolaj 121
Rjabčuk, Mykola 34
Roman, Fürst von Galizien-Wolhynien 36

Rousseau, Jean-Jacques 81
Rozum, Jakiv 69
Rozumovs'kyj, Kyrylo 66, 69
Rozumovs'kyj, Oleksij 71
Rusov, Aleksandr 127
Rusov, Mychajlo 127
Rusova, Sof'ja 127
Ryl'skyj, Maksym 156

Sacharov, Andrej 188
Saunders, David 15, 72
Ščerbyc'kyj, Volodymyr 188, 192
Schmidt, Helmut 83
Šelest, Petro 186, 188
Ševčenko, Taras 67, 95–100, 115–118, 156
Shkandrij, Myroslav 129
Sigismund III., König von Polen 44
Skoropads'kyj, Ivan, Hetman 64, 66
Skoropads'kyj, Pavlo 139
Skrypnyk, Mykola 161 f., 170, 172
Slavynec'kyj, Jepifanij 56, 70
Slezkine, Yuri 152
Słowacki, Juliusz 66
Smotryc'kyj, Meletij 55
Sobčak, Anatolij 199
Sofija Alekseevna, Regentin in Russland 62
Šolochov, Michail 156
Solov'ev, Sergej 29
Solženicyn, Aleksandr 187, 189, 199
Sorokin, Vladimir 214
Sosjura, Volodymyr 156
Šostakovič, Dmitrij 156
Stachanov, Aleksej 169
Stalin, Iosif 40 f., 91, 146, 150, 152, 154, 160–163, 165–169, 171, 173–175, 181 f., 190, 230
Stanislavskij, Konstantin 156
Stecenko, Kyrylo 116
Struve, Petr 108
Stus, Vasyl' 190
Šuchevyč, Roman 178, 180, 193
Sultan Galiev, Mirsaid 160
Sumarokov, Pavel 80
Šums'kyj, Oleksandr 161
Šuškevič, Stanislău 194

Tatiščev, Vasilij 73
Tatlin, Vladimir 156
Tolstoj, Lev 67, 115
Torke, Hans-Joachim 74
Trockij, Lev 132, 146
Tschajkowski Petr, siehe Čajkovskij, Petr
Tschechow, Anton, siehe Čechov, Anton
Tugan-Baranovskij, Michail (Tuhan-Baranovs'kyj, Mychajlo) 124 f.
Turčynov, Oleksandr 219
Turgenev, Ivan 115
Tyčyna, Pavlo 156
Tymošenko, Julija 212 f.

Ukraïnka, Les'ja 115
Ulickaja, Ljudmila 214
Ustrjalov, Nikolaj 29, 92
Uvarov, Sergej 92

Valuev, Petr 105
Vasilij III., Großfürst 42
Velyčko, Samijlo 88
Vernadskij, Vladimir (Vernads'kyj, Volodymyr) 125 f.
Vladimir (Volodymyr), der Heilige, Fürst 26, 28 f., 33, 225
Vlasov, Andrej 179
Volobujev, Mychajlo 161
Voltaire 66
Vynnyčenko, Volodymyr 136, 140

Witold (Vytautas), Großfürst von Litauen 45

Zabužko, Oksana 214
Žadan, Serhij 214
Zamjatin, Evgenij 156
Zavadovs'kyj, Petro (Zavadovskij, Petr) 71
Željabov, Andrej 126
Zjuganov, Gennadij 199

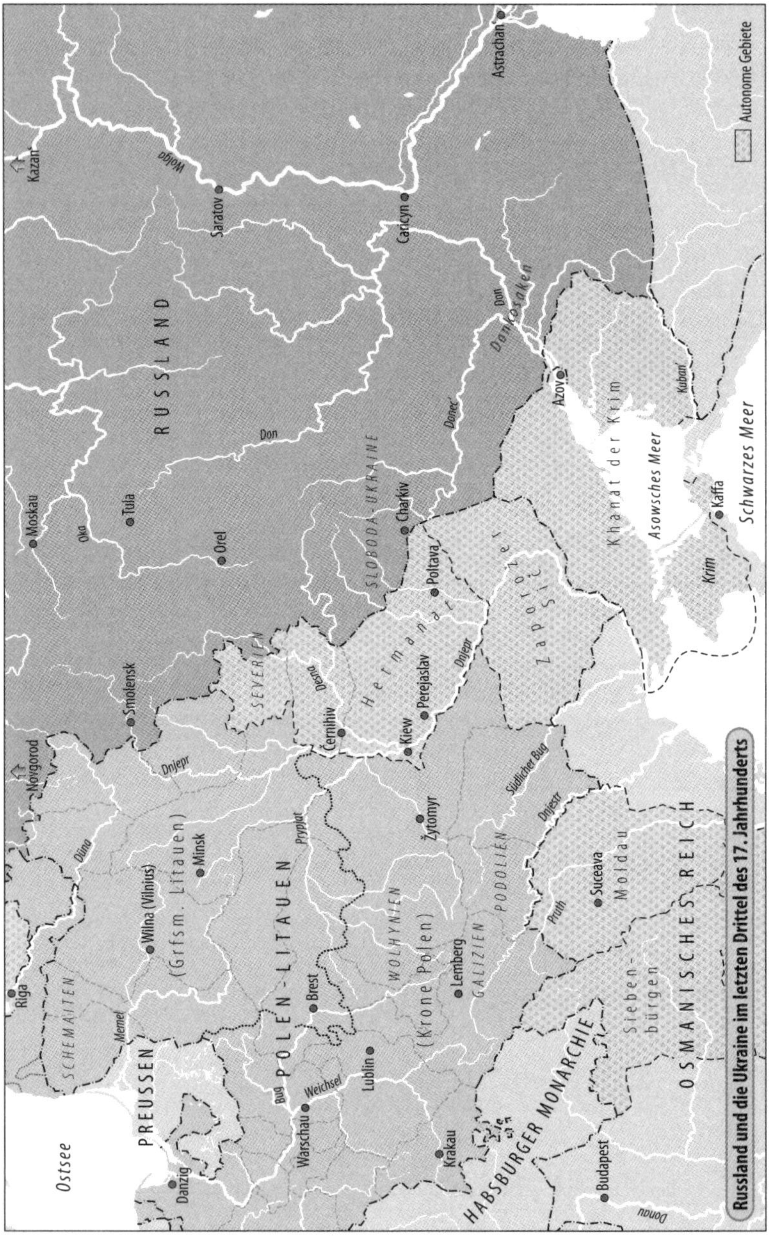


Russland und die Ukraine im letzten Drittel des 17. Jahrhunderts

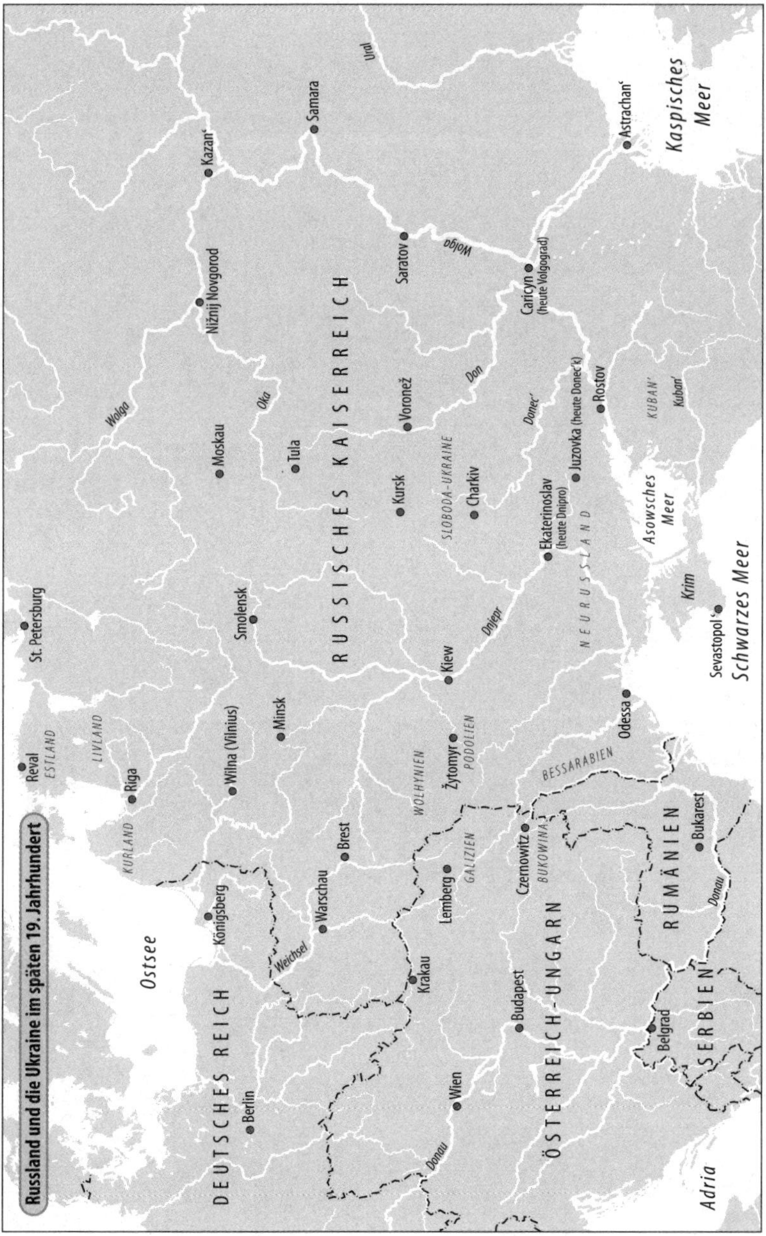

Russland und die Ukraine im späten 19. Jahrhundert

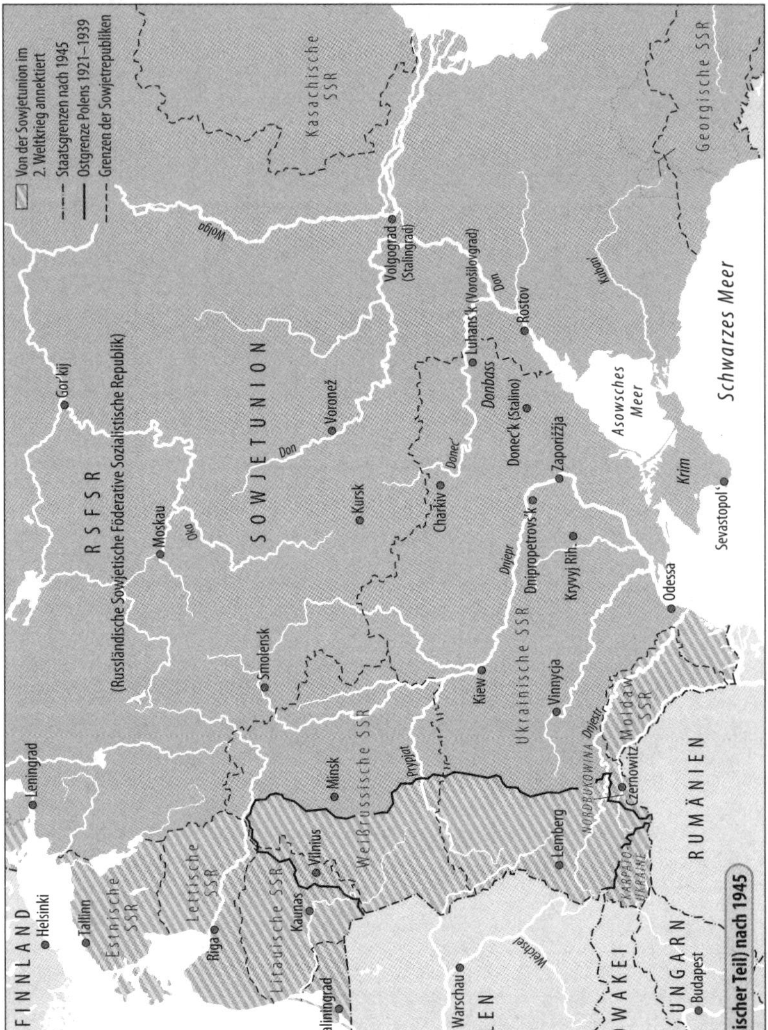

Die Sowjetunion (europäischer Teil) nach 1945

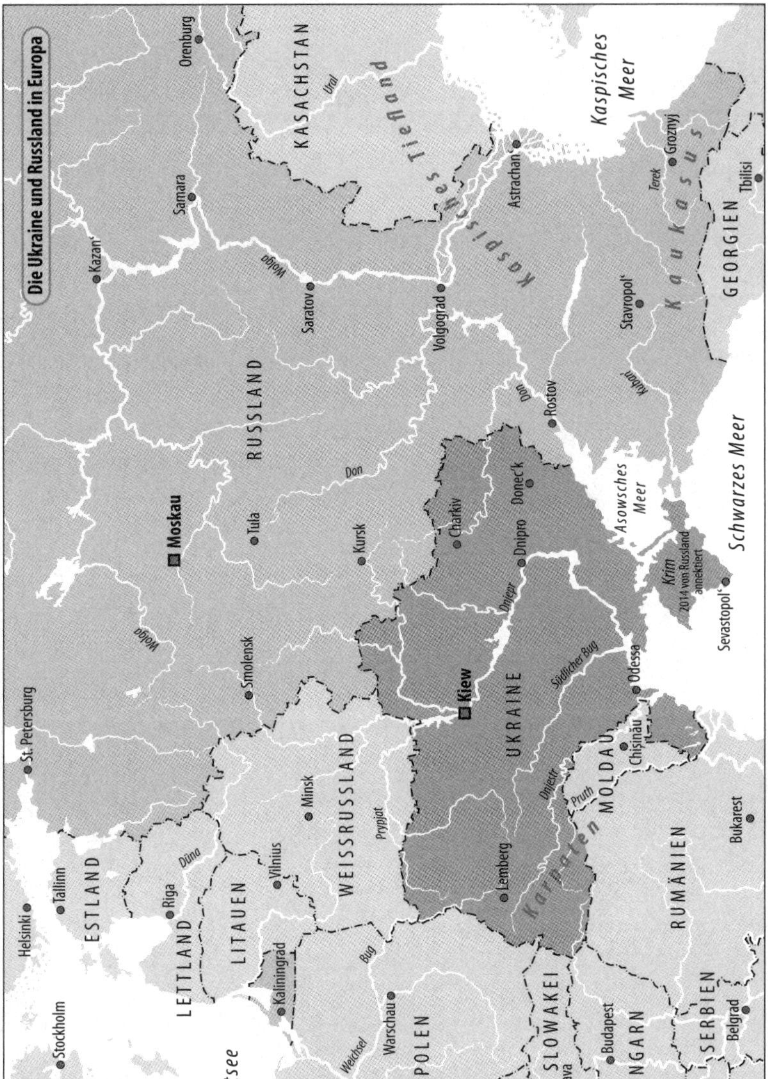
Die Ukraine und Russland in Europa
RUSSLAND
UKRAINE
WEISSRUSSLAND
KASACHSTAN
ESTLAND
LETTLAND
LITAUEN
POLEN
SCHWEDEN
TSCHECHIEN
SLOWAKEI
ÖSTER-
REICH
UNGARN
RUMÄNIEN
MOLDAU
SERBIEN
KROATIEN
GEORGIEN
Moskau
Kiew
St. Petersburg
Helsinki
Tallinn
Riga
Vilnius
Minsk
Kaliningrad
Stockholm
Kopenhagen
Berlin
Warschau
Prag
Wien
Bratislava
Budapest
Zagreb
Belgrad
Bukarest
Chişinău
Lemberg
Odessa
Sevastopol'
Krim
2014 von Russland annektiert
Dnipro
Charkiv
Doneck
Rostov
Kursk
Tula
Smolensk
Kazan'
Samara
Saratov
Volgograd
Astrachan
Orenburg
Stavropol'
Groznyj
Tbilisi
Ostsee
Asowsches Meer
Schwarzes Meer
Kaspisches Meer
Kaspisches Tiefland
Kaukasus
Karpaten
Wolga
Don
Dnjepr
Südlicher Bug
Dnjestr
Pruth
Prypjat
Düna
Bug
Weichsel
Oder
Elbe
Donau
Drau
Save
Ural
Terek
Kuban'

## Andreas Kappeler bei C.H.Beck

Andreas Kappeler

**Rußland als Vielvölkerreich**

Entstehung – Geschichte – Zerfall

3. Auflage. 2020. 416 Seiten mit 11 Karten. Paperback

C.H.Beck Wissen Band 1447

Andreas Kappeler

**Kleine Geschichte der Ukraine**

5., überarbeitete und aktualisierte Auflage. 2019.

427 Seiten mit 5 Karten. Broschiert

C.H.Beck Wissen Band 1059

Andreas Kappeler

**Die Kosaken**

2013. 127 Seiten mit 2 Karten und 20 Abbildungen.

Paperback

C.H.Beck Wissen Band 2768

Andreas Kappeler

**Russische Geschichte**

7., aktualisierte Auflage. 2016. 123 Seiten mit 4 Karten.

Broschiert

C.H.Beck Wissen Band 2076

**Verlag C.H.Beck München**

## Russland

Manfred Hildermeier

**Historische Bibliothek der Gerda Henkel Stiftung**

Geschichte der Sowjetunion 1917–1991
Entstehung und Niedergang des ersten sozialistischen Staates
2., komplett überarbeitete und erweiterte Auflage. 2017.
1360 Seiten mit ca. 11 Karten. Leinen

Manfred Hildermeier

**Historische Bibliothek der Gerda Henkel Stiftung**

Geschichte Russlands
Vom Mittelalter bis zur Oktoberrevolution
3. Auflage. 2016. 1504 Seiten mit 11 Karten. Leinen

Karl Schlögel

**Das sowjetische Jahrhundert**

Archäologie einer untergegangenen Welt
2020. 912 Seiten mit 86 Abbildungen. Klappenbroschur
Beck Paperback Band 4510

Martin Aust

**Die Schatten des Imperiums**

Russland seit 1991
2019. 190 Seiten mit 4 Karten. Klappenbroschur
Beck Paperback Band 6335

Martin Aust

**Die Russische Revolution**

Vom Zarenreich zum Sowjetimperium
2017. 279 Seiten mit 10 Abbildungen und 2 Karten. Broschiert
Beck Paperback Band 6264

**Verlag C.H.Beck München**